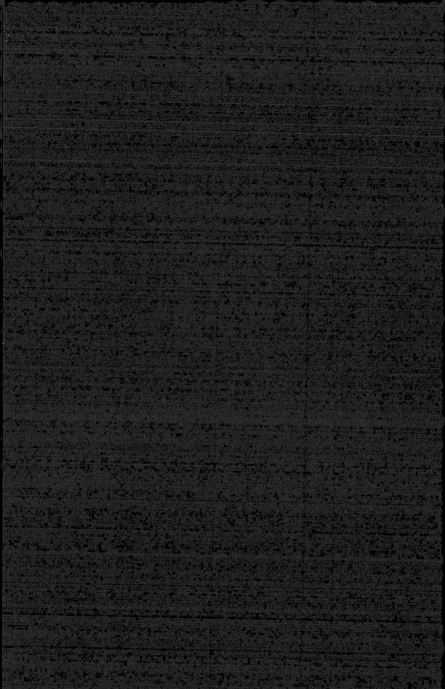

ナワリヌイ
プーチンがもっとも恐れる男の真実

NAVALNY: Putin's Nemesis, Russia's Future?
Jan Matti Dollbaum, Morvan Lallouet, Ben Noble

ヤン・マッティ・ドルバウム、モルヴァン・ラルーエ、ベン・ノーブル
熊谷千寿［訳］

NHK出版

ブックデザイン
奥定泰之

目次

●本文中の（　）は原注、〔　〕は訳注を示す。注番号は巻末の原注を参照。
●本文中の書名で、邦訳がないものは初出に原題とその逐語訳を併記した。

第1章　アレクセイ・ナワリヌイとは何者か？

「怖くないのですか？」

ベルリン・ブランデンブルク空港でポベーダ航空DP936便に搭乗するとき、アレクセイ・ナワリヌイはそう問いかけられた。二〇二一年一月一七日の日曜日のことだ[1]。

同機は、帰国するナワリヌイに同行するジャーナリストで満席だった。反汚職活動を展開してきたこの四四歳の野党政治家が妻、弁護士、広報担当と客室に入るとき、その瞬間をとらえたり、ライブ配信したりしようと、いっせいに無数のスマートフォンが掲げられた。世界が見ていた。

ナワリヌイは陽気で楽天的だ。だが、恐れるだけの理由はたしかにある。ロシアに戻れば、ただちに拘束されると、ロシアの法執行機関が事前に警告していた。二〇一四年に詐欺罪で執行猶予付き有罪判決を受けたのち、ナワリヌイが執行猶予の条件に違反したためだという。何年も収監されるかもしれなかった。

ナワリヌイが自分の意思で飛行機に搭乗できるだけでも、奇跡だった。その前に自分の意思で飛行機に乗ったのは、二〇二〇年八月二〇日のことで、シベリアのトムスクからいつものように首都モスクワへ戻るはずだった。当時、彼はトムスクの役人と市議会議員のビジネス活動を調査していた[2]。また、九月一三日の地方選挙に出馬する野党勢力の選挙運動もしていた。この選挙により、与党候補を打ち破りたいと考えていたのだ。

しかし、機内で異変が生じた。ナワリヌイは具合が悪くなり、やがてあまりの苦痛にうめき出したのだ[3]。ある同乗者によると、ナワリヌイは「言葉を発していたわけではない。ただ絶叫していた[4]」という。客室乗務員が、医療関係者は同乗していないかとアナウンスしたところ、ひとりの看護師が名乗り出た。そして、客室乗務員とともに応急手当を施し、ナワリヌイの意識を保とうとした。

トムスクの西約七五〇キロメートルで同じくシベリアにあるオムスクの空港には謎の爆弾テロ予告があったものの、パイロットは同空港への緊急着陸を決断した[5]。ナワリヌイはストレッチャーに乗せられて飛行機から降り、救急搬送された。

ナワリヌイの広報担当キラ・ヤルミシュは、その日ナワリヌイがおなかに入れたものといえば、フライト前に空港で飲んだプラスチック・カップ入りの紅茶だけだ——したがって、そのカップの紅茶に毒が混入されていたのかもしれないといった[6]。ナワリヌイにはとくに健康問題はなく、煙草も吸わず、酒もほとんど飲まない。急に体調を崩すようなタイプではないはずだと。

ヤルミシュが抱いた恐れは、ロシア政治に注目している者なら、なじみ深い。それまでにも、クレムリンに批判的な著名人が体調不良を訴えたことがあった。そういった人たちは毒を盛られたのではないかという疑惑が広まっていた[7]。同時に、ナワリヌイは、実業家、地方政治家、高官といったエリートたちの汚職を調査していたために、大勢の敵がいた[8]。疑わしき人物を挙げれば、長いリストになる。

病院に到着するとすぐ、ナワリヌイは「精神異常発現薬の急性中毒」と予備的診断を受けた[9]。人工呼吸器を取り付けられ、医療行為で意図的に昏睡状態にされて、アトロピンを投与された[10]。容体は「重体だが安定している[11]」とされ、通常の治療が行われていた。

だが、そこから事態は思わぬ方向へ転がっていく。

病院に法執行機関の職員が押し寄せてきた。私服警官もいた[12]。すると、彼らはナワリヌイの所持品を押収しはじめたのだと、ヤルミシュはいった[13]。

一方、ナワリヌイの乗っていた飛行機がやっとモスクワに着陸すると、そこでは、警官たちが飛行機に乗り込もうと待ちかまえていた。彼らはナワリヌイの近くに座っていた乗客に対して、ほかの乗客が降りてもそのまま動かないように指示した。ある乗客は、その対応に首をかしげた。「その時点では、犯罪ではなさそうでした。『それなのに』警官たちは明らかに犯罪が起きたと決めつけていました[14]」

オムスクでは、ナワリヌイの妻ユリヤ・ナワリナヤが夫のもとに駆けつけられずにいた。病院当局によると、ナワリヌイがユリヤの訪問にはっきり同意していないからとのことだった[15]。しかも、医師団はナワリヌイが同行チームと一緒にいる状況をあまり歓迎していなかった。ナワリヌイ・チームはドイツでの治療を希望していた。入院翌日の八月二一日、ナワリヌイをベルリンのシャリテ大学病院へ搬送する準備を整えた飛行機がオムスクに着陸した。

奇妙なことがあったと、ナワリヌイの側近イワン・ジダーノフとユリヤが報告している。病院の院長と話していたとき、ナワリヌイや他の乗客たちにも「危険な物質が発見された[16]」と女性警官にいわれたという。だが、それがどんな物質なのかは、「捜査上の秘密[17]」だとして教えてもらえなかった。

同日、ロシア全国紙がセンセーショナルな記事を掲載した。匿名情報源の言葉を引用する形で、法執行機関の職員がナワリヌイをトムスクまで尾行していたという。毒物の混入はあったのかという問いに対しては、情報提供者は「毒物の混入につながるような余計な、あるいは疑わしい接触はなかった」と答えていた[18]。この記事は、ロシアの連邦保安庁（ＦＳＢ）の管理下でリークされたものだというのが大方の見方だった[19]。

一方、オムスクの医師団も当初の診断を訂正した[20]。ナワリヌイは深刻な代謝性疾患の症状を呈《てい》しており、毒物による中毒症状ではないと見解を変えたのだ。病院の医長によれば、この症状は「機内で血糖値が急激に下がったために生じた可能性があり」、それによって意識を失ったと考えられるとのことだった[21]。また、医師団は、ナワリヌイの両手と頭髪の検体から見つかった物質はよくある工業製品の成分であり、プラスチックのカップ内の液体に混入されていた可能性があるとも語った[22]。さらに、ナワリヌイの容体は「不安定」であるから、ドイツへの移送は適切ではないとも主張した。

ナワリヌイの主治医は、その主張にははっきりした動機があると見ていた。「彼らは体内から毒素の痕跡が抜けるように、三日間待つのでしょう[23]」。ユリヤ・ナワリナヤはウラジーミル・プーチン大統領に掛け合い、夫の海外移送の許可を求めた[24]。

はじめは抵抗に遭《あ》ったが、ドイツ医師団はナワリヌイへの面会が許され、ナワリヌイはベルリンに移送できる状態だといわれた。ロシアの医師団も容体が「安定した」といい、移送に同意した。八月二二日、飛行機はナワリヌイを乗せてオムスクを発った。

ベルリンに到着して二日後、ドイツ医師団は、ナワリヌイは中枢神経系の働きに介入するコリンエステラーゼ阻害薬を投与されたと考えていると語った[25]。この毒物は一般的な殺虫剤のほか、兵器級の神経剤にも使われている。この情報により、ロシアの国家的関与の疑いが強まった[26]。

しかし、非難の矛先が数多く向けられるにつれて、ロシア高官は反撃した。「なぜ、われわれがそんなことをするのか？　しかも、こんなみっともないへたくそなやり方で？」。ロシアのある上級外交官は、八月二四日にそうツイートしている[27]。九月はじめには、ドゥーマ（ロシア連邦議会下院）議長も、「例の」毒殺未遂事件なるものは「新しい対ロ制裁を科し、わが国の発展を阻止するために計画された行動」であると主張している[28]。

一方、ロシアの警察当局には、この事件の捜査を急ぐ様子は見られなかった。トップの法執行機関とはとてもいえない地方の交通警察が「予備捜査」を行った[29]。ナワリヌイがトムスクで滞在していたホテルには、地元警察とＦＳＢ職員の捜査が入ったが、地元マスコミによると、ほんの「二日」で終わったという。警察の聴取を受けたナワリヌイの仲間の目には、すべてが不作為だと――もっといえば、隠蔽《いんぺい》だと――映った[30]。

九月二日、ドイツのアンゲラ・メルケル首相（当時）は、ナワリヌイにノビチョクと同系の神経剤が使われたのは「疑いの余地もない」とし、のちに、その主張が化学兵器禁止機関（ＯＰＣＷ）によって確認された[31]。これは、二〇一八年三月にイングランドのソールズベリーで起きた毒殺未遂事件で、ロシア人元二重スパイのセルゲイ・スクリパリとその娘ユリヤ・スクリパリに対して使われたものと同じタイプの神経剤だった。イギリス政府によれば、プーチン大統領がその暗殺命令を出した「可能性がきわめて高い」という[32]。

このナワリヌイ以前の毒殺未遂事件のときと同じく、ナワリヌイの事件に関する世界各国の反応はしだいに大きくなり、ロシア政府に対して批判的になっていった。毒殺未遂事件は「ロシア政府にしか答えられない――そして、答えなければならない――きわめて重大な疑問を提起した」とメルケル首相は語っている[33]。それに対して、ロシア当局は、毒物が使用された証拠なるものはドイツで発見されたのだから、ドイツこそロシアと協力し、確たる証拠を提示しなければならないと応じた[34]。

加えて、政府と歩調を合わせたロシア・メディアからは、国際的な非難に異議を申し立てる声が数多く上がり、ほんとうに毒が盛られていたのかと疑問を呈するものさえあった。それをテーマに本を書いたロシア人ジャーナリストもいた[35]。毒は盛られたのかもしれないが、ノビチョクではなかったとの主張もあった。化学者のレオニード・リンクもそのひとりだ。彼はノビチョク開発計画に携わっていたばかりか、自身の証言によると、一九九〇年代に犯罪組織にノビチョクをいくらか売ったともいう[36]。ナワリヌイにノビチョクが投与されたとは考えられない、投与されたのなら、ナワリヌイは死んでいる、とリンクはいう[37]。しかし、ノビチョクの開発にかかわっていた別の化学者は、ナワリヌイの症状はノビチョクの中毒症状と一致するという[38]。

また、ノビチョクの使用はあったのかもしれないが、投与された場所はロシアではなくドイツだとする説もあった。この説を唱えたのはアンドレイ・ルゴボイだった。ロシア議会議員であり、二〇〇六年に元FSB工作員のアレクサンドル・リトビネンコが、ロンドンでポロニウム210

を投与されて毒殺された事件の第一容疑者だ[39]。

九月七日には、ナワリヌイは昏睡状態を脱し、目覚ましい回復ぶりを見せた。九月二二日には退院し、シュバルツバルトでリハビリを開始した[40]。

数か月が過ぎた。ナワリヌイは少しずつ体力をつけていった。一方、周りの者たちは相変わらず毒殺未遂事件の捜査を続けていた。どんな手を使ったのか、だれが実行したのか？

一二月一四日、英オンライン調査報道グループのベリングキャットは、CNNとドイツのニュース週刊誌シュピーゲルの協力を得て、ロシアの独立系メディア、ジ・インサイダーと共同で行った調査の結果を発表した[41]。それによると、何年にもわたってナワリヌイの動向を追いかけ、ひょっとすると以前にも彼の毒殺を試みたかもしれないFSB暗殺チーム――〝毒物の使用に精通した秘密部隊〟――がナワリヌイに毒物を投与したとなっている。

調査チームは、リークした通話記録と航空各社の乗員乗客名簿を参照し、先のFSB工作員たちの動きをたどった。すると、多くの場合、ナワリヌイの動きと不気味なまでに重なっていることがわかった。

この時点でセンセーショナルな事態だというなら、この先の展開は超現実的《シュール》になる。一二月二一日、ナワリヌイはベリングキャット調査が発表される直前に行われた通話場面の録画を公表した[42]。動画のなかで、ナワリヌイはある人物と話していた。それはベリングキャット調査によると彼の暗殺にかかわっていたとされる人物、コンスタンチン・クドリャフツェフだった。ナワリヌイはFSBの元長官の補佐官だと偽り、報告書のためだといってクドリャフツェフに暗殺作戦の詳細を白状させた。「下着の内側、性器が当たるところ」――そこにノビチョクを付着させた、とクドリャフツェフはいったのだ[43]。

クレムリンに対して、しだいに非難の声が高まっていった。それに対してプーチンは、一二月一七日、FSBがナワリヌイを殺したかったのなら「必ずやり遂げていただろう[44]」と切り返している。非難を完全にはねつけたようにはとても見えないという見方もあるが、ロシア当局は断固として関与を否定した。だが、犯人の割り出しにもほとんど興味を示さなかった。刑事事件としての捜査はなされなかったのである。

ナワリヌイの長年の支援者の話では、ナワリヌイは「自分の毒殺未遂にプーチンの関与があったとますます確信」していき、したがって、「プーチンの裏の顔を白日の下にさらすことにますます集中した」という[45]。こうして、毒殺未遂犯のひとりとの通話の場面を録画しただけでなく、プーチン自身の汚職とされる事例――いわゆる隠し財産――を調査していくことになった。これがきっかけとなり、ナワリヌイの意識に明確な変化が生じた。親しい仲間はこう語った。「アレクセイはよく、プーチンのことを書けば、それが最後の調査になるといっていた」。レッド・ラインを越えて、大統領の逆鱗《げきりん》に触れる、と[46]。

二〇二一年一月一三日、ナワリヌイはロシアに帰国する予定だと発表した[47]。帰国の是非は考えなかったという。出国は自分で決めたわけではなく、暗殺されかかって、気付いたらドイツにいた。したがって、亡命先から戻るわけではなく、二〇二〇年八月二〇日にトムスクではじまり、中断していたモスクワへの旅の続きをするだけのことだと。

こうして一月一七日、大勢のマスコミ関係者のあいだを抜けてポベーダ航空機に乗り込むと、ナワリヌイは妻と並んで自分の座席に座った。飛行機が東のモスクワに向かって飛んでいるとき、夫婦はアメリカのテレビアニメ・コメディー「リック・アンド・モーティ」を見てすごした。ことの深刻さとのギャップは、これ以上ないほど際立っていた。

ナワリヌイはヒーローか？

二〇二一年一月、ナワリヌイがロシアに帰国すると、ロシアに関して二元論的な論評——白と黒、善と悪、ナワリヌイとプーチン——が多く見られた。西側諸国がロシアについていう際には、こうした単純な言説はよくある。冷戦の政治的二元論の名残かもしれない。あるいは、もっと長い伝統に立脚していることも考えられる。つまり、独裁者が隷属化した大衆を支配する異国の謎多き暗黒の地として、ロシアの〝他者性〟にとらわれすぎているのかもしれない。イデオロギーと無知とが相まってでき上がった見方だ。

しかし、この単純な論評はたちまち弱まっていった。一月、アムネスティ・インターナショナルが、ナワリヌイは「良心の囚人」であると明言した[48]。数週間後、同人権団体がその表明を取り消すと、ナワリヌイをプーチンに立ち向かう穢《けが》れなきヒーローだと考えていた人たちは混乱した。アムネスティの決断はナワリヌイの過去の発言による。「差別、暴力、あるいは敵意を煽動《せんどう》し、憎しみを増長する[49]」発言だったというのだ。

こうした全体としての倫理評価のほかにも、ナワリヌイは歴史的な人物にもなぞらえられはじめた。ナワリヌイとロシア国内外の人物との比較がマスコミ報道に散見するようになった。彼は現代ロシアのネルソン・マンデラ［南アフリカの人権活動家、初の黒人大統領。一九九三年にノーベル平和賞を受賞］か、それともアレクサンドル・ソルジェニーツィン［政府に批判的な小説を残した旧ソ連のノーベル賞作家］か？　だが、こうした比較は真実を明かすのではなく、覆い隠す。ナワリヌイはナワリヌイである。類似点を探したところで、実際には、ロシア国外におけるナワリヌイの知名度があまり高くないことを示しているだけかもしれない。

ナワリヌイを理解したいなら、しばし振り出しに戻る必要がある。

確固たる政治観

アレクセイ・ナワリヌイは一九七六年六月四日、モスクワの西に位置する村ブティニで生まれた。父親はソ連陸軍の将校で、母親は会計士だった。ナワリヌイの家族は父親の頻繁な転勤に伴って、軍事都市から軍事都市へと移り住んだ。

ナワリヌイの家族のだれもがソビエト体制を心の底から支持していたわけではない。父親はボイス・オブ・アメリカを聴いていたし、祖母はレーニンを激しく嫌っていた[50]。そして、ナワリヌイの家族はソビエト体制の大失敗のひとつをじかに経験してしまった。父親はウクライナの生まれで、ナワリヌイは幼少期に、夏になるとチェルノブイリの近くの村にある祖母の家ですごしていた。だが、一九八六年にそのあたり一帯が住めなくなり、行かなくなった〔一九八六年四月に二〇世紀最悪といわれるチェルノブイリ原発事故が発生〕[51]。

一九九一年にソビエト連邦が崩壊したとき、ナワリヌイは一五歳だった。ソビエト連邦は彼にあまりいい思い出を残してくれなかった。よく覚えているのは、生活必需品を買い求める列だ。党員証をもった共産党員の偽善者ぶりも覚えている。そういった連中は体制をいちばんでかい声でたたえていたが、一方でひときわ鋭い羨望《せんぼう》のまなざしを西側に向けていた。理想の裏側を見れば、ナワリヌイの知るソビエト連邦はただの偽善——ただの「お遊び[52]」——だった。

したがって、ナワリヌイは共産主義に対する幻想など持ち合わせていなかった。ロック音楽ファンで、ソビエト体制を批判する人気テレビ番組を見ていた。そういったことすべてが、彼の政治信条のアイデンティティを形づくったのだと、ナワリヌイはいう。「一七のときに私の政治観はでき上がったように思う。その政治観をみんなに吹聴しまくっていた[53]」。ナワリヌイはリベラルだった。

〝リベラル〟という言葉は、文脈しだいで意味が変わる。たとえば、アメリカで使われるときの意味はイギリスで使われるときの意味とは大きくちがう。一九九〇年代のロシアにおいては、ロシアを西側諸国並みの自由主義経済、そして法の支配にもとづく民主主義に転換しようとする者たちを指した。リベラルたるもの、いかなる意見の相違があろうとも、その基本目標は変わらなかった。そして、みんな断固として反ソビエトだった。

反面、細かい点はもっと複雑だった。権力側にいるリベラルもいれば、反体制側にいる者もいた。〝リベラル〟を自称する者、〝民主主義者〟を自称する者。技術官僚《テクノクラート》、インテリ、草の根活動家もいた。漸進《ぜんしん》的な資本主義への移行を唱える者もいれば、〝ショック療法〟を推進する者もいた。原則にもとづいた民主主義者もいれば、リベラル民主主義と資本主義に移行するには、強権が必要だと考える者もいた。

若いころのナワリヌイは、過激なリベラリズムを支持し、初代ロシア連邦大統領ボリス・エリツィンと改革チームを応援していた。エリツィンの経済改革によって、社会でもっとも弱い立場にある人々が苦しんでいたにもかかわらず、本人も認めているとおり、ナワリヌイはエリツィンの経済改革に声高に賛同していた。エリツィン政権の強権的傾向も、ほとんど問題だと思っていなかった。しかし、のちに、ナワリヌイは支持していたことを後悔する。そして、このときの改革がプーチンの強権的支配の種を蒔《ま》いたことに気付く[54]。

一九九三年、高校を卒業すると、ナワリヌイはすぐにモスクワのロシア民族友好大学（RUDN）に入学した。同国一の名門モスクワ大学には得点が届かなかった。法律を専攻し、その後、別の学位——有価証券と株式売買——も取得した。RUDNでリベラリズムへの疑いを抱くようになり、やがて、ナショナリズムに変わっていったとナワリヌイはいう。

ロシアのリベラル政党は、その時点ですでに衰退傾向にあった。それに、ナワリヌイの目には、〝リベラル・プロジェクト〟がもはや人々への訴求力を失っていると映っていた。なぜか？　彼にいわせれば、ロシア式のリベラルはヨーロッパの国々よりはるかに社会主義に近いリベラルだったからだ。移民問題に関してはとりわけそうだった[55]。

ナワリヌイには確固たる政治観があり、最新ニュースも追っていたが、この当時は活動家ではなかった。大学時代の優先事項は「教育を受け、仕事を見つけ、手っ取り早く金持ちになる[56]」ことだと考えていた。だから、まだ在学中に若くして働きはじめた。最初の職場はアエロフロート銀行だった。その後、不動産開発の会社に移った[57]。「そこで働いたおかげで、いろんなことがわかるようになった。内側《インサイド》でものごとがどうやって決められるのか、どうやって仲介業者ができるのか、どうやってお金が回るのか」と、ナワリヌイは二〇一一年、ジャーナリストのジュリア・ヨッフェに語っている[58]。

一九九〇年代から二〇〇〇年代に入ったころにかけて、ナワリヌイは弁護士として働き、株式に投資し、いくつかの事業を興した。それにより、大半のロシア人が聞いたこともないほどの収入を得ていた。「いい月」には、四〇〇〇～五〇〇〇ドルも稼いでいた[59]。そして、ナワリヌイの両親も一九九〇年代に新中産階級の仲間入りをし、モスクワ州の籐細工工場のオーナーになった。

ナワリヌイは教養があり、博識でもある。だが、次に挙げる作家のキース・ゲッセンの指摘にもあるとおり、「知識階級《インテリゲンツイヤ》の出ではない」。まず、ナワリヌイの父親もそうだが、職業軍人は、ロシアではインテリゲンツィヤとは見なされない。ナワリヌイのスタイルは特異だ。

ナワリヌイは知的で、理路整然としていて、しかも文章もとてもうまい。だが、「インテリゲンツィヤにありがちな」特有の礼儀、婉曲《えんきょく》表現、過度な思慮といったものを持ち合わせていない。話をするときに漉《こ》しとるべき底意も、内なる葛藤もない。思ったこと《ホワット・ヒー・セズ・イズ・ホワット・ヒー・シンク》をそのままいう《クス》。こっちはそのまま受け止める《ホワット・ユー・シー・イズ・ホワット・ユー・ゲット》[60]。

　同時に、ナワリヌイはまずまちがいないという確信を胸の奥で感じているようにも見える。彼の述べてきたモットーからも、それはうかがえる。彼のブログには、かつてこんなサブタイトルがついていた。「善と中立との最終戦」。また、ユーチューブの映像を締めくくる際には、いつもこういっている。「チャンネル購読をお願いします。私たちは真実を話します」。二〇二〇年の毒殺未遂事件後、ナワリヌイは、一九九〇年代のロシア映画の決めゼリフよろしく、「力はどこにあるのか?」と質問された。彼は間髪入れずに、映画のヒーローのように、こう答えた。「もちろん、力は真実にある。細かいことかもしれないが、力は真実と、そして、自信にもある[61]」

　ナワリヌイは政治家だ。長年、公人としての顔《ペルソナ》をもっている。西側諸国では、民主主義を標《ひょう》榜《ぼう》する中道右派の政治家を思わせる顔だ。

　彼は家族を大事にする男だ。しかも、かなり昔かたぎな家族思いだ。教会に行くようなタイプではないものの、ロシア正教会の信徒でもある。二〇〇〇年にユリヤ・ナワリナヤ（旧姓アブロシモワ）と結婚した。数年前に休暇でトルコに行ったときに知りあった。ユリヤは国際経済学を専攻したが、職に就いていたのは短い期間で、ダリヤ（二〇〇一年生まれ）とザハール（二〇〇八年生まれ）のふたりの子供たちと家庭を守る道を選んだ[62]。〝政治家の妻〟を自任している。

そして、自分の野心を漏《も》らすようなことは決してない[63]。

このように伝統的な家族像であり、自身も保守と称するものの、ナワリヌイは主流派とはかけ離れた進歩的な見解ももっている。たとえば、ロシアでは大きな不評を買っている同性婚を支持している[64]。

ナワリヌイは現実的でドライだ。クレムリンに近いタブロイド紙は、彼が高価な服飾ブランドを身に着け、海外で休暇をすごしているとしきりに書き立てる。だが、掘り下げるのはせいぜいそこまでだ。平均的なロシア人より生活水準がだいぶ上であることは本人も認めている[65]。それでも、彼の調査対象となっている政府高官の多くには遠く及ばない。

ナワリヌイは頭の回転が速く、愛嬌《あいきょう》があり、ひょうきんでもあるが、すぐにかっとなることもある。よく、ぶっきらぼうとさえいえるほど率直にものをいう。ジャーナリストや、かつての仲間、政治家などと、公の場で何度も激論を闘わせてきた。モスクワというリベラルな政治とマスコミが支配する世界だけでなく、それ以外のところでも、ナワリヌイは世論を二分する存在だ。

複雑な人物像

ナワリヌイは受け取る側によってまるでちがうものに映る。〝民主主義陣営の英雄〟あるいは

〝プーチンの独裁主義に立ち向かう獅子《しし》〟だと見る者もいれば、〝反体制派の指導者〟だという者もいる。さらに、売国奴――母国を裏切り、ＣＩＡ（アメリカ中央情報局）に雇われた西側のスパイ――だという者や、ナショナリストとか、排外主義者だという者もいる。

ナワリヌイの発言や振る舞いに目を向ければ、人々が混乱する理由がよくわかる。リベラルの立ち位置から、ナショナリスト的な、ときには人種差別主義者《レイシスト》的な発言をするのだ。反汚職活動家なのに、自身も横領で有罪判決を受けている。ロシア愛国者だが、ロシア当局者に対する制裁を求めている。民主主義者を自任するわりに、不法な手段を用いての行動も辞さない。ナワリヌイはロシアの〝幸福〟を願っているが、苛烈《かれつ》な言葉で敵を攻撃し、めったに引き下がらない。

ナワリヌイが刺激的で複雑な人物だからか、だれもが希望、不満、疑念を彼に投影する。ナワリヌイにロシアの未来を見る人々にしてみれば、期待が重いぶん失望するのが目に見えるようだ。そして、意見の相違にうまく対処できない統治制度にあって、ナワリヌイのように有名で、カリスマ性があり、マスコミ慣れした反体制派の政治家はほかにいないので、いっそうその傾向は強まっている。

三つの道筋

この複雑な人物をどう理解すればいいのか？　私たちは三つの異なる道筋をたどり、アレクセイ・ナワリヌイのストーリーを紡ぐ。反汚職活動家としてのナワリヌイ、政治家としてのナワリヌイ、そして、抗議者としてのナワリヌイの三つだ。ナワリヌイが現代ロシア政治で占める位置を考える際には、この三つこそ彼のキャリアにおいてもっとも重要な次元だ。そこからさらに深掘りし、異論の多いクレムリンとの関係にも切り込む。ロシアの政治指導層がナワリヌイに多大な影響を与えてきただけでなく、逆にナワリヌイがクレムリンの方針を左右してきたことも明かす。

この対立によって、多くのロシア人が旗色を鮮明にし、なにが重要なのか優先順位をつけざるをえなくなった。たとえば、賛否相半ばするナワリヌイの発言についてはひとまず棚上げにすべきだという向きもある。いちばん重要なのはプーチンを打倒することだ、と。ロシアの有力なジャーナリストであり、ナワリヌイの親友でもあるエフゲニヤ・アリバーツがいうように、「私たちは白黒の政治時代に戻っているのです。一方に悪の帝国があり、もう一方には自分たちの基本的な権利を求めて闘う人々がいる。ナワリヌイは後者の指導者なのです。他方、西側にはプーチンを甘やかす者たちが、そして、ロシア国内にはプーチンの支援者がいる[66]」。

現在のロシア政治情勢を考えれば、複雑だと認めるだけで政治的に解釈されることもある。ナワリヌイへの支持を弱体化しようとしていると受け止められかねないのだ。そして、ロシア国営メディアがナワリヌイの黒い一面を報じるとき、ナワリヌイの支持者たちは、まさにその点において同メディアを非難している。

ナワリヌイの政治信条やキャリアの一面に対して、どんな共感や反感を抱こうとも、私たちはロシア政治の戦場にいるわけではない。私たちは外国人の研究者としてロシア政治を調査し、それにもとづき、容易に白黒をつけられないグレーがかった面を分析するが、そういった複雑性がロシアという国においてもっとも重要だというつもりはない。

ナワリヌイに注目する理由

ロシア・アナリストのなかには、ナワリヌイを理解する必要などないという者もいる。構造的な病理が重要なのであって、ナワリヌイはその病理が産み落としたものにすぎない、と。

たしかに、ナワリヌイをナワリヌイたらしめてきた要因は数多くある。主要因は汚職だ。どこであれ、権力とカネは互いを引き寄せる。しかし、ロシアでは、エリート層の汚職こそが、プーチンを権力の座にとどめておくシステムの中心にある。ソ連崩壊後の混乱期に莫大な資産を築いた一九九〇年代の〝新興財閥《オリガルヒ》〟――ロシアという国家を牛耳っていた、有力なコネをもつ大富豪《スーパーリッチ》――は消滅したわけではない。権力側の脅威ではなく、安定装置《スタビライザー》になっただけのことだ[67]。さらに概観すれば、汚職の広がりを受けて、ナワリヌイのように、法律と財務の両方に精通し、複雑な所有構造を追跡できる者たちは、非常に有利な立場から当局に対して異を唱えられる。

ロシアは天然資源が豊富で、高度な教育を受けた人々もいるが、経済的にはとても不平等な社会である。二〇〇〇年にプーチンが大統領の座に就いてから最初の二期のあいだは原油価格の上昇のおかげで生活水準も大幅に上昇したが、二〇一〇年代なかごろから頭打ちだ。それでも、ロシアには資産二五万ドルを超える金持ちが多く、その一方で、何千万人もの国民が貧しい暮らしを送っている[68]。大勢の市民がまともに暮らせていない状況にあって、露骨な汚職や、多くの官僚が肥やしてきた私腹を暴くことはとりわけ有効である。しかし、一般の人々が現体制という船を揺らしたところで、限界がある。

ひとつには、ロシアは強権的な政治体制だからだ。刃向かうことがただちに禁止されるわけではない。いわゆる〝体制内野党〟も、プーチンの党である統一ロシアと並んで選挙に出馬できる。こうした〝体制内野党〟は政府を批判し、不満を抱える有権者を引きつける。だが、大統領の権力に挑むことはない。また、政府批判が度を越せば、彼らもほかの政敵と同じように、政権による嫌がらせや策略に見舞われる。

ナワリヌイのような人物にとってさらに厄介《やっかい》なのは、多くのロシア人が政治などそんなものだと信頼していないことで、大半の西側諸国の国民よりその傾向はずっと強い。これは一九九〇年代のロシア情勢の結果でもある。当時の政争は過激で不毛だった。政党や政治家は、国民ではなく有力者——犯罪者を含む——の私益を代弁しているように見えた。そういうわけで、政治は多くの人々にとって汚いものに成り下がってしまった。したがって、クレムリンが置いた数々のハードルをすべて飛び越える者が、万が一出てきても、有権者の信頼を勝ち取るのは依然としてむずかしい。たとえ多くの国民が変わらなければならないと思っていたとしてもだ。

それなら、ナワリヌイではなく、汚職、不平等、強権体制について書くべきではないか？　それも一理ある。だが、政治家であり活動家でもあるナワリヌイのキャリアを追えば、そういったことすべてが理解できる——今日のロシアを形づくっているものが。時代と場所がちがっていれば、ナワリヌイはナワリヌイになっていないとはいえ、彼は単なるロシア史の産物ではない。この環境で真っ向から挑むような人物になるには、勇気、創造力、機転が必要だ。ナワリヌイにはそれらすべてがある。だからこそ抜きんでている。クレムリンもそれを知っている。だから結果的に、ナワリヌイの主張にある程度合わせてきたのだ。

〝クレムリン〟とか〝当局〟といった言葉は、当然ながら漠然としていて、それだけに、ロシアの政治制度の複雑さを糊塗《こと》することもできる。私たちも研究者だから、あいまいな言葉を使うと、重要なニュアンスが隠れてしまう問題は意識している。そうはいっても、一般用語は手短かに伝えるには役立つ。問題となっている特定の主題を考えた場合、そういった表現で〝均《なら》される〟ニュアンスがそれほど重要でないときには、とりわけ役に立つ。

ナワリヌイの支持層とは？

クレムリン寄りのマスコミは、長いあいだ、ナワリヌイが西側諸国で過大評価されていると主張してきた。ロシアではそれほど重要人物ではないと。このナワリヌイの評価はどの程度、数字と一致しているのか？

二〇二一年はじめにナワリヌイがロシアに帰国したあと、彼の活動に対する支持率は二〇パーセント程度、逆に不支持率は五〇パーセントもあった。しかし、この数字はロシア社会全体の平均である。一八〜二四歳の層はナワリヌイにもっといい印象を抱いている。三分の一以上が彼の活動を支持しているのだ[69]。

年齢とはちがい、教育レベルでは支持率の差は生まれない。学位をもっている人々のほうが、もっていない人々に比べて支持率がそれほど高いわけではない。また、大都市と地方との差もほとんどない。したがって、人口グループごとの調査で明らかになったのは、ナワリヌイへの支持がロシア都市部にかぎった現象ではないということだ。

しかし、人々の主要な情報源を考えた場合には、こうした数字は変わる。ロシアで開発されたメッセージング・アプリ、テレグラムのユーザーのあいだでは、支持が不支持を上回るのに対して、主として国営テレビを見ている人々の場合は三分の二強が不支持である。

プーチンの政治システムを批判する人々の多くは、プーチンが支持されるのはプロパガンダによるものだと主張する。国営テレビに洗脳されているにすぎないと。たしかに、プロパガンダは多い。だが、幅広い層がプーチンを純粋に支持するとともに、プーチンや現状に異を唱える人々に対して、根深い不信感を抱いているのもたしかだ。プーチンとその支持者とのこうした関係は、いまだに実感として残るプーチン体制の最初の一〇年における生活水準の向上によるものであると同時に、感情的なものだ。単なるプロパガンダの結果ではないからこそ、挑戦者がこの関係を打ち破るのは容易ではないのだ。

しかし、ナワリヌイが試みてきたのは、まさにこの関係を打ち破ることだ。その際、プーチン支持を削り、できるかぎり幅広い反プーチン連合を築き上げる大義として、汚職に焦点を当てた。わかりやすいメッセージだ。ただ、それも複雑な政治家の一面にすぎない。

空港から刑務所へ

二〇二一年一月一七日、ドイツで回復したナワリヌイを乗せたＤＰ９３６便はモスクワのヴヌーコヴォ空港に向けて下降をはじめた。ナワリヌイの支援者が数千人規模で集まっている[70]。だが、機動隊もいる。

パイロットのアナウンスが流れた。飛行機は「技術的な問題」により予定を変更し、ヴヌーコヴォ空港には着陸できない。同機はシェレメチエボ空港に着陸する。「現地の天気も最高だ！」とおどけた声[71]。

ナワリヌイが飛行機から降りてターミナルに向かうときも、カメラはナワリヌイに向けられていた。当局がナワリヌイを仮釈放条件違反で訴えていたのだから、その後の成り行きは必然と思われた。入国審査カウンターで拘束されたのである。

ナワリヌイはモスクワの北にある留置場に移送された。翌日、警察署で急遽《きゅうきょ》、法廷審問が設定された。ナワリヌイの弁護士はほんの二時間前にその通知を受けた。ナワリヌイは一連の手続きを「驚くべき不条理[72]」と評した。

これによりナワリヌイは、二月二日に設定された審問まで勾留となる。その日、二〇一四年に確定した詐欺罪――イヴ・ロシェ事件と呼ばれていた事件――の執行猶予を実刑にすべきかどうか、判事が決めることになる。

「不安はない」

ナワリヌイの命運はロシアの手にあった。

入国審査カウンターで拘束される前、ナワリヌイは理想的な背景の前で足を止め、スピーチをした。クレムリンとロシア国旗の巨大なポスターの前だ。

ナワリヌイはまだ楽観的だった。なにしろ、ロシアに戻ってきたのだ。「ここが私の家《ホーム》」で、戻ってくるのは「私が決めたこと」だった。「私にいわせれば、今日はこの五か月で最高の日だ。不安はないね。きみたちも不安に思わないでくれ[73]」

第2章　反汚職活動家として

ここはクラスノダール地方。二〇一四年冬季オリンピックの開催地、ソチから北西に向かって車で四、五時間のところにあるゲレンジークのリゾートタウンの近くだ。

カメラのついたドローンが黒海上空を飛び、じりじりと岸に近づく。前方には木々に覆われた海岸と広大な建物。敷地面積一万七六九一平方メートルは、「ロシア最大の民間住宅」であり、「モナコ公国三九個分」の広さだ[1]。

地下アイスホッケー・リンク、樹木園《アーボレータム》、ヘリパッド、〝アクア・ディスコ〟、葡萄《ぶどう》園、プライベート・カジノ、円形競技場、ビーチに出る秘密のトンネル。ここはジェームズ・ボンドの敵の隠れ家か？

いや、ナワリヌイの反汚職基金（ＦＢＫ）の調査によれば「プーチンのための宮殿」だ[2]。そこは「誇張でもなんでもなく、ロシアでもっとも分厚い秘密のベールに包まれ、厳重に警備された施設だ。田舎の邸宅でも、別荘《ダーチャ》でも、住宅でもない。街まるごと、あるいは、王国といってもいい」。

二〇二一年一月一九日にユーチューブ上で公開されると、この長編の調査動画は瞬く間にヒットした。一月二八日には、驚くことに再生回数が一億回にものぼった[3]。二月はじめの世論調査によると、回答者の四分の一以上が見たという[4]。

動画では、宮殿と周囲の土地の想像を絶する贅《ぜい》の数々が見られる。FBKによると、究極の受益者――ロシア大統領その人――を隠すために複雑に張り巡らされたという金銭関係の構図も示される。この宮殿は「世界最大の賄賂《わいろ》」である、とナワリヌイと彼のチームは主張する[5]。

ナワリヌイの調査報告に入っていた、あるひとつのもの――一本七〇〇ユーロのイタリア製トイレブラシ――がその後の抗議活動のシンボルになる。しかし、ナワリヌイのチームによると、そのブラシは宮殿用ですらなかった。母屋の邸宅とは離れているが、敷地内にある葡萄園用に買われたものだった。

ウラジーミル・プーチンはその非難をはねつけた。「動画に映っているのは私のものではない。私のものではないし、親しい親戚のものでもない。絶対にちがう[6]」。ロシアの億万長者アルカジー・ローテンベルクが、その地所の実際の所有者は自分だとマスコミに語っている。そこは「すばらしい立地の掘り出し物」だったと。これからホテルにするつもりなのだという。なにしろ「部屋がたくさんあるしね[7]」。

〝プーチン宮殿〟はFBKの調査対象のなかでもずば抜けて有名だ。だが、ナワリヌイの反汚職活動はそのずっと前から続いている。じつのところ、ナワリヌイは当初、反汚職活動によって国内外で知られるようになったのだ。

本章では、ナワリヌイが〝一介の〟ブロガー兼少数株主の活動家から、世界でもっとも有名な反汚職戦士になったいきさつを語る。その過程でナワリヌイの仲間に加わった主要な人物も何人か紹介しよう。そして、彼らが直面した数多くの困難も明らかにする。法執行機関の職員による嫌がらせもあれば、正体のわからないごろつきによる襲撃もあった。また、ナワリヌイ自身への非難――カネで雇われて企業の利益を代弁しているとか、政治家としてのキャリアの足しにする大義を求めているだけの利己的な人物だという非難――についても論じる。

少数株主としての活動

スルグト――西シベリアの都市で、モスクワから北東へ飛行機で三時間。

二〇〇八年四月三〇日、石油会社スルグトネフチェガスの年に一度の株主総会がひらかれていた。ロシア版フィナンシャル・タイムズ紙にあたる経済日刊紙ヴェードモスチは同社を「ロシア有数の閉鎖的な石油会社」だと評する[8]。総会には約三〇〇人が出席していた[9]。

CEOウラジーミル・ボグダーノフは同社の昨年度の業績を報告し終えると、集まっていた株主たちに質問はありませんかと尋ねた。ひとりがステージに上がる。アレクセイ・ナワリヌイだ。

「だれがスルグトネフチェガスを所有しているのですか？」

同社の経営陣は呆然とした。こうした鋭い質問――同社の所有構造における透明性の欠如を真っ向から指摘する質問――を人前でぶつけられることに慣れていないのだ。

ナワリヌイはさらにふたつ質問する。なぜ配当額がこんなに低いのか？　そして、年次報告書でさえ、総会前に辺境のスルグトまで来なければ閲覧することもできないなど、なぜこれほどまでに情報にアクセスしにくいのか？

気まずい沈黙が流れる。すると、どこからともなく拍手が沸き起こった。ほかの株主とは離れてホール後方に陣取る一団が、ナワリヌイの批判的な問いかけに支持を表明したのだ。

これが少数株主活動家ナワリヌイの姿である。この活動は二〇〇七年にはじまった。ナワリヌイは、国が大株主になっている数社を含むロシア企業の株を買うことにより、少なくともふたつのものを得る。そうした企業の活動に関する情報へのアクセスと、スルグトの株主総会でしたような答えにくい質問をする機会だ。その情報を使って企業を訴え、さらなる情報を引き出したり、法廷で直接説明させたりすることもできる[10]。法律と金融市場について学んできたことが、この世界を渡り歩くうえで役に立っている。

しかし、次の段階も劣らず重要だ。ナワリヌイはその情報をライブジャーナルに開設したブログ——生命線であるプラットフォーム——で公開する。「マスコミに検閲があるからこそ、私のブログは存在する」と彼は二〇一一年にある雑誌に語っている[11]。彼がこのブログをはじめたのは二〇〇六年三月で、当初は自身が週に一度パーソナリティーを務めるエーホ・モスクヴィ（モスクワのこだま）というラジオ局の番組の文字起こしを投稿するのが唯一の目的だった。しかし、やがてそれだけにとどまらなくなる。

ブログの効果

ナワリヌイはブログのおかげで、株主活動をはじめ、ロシア・メディアが扱いたがらない問題を周知できるようになった。また、ブログはSNSの原形でもあり、コミュニティの形成にも一役買う。うしろ暗い企業活動の告発に関心のある人たちだけでなく、協力をいとわない人たちも集まってくる。

要するに、ブログは役に立つ。ブログは自分だけのメディアだが、双方向《インタラクティブ》だ。たとえば、

「建築現場で起きている汚職を分析できるような建築設計の専門家を探しています」と書けば、ブログ経由で見つかる。必要なら、やはりブログを通して、読者に「ロシア連邦」反独占局に嘆願書を書いてくれと呼びかけることもできる。ブログは万人共通のツールだ。オンラインとオフラインはブログによってひとつになる[12]。

巨大エネルギー企業ガスプロムに対する運動では、五〇〇人以上が調査に参加したとナワリヌイはいう[13]。そして、もうひとつコミュニティ形成の例を示すなら、ノウハウを蓄積し、連携して活動する目的でナワリヌイが設立した「少数株主連合」もある[14]。

ナワリヌイのブログは大ヒットした。時系列を追って影響力の拡大をたどることもできる。二〇〇八年八月の投稿には二三五件のコメントがついた[15]。二〇〇八年一二月には八三二件[16]。二〇〇九年一一月には一三九四件[17]。そして、二〇一〇年一一月には、それまでの記録を軽々と超え、八九六二件のコメントがついた[18]。たしかに大ざっぱな基準ではある。だが、その粗い物差しをあてがえば、ナワリヌイの注目度と影響力の高まり具合がわかる。二〇一一年末になると、彼のブログの閲覧者数は一日五万五〇〇〇人になっていた[19]。

ナワリヌイは読者が憤りそうな事案を選んだ。その作戦はうまくいった。「トピックは反響を呼んだ。[二〇〇八年に]ブログで「ロシアの石油パイプラインを独占する国営企業」トランスネフチ——二年間で五億ドルもの資金をどんな慈善目的に回したのか開示しなかった——の訴訟について書いたときには、何百件ものコメントがあった。そういうトピックは人々の憤りを買う[20]」

二〇一〇年にトランスネフチを対象に実施した別の調査で、ナワリヌイは、東シベリア－太平洋パイプライン——ロシアの石油をアジア太平洋市場に輸出する際にきわめて重要なインフラストラクチャー——の建設に伴い、四〇億ドルもの資金が横領されたと主張した。ナワリヌイの情報源はどこか？　二〇〇八年に、予算と公共資源の利用状況を監視する国家機関の会計検査院が実施した内部監査のリーク文書だった。トランスネフチはその調査を投資プロジェクトへの反対運動の一環だとしてはねつけた[21]。

ナワリヌイの主張について当時の首相ウラジーミル・プーチンが声明を発し、検察庁に捜査を要求した[22]。しかし、捜査されることはなかった。二〇一一年九月になると、プーチンのトーンはがらりと変わった。トランスネフチ経営陣は資金を横領してはおらず、当初とは別の目的に使用したといい出したのである[23]。

それでも、二〇一一年二月には、モスクワの法廷はトランスネフチに対し、同社経営陣側の反論を受けて、この件に関連するさらなる情報を開示するよう命じていた[24]。ナワリヌイはこの決定にすぐさまブログで反応した。「やった《ヤバダバドゥー》！　でかい勝利だ[25]」

もっとも、全体として見れば、訴訟を通じて企業や個人に説明責任を負わせようというナワリヌイの試みは、めったに成功しなかった。だが、それでも肩をすくめて終わりだ。相手は最高権力者なのだから、「私たちはリアリストであり、今日のロシア法廷では勝利する可能性が低いことはよくわかってる[26]」。

世論を味方につける戦略

ロシア人は汚職を気にする。この二〇年以上の世論調査を見ると、ロシア国民がもっとも気にするトピックのひとつであることがわかる。物価上昇、失業率、貧困の次だ[27]。また、個人の技量、収入、教育のレベルに関係なく、汚職にはだれもが眉をひそめる。したがって、汚職との闘いは、注目を集めて世論を味方につけようという者にとっては必勝戦略なのだ。

ほぼすべての社会集団に対する訴求力に加えて、汚職との闘いという基本方針には、もうひとつ決定的な強みがある。左派からも右派からも守られるのだ。ナワリヌイはほかにもさまざまな論点で要望を出してきたが、それらとは対照的に、汚職との闘いはリベラル左派の方針にも、ナショナリストの方針にも簡単には組み入れにくいのだ。

たしかに、反汚職改革は世界銀行や国際通貨基金（ＩＭＦ）がリベラル経済プログラムの一環として推進することが多い。私情によるひいきや収賄は市場の健全な競争力を阻害するからだ。

しかし、反汚職の方針は左派的な社会正義に照らしても、正しいこととされる。横領、不正な斡旋《あっせん》、課税対象の財産の海外移転は、国家予算を目減りさせる——公共の利益のために使われるべき資金だというのに。

世界的な原油価格の上昇もあって二〇〇〇年代は好景気に沸いていたものの、ロシアの所得格差は依然として大きいままだ[28]。政界のエリートが血税で贅沢三昧に興じるさまは、いつの時代であっても非常に腹立たしい。それも、格差が大きく、公益事業の質が低く、生活水準も低いときには、とりわけ大きな憤りを誘う。こんな状況だから、汚職は社会正義の問題になるのも当然である。

汚職への高い関心度

ナワリヌイの運動に参加することにした人々に話を聞いてみると、驚くことに、だれもが汚職を実際に経験していることがわかる。政治的な立場にかかわらず、だれもが汚職と闘うべき理由があるのだ[29]。

ナワリヌイの大義をフルタイムで支援するようになる前、ヴィクトル（三九歳）は小売業者として働いていた。たとえば、税務当局、衛生指導員、安全検査官などからの過度の圧力を避けるため、事業者として賄賂を贈らなければならなくなると、価格に転嫁せざるをえなくなるという。「もし、事業者として、汚職関係の経費があるとすれば、それを製品価格に転嫁する。消費者はみんなその分を支払う。でも、利益を得るのはほんのひと握りの役人だけだ」

法学を学んだのち、ナワリヌイ側の活動家になったカテリーナは別の理由を挙げる。「怖いんです」

あまり理性的ではないけれど、とにかく怖いんです。この前、二層の高速道路インターチェンジが開通しましたが、いずれ崩壊するのではないかと、本気で怖いんです。汚職がどういうものかはわかりますよね？　国がたとえば一〇〇ルーブルの契約を締結しても、実際のインフラ建設には、二五か三〇ルーブルしか使われないからです。

残りは途中でいろいろな人のポケットに入る、とカテリーナは続ける。「そういうものです。恩恵を受けている側の人から聞いて知ってます。それに、当然ですが、インターチェンジをつくるとなれば、あらゆる部品をけちります。ひどい品質のものばかりだから、いつか崩落しますよ」

こうした話を聞くと、汚職は人々の日常の一部になっていることがわかる。汚職がなくなれば、すぐにでも暮らしがよくなり、安全になり、豊かになることは容易に想像できる。汚職によって左右されるのは、彼らの暮らしだけでなく、社会福祉全般もだ。ナワリヌイの主張に呼応するかのように、ポリーナ（二六歳）も、着服されるのはたいてい国家予算――国民の血税――なのだから、汚職は窃盗《せっとう》だという。「だれかが私たちの財布を盗めば、街いちばんの悪党だと思う。でも、政府レベルで盗みを働いても、『まあ、お役人はみんな盗むから』なんていう。でも、だめ。こんな大掛かりな盗みを許すわけにはいかない」

だれもが汚職を経験するのだから、汚職というトピックがあることで、一般人はナワリヌイの大義と個人的なつながりを築きやすくなる。

トランスネフチ調査のような、読者との感情的なつながりを助長する投稿によって、ナワリヌイはたちまち「ロシアでもっとも有名なブロガー」になった[30]。そして、増え続けるブログ登録者数を利用して、二〇〇九年一二月に、ロシア版フォーブス誌と共同で〈株主保護センター〉を設立した。同センターは少数株主の活動との協調を図る組織だった[31]。ヴェードモスチ紙はナワリヌイを「二〇〇九年ピープル・オブ・ザ・イヤー」のひとりに選出している[32]。

「尾行に気付いたことは？[33]」

答えにくい質問を浴びせ、訴訟を起こしたりするナワリヌイには敵ができやすい——大勢の敵が。そのために、ナワリヌイの身の安全を危ぶむ声も出てくる。

じかに脅迫されたことはないが、石油産業にかかわっている友だちには、おまえはどうしてこんな面倒を引き起こすのかとか、だれが裏で糸を引いているのかと訊かれる。だれにもそこまで面倒をかけていないが、不安はある。石油会社ロスネフチの株主総会で、「CEOのイーゴリ・」セーチンは長いあいだ私に発言権を与えないようにしていた。何度も何度も［発言機会を要請する］メモを送ったが、セーチンは演台からこういうばかりだった。「もう要請は受け付けません」。だから、私は立ち上がり、［セーチンに］声を上げた。「もう五回もメモを送ったんだぞ」と。それでやっと発言させてもらえた[34]。

もしかしたら、ナワリヌイには、イーゴリ・セーチンの例を出す理由があったのかもしれない。フィナンシャル・タイムズ紙のジャーナリスト、ヘンリー・フォイは、ロスネフチCEOイーゴリ・セーチンのプロフィールとして「実業家にも政治家にも恐れられていて、逆らう者に残酷な仕打ちをする」ことで有名であると記している[35]。ナワリヌイは強大な権力をもつ敵をつくるというリスクを冒したわけだ。

だれかに尾行されていると気付いたことはなかったかと問われて、ナワリヌイはなに食わぬ顔で答えている。何度か同じ車を見かけた――だが、あまり気にしていなかったという。「私のどんな秘密をあぶり出すというんだ？ ブログにぜんぶ書いているのに[36]」

このころ、もうひとり、汚職を調査していた人物がいる。そして、その過程で命を落とすことになる。セルゲイ・マグニツキーは、モスクワに本拠を置く法律会計事務所に雇われていた弁護士だった。当時、「ロシア最大の外国投資ファンド[37]」エルミタージュ・ファンドの子会社も事務所のクライアントであり、最高顧問はソ連崩壊後に大もうけした大投資家ビル・ブラウダーだった[38]。

エルミタージュ・ファンドの三つの子会社の所有権変更を調査していて、マグニツキーは同三社が役人たちに乗っ取られたのだと主張した。のちに、彼らはそれら子会社を違法に使い、国から二億三〇〇〇万ドルの税還付を受けようとした、と[39]。

しかし、二〇〇八年一一月に逮捕されたのは、マグニツキーその人だった。脱税に加担したという罪状だった[40]。

マグニツキーに対する罪状の詳細については議論が続いている[41]。しかし、はっきりしているのは、勾留中にマグニツキーが受けた驚くべき仕打ちだ。セルゲイ・マグニツキーは二〇〇九年一一月一六日、膵炎《すいえん》を発症したことによる毒性ショックと心不全で死んだ。膵炎であることは診断されたが、治療は行われなかった[42]。

汚職の申し立ての調査は危険な活動だった。

キーロフ林業事件

二〇一〇年にナワリヌイが石油パイプライン会社トランスネフチで横領があった疑惑を投稿してまもなく、彼自身も深刻な告発に直面することになった。二〇一一年五月、ナワリヌイに対する犯罪捜査が開始されたのだ。理由を理解するには、少し時をさかのぼり、モスクワから北東へ飛行機で一時間半ほどのキーロフ州へ移動する必要がある[43]。

二〇〇九年、リベラル派の有力政治家ニキータ・ベルィフが同州の知事になり、ナワリヌイを無報酬の顧問として招いた。ナワリヌイは顧問として州政府所有の木材会社でヴャチェスラフ・オパリョフが率いていたキーロフ林業にかかわった。

キーロフ林業は損失を出していた。ナワリヌイは同社の透明性を高め、また収益が出るようにしたかった。このプロジェクトの一環として、キーロフ林業ともう一社、ナワリヌイの知人ピョートル・オフィツェロフが創業した商社のVLKとのあいだで契約が交わされた。契約書によると、VLKはキーロフ林業から木材を買い、第三者に売る責務を負うことになった。

ナワリヌイによると、商社を仲介として挟むことで顧客が増え、木材売買における帳簿外の現金払いの慣習を終わらせられるとのことだった。二〇〇九年四月から九月のあいだに、キーロフ林業はVLKに約一六〇〇万ルーブル［当時のレートで約四八〇〇万円］相当の木材を供給した。

しかし、二〇〇九年秋になると、ベルィフ知事は、キーロフ林業の経営判断を誤ったとしてオパリョフを解任し、VLKとキーロフ林業の契約は終了した。

オパリョフは不満だった。彼は損失が出るような契約を結ぶようナワリヌイとオフィツェロフから圧力を受けたと主張した。しかし、キーロフ州の調査局がオパリョフの告発を調査した結果、ナワリヌイらの犯罪が行われたことを立証できないとして、二〇一一年一月、犯罪捜査は行わないことに決まった[44]。だが、ここから事態はややこしくなっていく。

一月の州レベルの決定は、二月に連邦レベルの捜査班、すなわちモスクワのロシア連邦捜査委員会によって覆された[45]。同委員会は、州の関係部局からの〝圧力を受ける可能性〟を排除するために、その件をほかの捜査班に割り当てた。

それでも、二〇一一年三月、新たに任命された捜査班も事件として捜査することを拒否した[46]。

だが、モスクワ当局はそれでも満足しなかった。二〇一一年五月、連邦捜査委員会によって、犯罪事件としての捜査が開始された。ナワリヌイとオフィツェロフは、詐欺を働いたり、オパリョフの信頼を裏切ったりして、キーロフ林業に大きな損失をもたらした。捜査班はそう断言したのだ[47]。

ここから事態はさらに二転三転する。一一か月もあれこれ調査したあげく、二〇一二年四月一〇日、捜査班は刑事事件としての捜査を終了し、犯罪行為の証拠はなかったと断定した[48]。ナワリヌイは五月二八日、ブログに朗報を投稿した。「万事OK[49]」

だが、ちがった。連邦捜査委員会が、事件捜査を終えるという四月の決定を覆したのだ[50]。ジェットコースターはまだ終わりにはほど遠かった。

アレクサンドル・バストルイキン率いるロシア連邦捜査委員会は、ナワリヌイ追及の決意を見せ、下級役人の結論を却下したのだ。バストルイキンは委員会総会でこういっている。「きみたちはこの男に関する刑事事件の資料があったのに、人知れず捜査を終了した。警告しておくが、今度このようなことがあれば、情けはかけないし、決して容赦しない[51]」

こうして新たに刑事事件捜査が開始された。今度の罪状は横領だった。要するに、ナワリヌイは、自分が声高に告発している役人と同じく汚職をしていると告発されたのだ。「森を盗んだ」として咎《とが》められたという冗談が飛んだ[52]。だが、禁固一〇年の実刑にも直面していた。

政界でキャリアを積み上げていく過程で、ほかにも数多くの訴訟が起こされた。もっとも大きなものは、フランスの化粧品会社イヴ・ロシェにからむ訴訟だ。この訴訟が原因で、ナワリヌイは二〇二一年に収監されることとなった。

活動家への道

ナワリヌイはどういったいきさつで少数株主活動家になり、これほど危険な道を歩むようになったのか？　ナワリヌイ本人によれば、たまたまそうなったという。はじめはただの投資家で、大志をもっていたわけではなかった。

そういう投資のほとんどは、資本配当［すなわちお金になること］を見込んで行った。訴えるために株を買っても、ゴールが見えないからね。株を買ったのをきっかけに、その企業の報告書を定期的に読み、そこに書かれていることがマスコミでどう報じられているかを追うようになった。それで、愕然《がくぜん》とした。当時、まだ［世界経済］危機はなく、原油価格は記録的な高値をつけ、私が株をもっていた企業の表向きの発表は〝チョコレート・コーティング〟されていたが、企業の株主向け報告書にはこう書いてあった。［配当はないだろう］。株主として、それはおかしいと思ったから、企業の利益がどこに行ったのか、なぜ私に配当がないのかを突き止めることにした[53]。

要するに、ナワリヌイはロシア企業の内情をのぞいたことがきっかけで――きっかけとしてはそれで充分だった――活動家になった。「そのうちに、それは信念になった[54]」

この時期、ナワリヌイはまだモスクワで弁護士として働き、クライアントから得た報酬で反汚職活動の資金を補填していた[55]。全時間の二〇パーセントを従来の法律業務に充《あ》て、残り、つまり大部分を活動に費やしたという[56]。

それでも、当初から、反汚職活動の真の目的に関して、しょっちゅういいがかりをつけられた。その点については「いちばん多く訊かれること」だとナワリヌイはいう。陰謀論が湧いて出てきたからだ[57]。

調査対象の企業からカネをゆすっているとか、その企業の競合他社からカネをもらっているなど、まことしやかな憶測が飛び交った[58]。たとえばトランスネフチのCEOニコライ・トカレフ(当時)は、東シベリア-太平洋パイプラインの建設にあたって、ナワリヌイが同社の競合他社のために動いていると主張した[59]。また、国内エリート同士のいさかい[60]や地政学的な係争に巻き込まれ、意図せずしてだれかの手先になっているという非難もあった。ドゥーマ(下院)の統一ロシア党副党首はナワリヌイとの討論の際、反汚職活動にCIAか米国務省からの資金提供がなされているといったことをにおわせている[61]。ナワリヌイはそうした主張をすべて否定している[62]。

プーチンVSオリガルヒ

ロシアは〝盗賊政治体制〟——官僚が搾取できるようにつくられたシステム——だといわれることがある[63]。しかし、ロシアの政治において汚職がはびこっている理由は、果たしてそれだけだろうか？

ポスト・ソビエト時代のロシアの政界において、汚職は中心的な位置を占めている。しかも、さまざまな形で目に付く。ソビエト経済の民営化は、政界にコネがある者たちに有利に進められた。ソビエト時代の工場長はソ連崩壊のどさくさに乗じて事業を掌握し、その後、当局の力を借りて工場を私物化した。野心のある者はあらゆる手を使って巨大な企業帝国を築き上げられるようになった。

一九九〇年代、こういった事情が国家の保全を脅かしつつあった。新興財閥《オリガルヒ》が弱く貧しいロシア国家を脅迫し、国家が喉《のど》から手が出るほどほしがっている融資の見返りとして、市場価格をはるかに下回る価格で国家財産を投げ売りさせるようになったのだ。こうして、彼らは多くの重要な政治決断を大きく左右するようになり、〝国家捕獲〟として知られる状況が広まっていった[64]。プーチンが政権の座に就くと、そうしたオリガルヒの前に立ちはだかり、中央からの国家統制を再確立する決意を示した。その姿勢は多くのロシア人の支持するところとなった。

この流れのなかで、二〇〇三年二月に決定的な瞬間が訪れる。プーチン大統領がクレムリンでビジネス界のエリートたちと顔を合わせ、テレビ討論をしたときのことだ[65]。当時、ロシア最大の石油会社ユコス社長のミハイル・ホドルコフスキーもそのひとりだった。ホドルコフスキーは持ち前の大胆さでプーチンを問い詰めた。「民間部門の仕事よりも、安月給といわれる税務署員のほうが若い大卒者にはるかに人気があるというのは、不思議ではありませんか?」。汚職のシステムを取り仕切っているのではないかと、公然とプーチンを批判したのだ。

プーチンがホドルコフスキーに顔を向けたときには、一本の針が落ちる音さえ聞こえそうな緊迫した空気だった。プーチンはその批判を払いのけ、反撃に出た。「ユコスこそ、近ごろは問題を抱えているのではないか?」。流れが変わったとホドルコフスキーが悟ったのは、このときだったのかもしれない。彼は二〇〇三年一〇月二五日に逮捕され、脱税で起訴された。

ホドルコフスキーは、一九九五年、物議を醸《かも》した入札でユコスを獲得したのち、エリツィンとのコネに加えて、かつてエネルギー省次官だった経歴を生かして利益を上げた[66]。じつのところ、ホドルコフスキー自身もいっていたとおり、一九九〇年代には「ロシアにいるかぎり、だれもが資本の本源的蓄積に励んでいた。法があっても、厳格に守られてはいなかった。西側の流儀にしたがいすぎると、打ち砕かれて忘れ去られるだけだ[67]」。

ホドルコフスキーはたしかに悪事を働いていたかもしれないが、彼が起訴されたのは明らかに政治的なものである。政治的な野心があるだけでなく、対抗勢力と独立系メディアに資金を提供していたのだから、一線を越えてしまったのだ。ユコスの運営方法も同様だった。民間の石油メジャーとして、国家の統制を受けず、海外投資家を受け入れようとしていた。ユコスは解体され、資産の大部分は国営企業のロスネフチによって買収された。

ホドルコフスキーは一〇年のあいだ収監された。クレムリンは警告を発したのだ。

汚職の新たな構造

しかし、プーチン政権下でも汚職は消えなかった。それは、中央集権的な支配をむしばむのではなく、安定させるものに変わったにすぎない。

このパラダイム・シフトに際して、オリガルヒは新たな現実に順応する必要があった。ホドルコフスキーは収監され、ほかの者たちは亡命した。資産の一部は国営企業のものになった。一方、残った裕福なビジネス・リーダーたちは、引き続き事業継続が許された。プーチン政権下では、億万長者が急増した。グローバル化の潮流に乗ってはいるが、比較的弱いロシア経済において、予想以上に多くの億万長者がいるのだ[68]。

これは強権政治の常態である。新しく指導者になった者は、ビジネス界のリーダーが妙な考えを抱かないように、彼らのうち何人かを罰してみせる。だが、ほかの大勢を極端な金持ちにしておく[69]。エリート層の社会契約の一形態だ。ときに国家を犠牲にして、自分が儲かるかもしれない。ただし、儲けたカネと影響力を使って政権に挑戦することは許されない。経済界の大半のエリートはそういう条件で問題ない。

二〇一一年はじめに初披露されたナワリヌイのいちばん有名なスローガンのひとつは、統一ロシア党を「詐欺師と泥棒の党」と切って捨てている[70]。このフレーズが訴えるものは、政治家、とりわけ〝政権与党〟の政治家は、公僕などではないということだ。だが、ロシアの権力と汚職の本質について、もっと深いことも示している。官吏は強欲を満たす機会と引き換えに忠誠心を示すということだ。したがって、汚職はプーチン支配を弱めるのではなく、固める道具なのだ。汚職にはプーチン支配を維持するためのもうひとつの役割がある。汚職はアメだけでなくムチでもあるのだ。

政府は公式に汚職対策をいくつか講じてきた。役人に収入と資産を報告する義務を負わせ、その報告と実際の資産とが一致しない場合、ときには罰金も科している[71]。毎年、何千件もの贈賄、ひいきによる登用、横領などの事件がロシアの法廷に持ち込まれ、同司法制度は何百人もの役人に禁固刑を下している[72]。

これらすべてが政治的な色彩を帯びているわけではない。しかし、汚職がこれほど広がっているのだから、訴追は妥当だと思われる。こういう状況が「エリートを罰する」理想的な道具になる[73]。クレムリンや地方当局はマスコミ、司法、国家保安機関を操り、汚職の摘発を利用して、野党党員やエリートの反対分子を脅迫したり、排除したりできるのだ。

たとえば、二〇〇〇年以降にロシアで当選した数少ない野党市長のうち数人が、市長になるとまもなく汚職の罪で訴追された。二〇一一年、ボルガ川沿いの都市サラトフ出身で人気者の共産党系副知事が、ナワリヌイの釈放を求めるデモを公然と支持すると、検察庁が汚職事件で彼の捜査に乗り出すという不穏な動きに出た[74]。さらに、政府首脳でさえ例外ではない。二〇一六年、アレクセイ・ウリュカエフ経済発展大臣が、石油会社ロスネフチCEOのイーゴリ・セーチンに二〇〇万ドルの賄賂を要求したとして拘束され、のちに矯正労働収容所での懲役八年の刑がいい渡された[75]。

エリートに儲けさせる役割と、必要なら罰する役割、いずれも、互いを補完する形でプーチン支配を安定化する。したがって、ロシアが盗賊政治体制だと考えるのは安易すぎる。政治はカネの亡者を引きつける。だが、搾取できるように権力構造を変えるのではなく、権力を支えるために搾取の構造が変えられているのだ。

ロシアの最高レベルでの政治は、一般のロシア人が認めるような目標に向けて動くことが多い。国家の強化、世界に対する国力の反映、一般市民の幸福といった目標だ。それらをすべて達成するため、自分が政権の座にとどまっていなければならない、とプーチンは考えている。そして、汚職が目標達成に一役買い、管理されている。汚職のために統治システムがあるのではなく、汚職を利用して統治システムが存続しているのだ。

反汚職活動へ

二〇〇九年一二月、ナワリヌイは、反汚職活動は政治の本流へ飛び込む踏み台にすぎないのかと問われた。

いや、もちろん踏み台ではない。私はつねに政治活動にかかわってきた。表向きには、少数株主の保護か政治か、それが問題だ。たとえば、ロシアからの全原油輸出の半分以上を管理しているガンバーという企業との闘いについては、どうしたって政治闘争になる。いまはそういうことがきわめて分けにくい[76]。

ナワリヌイのやっていることは不満を抱く政治家の活動だという解釈もある。モスクワにあるロシア有数の経済関係の大学、ロシア経済学院元学長セルゲイ・グリエフもこの解釈を支持している。「彼の世代の野党政治家は政界でのキャリアを否定されてきた。二〇年待たなければならないかもしれない。そこで、賢明で合理的だと思われる道を選んだのだ[77]」

当初、この道は意図した選択ではなかったかもしれない。だが、ナワリヌイのプロフィールが長くなるにつれ、戦略的な意味合いを帯びてきた。ニューヨーク・タイムズ紙のジャーナリスト、アンドリュー・クレイマーによれば、ナワリヌイはこう自称していたという。「ロシア中流階級（株式市場に投資し、汚職と下手な経営のせいで損をしている人々）の権利を擁護する者[78]」。

資本と国家権力が緊密に結びついているロシアの国家資本主義体制では、企業経営陣への挑発が、有力者に説明責任を果たさせる手段になる。ジャーナリストのカール・シュレックがタイム誌に書いたときの言葉を借りるなら、ナワリヌイは「ロシアの支配階級を抑制するには、投票箱より有効な手があるかもしれないことを見せつけていた。それが株式だった[79]」。また、ナワリヌイ自身も当時、株主活動の政治的性質についてはっきりと述べている。「この訴訟はすべて、いわば、ささやかな、個人的な〝反対派の行進〟だ。通りに出る者もいれば、法廷に出る者もいるというわけだ[80]」

だが、そのナワリヌイの法廷への行進には、ますます大勢の人々が加わった。そして、それが活動を継続するうえで大問題になった。膨大な情報をどう扱い、ブログに書き込まれたコメントすべてにどう返事を書けばいいのか？「ウェブサイトが必要だ」。ナワリヌイは二〇一〇年六月にそう発表した。「大ざっぱにいえば、汚職に反対する市民運動などをまとめて調整できるようなウェブサイトが必要だ。どこまでも実用的なものにする。記事、綱領といったくだらないものは載せない[81]」

汚職調査サイトの誕生

二〇一〇年一二月、そんなウェブサイト、ロスピルが立ち上げられた。このときの目標は企業の不法行為を暴くことではなく、政府調達制度の汚職を調査することによって、国家予算の横領を嗅ぎつけることだった。当時、大統領府は、政府調達の過程で毎年約一兆ルーブル［当時のレートで約二兆七〇〇〇億円］が横領されていると明かした[82]。

ウェブサイトの名前ロスピルからして言葉遊びだ。ロシア語の「ラスピル」の第一義は「のこぎりで切ること」だが、国家予算を「切り落とす」というように、さまざまな汚職行為を意味する俗語だ[83]。接頭辞の「ロス」は、ロシアの国家機関の名称によく使われる。たしかに一見すると、金色の双頭の鷲をあしらっているロスピルのロゴは、よくあるロシアの国家機関のシンボルに似ている。ただし、鷲がつかんでいるのはふたつののこぎりだ。

これはナワリヌイ独特のユーモアで、意図があって選んだのだ。「おもしろい形でやってみるつもりだ。体制との闘いはおもしろいのだと、みんなに見せてやるつもりだ[84]」

ロスピルの目的は、国家契約のオンライン調査をクラウドソーシングすることだ。それが実現できた要因は、少なくとも三つある。ひとつ目は、ロシアでも二〇〇〇年代なかごろから政府調達に関する情報がオンラインで利用できるようになったこと[85]。ふたつ目は、ナワリヌイのオンライン・フォロワー数が増え、インターネットにより組織的なリモート・ワークの可能性が広がったことも相まって、一定数の熱心なボランティアが確保できるようになったこと。ただし、まだコストの問題が残っていた。三つ目はその点への対処だ。ロスピルは寄付による運営になったこと。

立ち上げから四か月もしないうちに、ロスピルは、独自の記録によると、七〇〇万ドル近くに相当する政府調達の入札取り消しを達成した[86]。

「道路の穴」を政治化する

当時の新しい取り組みはロスピルだけではない。選挙監視プロジェクト、ロスヴィボルィ[87]や、ロスヤマなどのプロジェクトもある[88]。二〇一一年五月にはじまったロスヤマの手法はロスピルと同様、活動をクラウドソーシングするというものだが、こちらは政府調達ではなく道路の穴に焦点を当てている。ナワリヌイは以下のとおり、紹介している。

行政法違反規定には、路面に深さ五〇センチメートル、幅八〇［センチメートル］以上の穴が空いている場合、その穴は（a）至急埋められ、（b）当該道路の維持管理を担当する役人――道路ごとに担当の役人がいる――に怠慢の罰金が科されると明示されている。そこで、この行政法第一二条三四項を利用して、非常に単純なことを目指して活動家を組織することになった。自宅前の路面の穴を埋め、担当の役人を罰するわけだ[89]。

これも国の関係者に説明責任を求めようという底流が表に出てきた例だ。ただし、国営企業を訴えるのとはちがう動きだった。そして、ナワリヌイの多くのプロジェクトと同じく、これも単純な問題提起と対処方法、わずかばかりの資金だけではじまった。プロジェクトをはじめるにあたり、ナワリヌイは自身の個人口座から一〇万ルーブル［当時のレートで約三〇万円］を持ち出している[90]。

このころには、ナワリヌイの主導ではない取り組みもはじまったが、似通った活動だった。物理学者アンドレイ・ザヤキンが共同創設者になっているサイト、ディッセルネットは、学術論文の盗用——とくに政府高官による盗用——に対処するプロジェクトである[91]。このように、ナワリヌイだけが、インターネット上でクラウドソーシングによって政府高官の悪事を暴くプロジェクトを進めていたわけではない。だが、この分野における主要人物だったのはまちがいない。

ナワリヌイにとって、各プロジェクトのテーマはどれも、ほかのテーマと同じように重要だった。「私たちは今後も活動家を見つけ、将来のプロジェクトに引き込む努力を続けるつもりだ[92]」。したがって、有望な活動家のリクルートも明確な目標だった。

ナワリヌイ・チームの結成

二〇一一年二月、ナワリヌイはライブジャーナル上のブログに求人広告を出した。「弁護士を求む」。その仕事を得るためにもっとも大切な条件はこうだ。「悪党と闘う意欲に富むことが不可欠。夜も昼もそれを考えられること」。報酬は月額六万ルーブル［当時のレートで約一七万円］。応募の際は履歴書と送付状を提出のこと。さらに、独特の条件もついていた。「ロスピルへの貢《みつ》ぎ物」。応募者は

「入札段階にある腐敗した政府調達契約」を見つけなければならなかった。必要な手をすべて使っていい――「調達ウェブサイト、メディア、インサイダー情報」などなど。応募者はその後、調達サイトのリンク、訴えの内容を記したテキスト、その件への対処プランを提出する[93]。

数週間後、ナワリヌイは最初の弁護士を見つけたと発表した。それがリュボフ・フェデニョワで、じきに夫の姓であるソボルとして知られるようになる[94]。ナワリヌイは彼女の専門家としての業績を称賛した。二三歳にしてすでに司法界で一年間ほど活躍していたのだ。まもなくモスクワ大学を卒業するこの女子学生を「果断、意欲的、知的」と表現している。

ソボルはぴったりの人材だった。自分でもいっていたとおり、「現体制に対して個人的に憎悪」を抱いていた。彼女は自分のブログに恐れなどないと書いている。そして、「法を犯すなら、全力で告発します。お覚悟を[95]」。

ナワリヌイは〝体制〟への幻滅は少数株主としての経験から来ている部分もあるという。ソボルの場合は、モスクワの司法制度に携わっていたときだという。

ソボルの父親は会計検査官で、母親はシェレメチエボ空港で働くエンジニアだった[96]。ソボルは弁護士を夢見て、「革命前の弁護士と検察官の業務」を大学で研究した。しかし、モスクワで公判を経験すると、いずれにもなりたくないと思うようになった。判事にさえ興味がなくなった。「程度の差こそあれ、ぜんぶ無力だし、汚職と結びついています。市民が自分の権利を守ることなど不可能です。私の隣のオフィスでは、ロシア国家に対する何百件もの訴訟が行われてきましたが、市民側の勝訴はただの一件もないんです[97]」

ソボルは決心した。こんな司法制度では「正直者がばかを見ます。良心を曲げて、いろんなことに目をつぶらなければならないんですから[98]」。

ナワリヌイ・チームの最初の弁護士に指名されたあと、ソボルはナワリヌイのもっとも有名な協力者のひとりになった。そして、同チームの男だらけの指導層にあっていちばん有名な女性にもなった。二〇一七年、ナワリヌイはロシアのオンライン・ジャーナリズムの期待の新人、三〇歳のユーリ・ダッドのインタビューを受けた。そのときダッドは、自分のほかに政治家を出していないとナワリヌイを責めた。ナワリヌイが真っ先に思いついたのはソボルだった。それに対して、ダッドは「身なりもいいし、顔もいい」――ただし「男じゃない」と答えた。ナワリヌイはソボルが「そこらの男より自分のやっていることをわきまえている」し、下院に座っている「四五〇人のぼんくらども」より立派な議員になると応戦した[99]。

ナワリヌイのチームは二〇一一年に発足した。ロスピルはコーディネーターのコンスタンチン・カルミコフを引き入れた。当時二八歳の政治学専攻の大学院生だった彼は、ナワリヌイへの協力を志願し、政府調達の調査を手伝った。二〇一一年末には、ほかにふたりの弁護士がチームに加わった[100]。

その他の反汚職活動家

ナワリヌイはひとりきりの十字軍戦士ではなかった。チームもあったし、汚職調査サイトのロスピルやブログのような取り組みに関連した支援者やボランティアもいた。しかし、彼は、ロシアにおける反汚職活動のより大きな〝生態系〟もつくった。

反汚職活動の〝生態系〟には、政治家も生息していた。一九九〇年代のエリツィン政権下で第一副首相だったボリス・ネムツォフと元エネルギー省次官ウラジーミル・ミロフも、汚職に焦点を当てた報告書を多数公表している。また、元ロシア政府のメンバーたちと協力して、二〇一〇年に〈人民自由党「無法と汚職のないロシアのために」〉を創設した。

ただ、ひとつ問題があった。こうした政治家たちは、ある程度、信念を曲げることもあった。政府高官なのに、自分たちもつくりあげて守ってきたシステムを批判していると国民にばっさり斬られることもたびたびだった[101]。

政治家のほかにも、反汚職に携わる者はいた。イワン・ベフチンもそのひとりだ。ナワリヌイと同時期に活動をはじめ、政府調達に関する入念な調査を行っていた。じつのところ、ベフチンはナワリヌイの手法には批判的だった。ナワリヌイは「さまざまな面がある政府調達について、生半可な知識で」論じているから、「ロシア社会にとっては有害」だというのだ[102]。

それでも、ナワリヌイのやり方によって、ベフチンの調査より多くの人々が汚職に目を向けるようになった。ジャーナリストのミハイル・ロギノフによれば、「ベフチンの反汚職活動は、ほんのひと握りの専門家だけが興味をもつ学術研究に似ている。［だがナワリヌイの］調査結果は、大学を出ているくらいの学力があればだれでもアクセスできる。ナワリヌイは聴衆も科学そのものと同じくらい大切にする〝科学の伝道師〟のような人物だ[103]」。

反汚職基金（FBK）の立ち上げ

二〇一一年二月、ヴェードモスチ紙は、ナワリヌイが複数のプロジェクトを、「反汚職基金（FBK）」というひとつの傘下に収めようと計画していることをすっぱ抜いた[104]。

ヴェードモスチ紙は同基金のふたりの著名なスポンサーの名前を入手した。起業家のボリス・ジミンと元銀行家ウラジーミル・アシュルコフのふたりだ。「すべてクリーンで［帳簿外の］現金はなくす。私たちに資金を提供してくれる人たちの名前、金額は、私たちの経費とともに公開する」とナワリヌイはジャーナリストに語っている[105]。

それまで、ナワリヌイのプロジェクトはクラウドファンディングで成りたち、自分と少数のチームで管理していた[106]。しかし、FBKが立ち上がれば、規模が変わるとナワリヌイは明言した。

予算も大きくなる――基金は年間三〇万ドル必要になる、と[107]。

政治かビジネスか？

予算規模が大きくなるのに伴い、それまでナワリヌイと一緒に活動してきた、弁護士資格や政治学を修めた大学院生の経歴をもつスタッフに、ちがう経歴をもつメンバーが加わった。金融界から招き入れたウラジーミル・アシュルコフだ。アシュルコフはFBKの運営において、事務局長として大きな役割を果たしていく。そして、二〇一二年にメディアで報じられたとき、ロシアのマスコミはこの四〇歳の投資銀行家に対して、大げさな言葉に満ちた来歴とともに、〝神童〟という呼び名まで与えている。

彼は一九七二年、ソビエトのインテリゲンツィヤの家庭――両親はソルジェニーツィンを読み、軍需産業コンビナートに勤めるエンジニア――に生まれ、モスクワ有数の学校に入り、英語とドイツ語を学んだ。その後ロシア有数の大学で、数人のノーベル賞科学者を輩出しているモスクワ物理工科大学に進学した。そして、最終的にペンシルベニア大学ウォートン・ビジネス・スクールに留学し、一九九六年にMBAを取得した。

アシュルコフは大手投資銀行ルネッサンス・キャピタル、サンクトペテルブルク港、最後にロシア最大の投資グループのひとつであるアルファ・グループの財務畑を渡り歩いた。アルファ・グループでは、ポートフォリオ管理グループのトップを務め、年間約一〇〇万ドルを稼ぎ出していた[108]。アルファ・グループは、オリガルヒのミハイル・フリードマンが所有する企業である。二〇一二年、ロシア版フォーブス誌は、フリードマンを純資産一三〇億ドル超のロシア第六位の富豪だと発表した[109]。

政治にはずっと興味があり、リベラル政党に親近感を抱いていたが、政界に入る気はまったくなかった、とアシュルコフはジャーナリストを前に語っている。しかし、ナワリヌイのブログを読むようになり、気が変わった。アシュルコフはナワリヌイに、財務と企業経営の専門知識の面で協力を申し出た[110]。

リベラル系の野党に近づく前、アシュルコフは二〇〇四年の大統領選でプーチンに投票していた。しかし、インフラへの公共投資が不足していること、そして、〝国家管理という形をとった汚職〟に幻滅した。不満が決定的に高まったのは二〇〇八年の金融危機（リーマンショック）のときで、アシュルコフは当局の「手動制御」によって「経済メカニズム」が死んだと思った[111]。

ナワリヌイにいわせると、アシュルコフは今後きわめて重要になると見られる層の代表者だった。成功した財界人であり、移住しようと思えば海外に移住することもできるのに、〝ロシアでもふつうに、心地よく暮らせるように〟したいと願っている。アシュルコフのような人たちのことを、ナワリヌイはこう思っていた。

クレムリンや統一ロシアの悪党が掲げるイデオロギーには賛同しない。つまり、ロシアはカネを稼ぐためのグレー・ゾーンで、ヨーロッパで快適かつ安全にすごせればいいし、子供たちもそっちへやって、低俗なロシア人から救えばいいなどとは思っていない。職場の廊下でなく、公衆の面前ではじめてそう声を上げたひとりだ。だから彼はすごいやつなんだ[112]。

だが、アシュルコフのボス、フリードマンの考えはちがっていた。アシュルコフは政治かビジネスのどちらかを選ぶべきだと思っていた[113]。それがロシアの現実だった。反体制派はビジネスと両立しないことが多いのだ[114]。アシュルコフはアルファ・グループを去った。未練などこれっぽっちもなさそうだった。

金策を急げ

FBKでアシュルコフが真っ先に手を付けなければならない仕事のひとつは、金策だった。二〇一二年五月末、ナワリヌイは目標額三〇〇万ドルはほぼ達成できたと語った。そして、FBKに寄付すると公表した一六人の「勇敢な人々」——全員が少なくとも三〇万ルーブル〔当時のレートで約八〇万円〕を寄付した――をブログで発表した[115]。

　名前を公表した寄付者には、作家、ジャーナリスト、経済学者など、すでにナワリヌイと近い関係にあると知られていたインテリゲンツィヤの有力者もいた[116]。このほかの寄付者は財界人たちだった。

　アシュルコフはロイターに対して、『たしかに、私はこの基金を支援している』と胸を張っていえる、必要十分な支援者を集めること」がFBKの戦略だと語っている。そして、言葉を選んで、こう付け加えている。「ただし、当然ながら、これはロシアでなにが可能でなにが不可能なのかを測る実験でもある。それはじきにわかるだろう[117]」。大胆な手に出たのはまちがいない。ユコスのホドルコフスキーの件で、オリガルヒは独立系政治活動とは距離を置くほうが賢明だと思っていた。ナワリヌイに資金を提供していた者たちのなかには、オリガルヒではなく、野党系の政治勢力に直接かかわっていた実業家も何人かいた。

　この実験はアシュルコフ自身によって頓挫《とんざ》した。二〇一四年、ロシア当局が、ナワリヌイその人のポケットからアシュルコフが資金を横領したとして起訴したのだ。ちなみに、ナワリヌイはとんでもない空想だとして切り捨てている[118]。アシュルコフはFBKの事務局長を続けたが、現在はイギリスで政治亡命者として保護されており、ロンドンで業務にあたっている[119]。

成長するＦＢＫ

ＦＢＫはたちまち成長した――収入と人員の両面で。二〇一二年二月、ナワリヌイは、「詐欺師と泥棒が大嫌い」で、英語が話せて、反汚職活動に詳しい報道官を雇い入れようとした。ナワリヌイは、実務的で実力のある人を選ぶと語った。選考するのは自分ではなく、人事の専門家だと[120]。

政治学を研究していたモスクワ大学大学院生アンナ・ヴェドゥータ（二二歳）は、職務内容にぴったりの人物だった。ナワリヌイのもとで数か月働いているうちに、ヴェドゥータはオックスフォード大学に入る奨学金を出してもらえることになったが、ＦＢＫにとどまった。今後、ほかの大学の奨学金も得られると思ったからだ。それに対して、ナワリヌイは「いつかハーバードにも行けるさ」と応じた[121]。

汚職調査サイトのロスピルのチームも大きくなっていた。同組織による報告によれば、二〇一二年末までに職員数は七人になっていた[122]。そして、ＦＢＫでもはじめて、調査員が働くようになった。そうした調査員のひとりが、ＦＢＫの発展にとりわけ多大な貢献をし、ナワリヌイのいちばん近い僚友になるゲオルギー・アルブロフだ。アルブロフは一九八九年に沿ボルガ連邦管区で生まれ、政治学を勉強するためにモスクワに移り住んだ。そこで「独立系リベラル新聞のノーヴァヤ・ガゼータ紙を読み出し、ラジオでエーホ・モスクヴィを聞くようになったという」。ロシア野党勢力の二大メディアだ。「デモ、ピケ……モスクワのあらゆる抗議活動に参加しようとした[123]」

アルブロフは二〇一一年の裁判でナワリヌイに出会い、翌年からナワリヌイに協力するようになった。ナワリヌイの現実的な政治手法とユーモアに惹《ひ》かれたのだった。アルブロフの最初のターゲットは官僚の違法な金儲けだった。反盗作活動家であり、論文盗用調査サイト、ディッセルネットの共同設立者アンドレイ・ザヤキンから、海外で登録されている不動産のことを知ったのだ[124]。アルブロフはチェコ共和国、アメリカ合衆国、フランス領リビエラなど、海外不動産の調査に専念し、著名なロシア人高官の名前が出てくるかどうかチェックした[125]。アルブロフは、フロリダに統一ロシア党議員ウラジーミル・ペフチン名義の豪華な地所があることを突き止めた。彼はその件の記事をブログに投稿した。すると大ヒットし、彼のブログは当時、記録破りの閲覧者数を集めた。ペフチンは辞職した。珍しいことにFBKの勝利だった[126]。

二〇一三年、アルブロフはナワリヌイにある提案をした。「たとえば、高官の不動産を衛星マップで示すのではなく、自分たちで撮影したらどうでしょう？　ドローンが一台あればいいんですけど。そのお金は出してもらえます？」。ナワリヌイはゴーサインを出し、アルブロフは安いドローンを一台買い、それにGoPro《ゴープロ》カメラをテープで貼り付けた。すると、あっという間に

〝特捜隊《フライング・スクワッド》〟が誕生した、とアルブロフは冗談を飛ばした[127]。彼らは、公表されている資産額と一致しないほどの豪邸だとFBKが考える閣僚の別荘《ダーチャ》上空にドローンを飛ばした。「おわかりのとおり、上空からだとすべてが見えます」。ナワリヌイの調査報告のタイトルには、そう勝ち誇った言葉が並んだ[128]。

FBKはその後もそうそうたる顔ぶれの高官を調査した。ターゲットには、統一ロシア党の主要メンバー、国会議員、モスクワ市長セルゲイ・ソビャーニン、オリガルヒ、ロシア国家親衛隊のトップ、連邦政府のメンバー、モスクワ市議会議員、中央選挙委員会の役人などがいた。

革新的なソーシャルメディア戦略

こうした調査は当初、ブログ投稿という形で発表された。そのせいか、親クレムリン・メディアは、ナワリヌイをどこにでもいるブロガーだと切り捨てたがる。彼はたしかにブロガーだ。しかし、組織をもち、ロシア人ジャーナリストたちの表現を借りれば、独自の「メディア帝国」をもつブロガーなのだ[129]。その帝国はライブジャーナルというプラットフォームではじまったが、そのうちにあらゆるソーシャルメディアに拡大した。

ナワリヌイはいつも非常にオンラインを好んできた。そして、ロシアのインターネット上にいる先駆者にいつも積極的にアドバイスを求めてきた[130]。彼はツイッターの初期のころからのヘビーユーザーだった。また、熱心なインスタグラマーでもあり、政治的なコンテンツだけでなく、家族とのセルフィーもたくさん投稿している。さらに、ユーチューブでも多くの購読者を抱えている。

こうしたソーシャルメディア戦略は二〇一二～一三年に一歩先に進んだ。メッセージをさらに広めるため、ナワリヌイは報道官としてアンナ・ヴェドゥータを雇った。はじめての大きな選挙戦である二〇一三年のモスクワ市長選挙に出馬したとき、彼はヴェドゥータとすべてのメディア・プランを練り上げた。一日に少なくとも三回のブログ投稿を行い、そのうちもっとも重要な投稿は正午前後にする。ナワリヌイはブログの唯一の執筆者ではなくなった。二〇一四年、ブログはだれが書いているのかと問われ、ナワリヌイは「集団的ナワリヌイ」だと答えている[131]。まだみずから執筆活動にもかかわっているものの、仲間が彼のスタイル――〝鋭く、自己検閲は絶対にしない〟――をマスターしていた。

ナワリヌイが収監されているときには――よく収監された――、この体制が役に立った。ブログ投稿はナワリヌイがいなくても続くのだ。それに、必要なら、ヴェドゥータの後任の広報担当、モスクワの国際関係大学を卒業した若い女性キラ・ヤルミシュに、「色をつけずに上品に」書いてくれと頼むこともできた[132]。

ユーチューブはナワリヌイだけのテレビになる。ロシアの通常のテレビ局から締め出されても、ここなら出演できるのだ。ナワリヌイがユーチューブ・アカウントをつくり、調査動画の制作を試しにやってみたのは二〇〇七年だったが、当初はあまり力を入れていなかった。

そのころのFBKの調査をまとめた動画は、かなり素人くさかった。スタッフはみな、ユーチューブは有望だが、うまく利用するにはプロが必要だと考えていた。二〇一五年および二〇一六年に投稿動画の再生回数が何百万回にも増えてくると、ナワリヌイもユーチューブの可能性を実感した[133]。さらに数多くの動画が投稿され、動画だけでなく、ライブ配信もはじまった。

ロシアでも、二〇一六年にはライブ配信が流行りはじめていた。FBKはロシアの大衆誌勤務の経験があるプロデューサーを雇い、ライブ配信チャンネル「ナワリヌイLIVE」の構想を立てた。まずモーニング・ショーから手を付けると、見栄えのするかっこいい仕上がり――FBK調査手法のトレードマークのようなもの――になった。二〇一七年、〈ナワリヌイ 20時18分〉がはじまった。ナワリヌイがニュースにコメントしたり、視聴者からの質問に答えたり、政治戦略を説明したりする、毎日のライブショーだ。ショーがはじまった年、各エピソードの再生回数は平均四〇万回を記録した[134]。ナワリヌイはまた聴衆を増やしたのだった。

人を引きつける調査動画

こうして、プロがプロデュースした調査動画によって、ＦＢＫは世間にとりわけ大きな衝撃を与えた。高い映像価値《プロダクション・バリュー》と人を引きつけるスタイル、そして強烈な感情を引き起こすトピックにより、動画はロシア人の想像力をがっちりつかんだ。ただし、内容の細かい点については、複雑だったり、混乱したり、退屈だったりすることが多い。

そして、人を引きつければ、お金が入る。ナワリヌイの調査動画のひとつであるユーリ・チャイカ検事総長の一家に関する動画は二〇一五年一二月に公開されたが、プロデュースには二五万ルーブル［当時のレートで約四三万円］かかった。だが、その投稿には、ＦＢＫへの寄付ができるダイレクト・リンクを張っていた。それにより、一本の動画で三〇七万五〇〇〇ルーブル［当時のレートで約五四〇万円］の寄付が集まった[135]。

ＦＢＫの次の大きな調査動画のコストは四一万五〇〇〇ルーブル［当時のレートで約七三万円］だった[136]。そのときのテーマは現職のロシア首相だ。それがまさに一大センセーションを巻き起こした。

メドベージェフを動画で告発

彼を陰の悪党とか隠れた億万長者などとは思わないほうがいい。重要なイベントで寝てしまったりする、スマートフォンやガジェットが大好きなとんでもないまぬけだ。ロシア有数の金持ちで、有数の汚職高官でもある[137]。

二〇一七年三月二日にユーチューブで公開した「彼を〝ディモン〟と呼ぶな」という動画の冒頭で、ナワリヌイはそう語る。今回のテーマは当時の首相、ドミトリー（ディミトリ）・メドベージェフだ。〝ディモン〟というのは彼のファーストネームの愛称だ。大統領時代（二〇〇八～一二年）、メドベージェフは「第二のゴルバチョフ」すなわち「第二のペレストロイカ［一九八〇年代に旧ソ連のゴルバチョフ政権が推進した政治体制の改革運動］といえなくもないもの」をもたらす人物になるかと問う者もいた[138]。だが、〝ディモン〟を調査してみると、まったくちがう状況が浮かび上がった。

ヨット。イタリアのトスカーナの別荘。モスクワでも最高級住宅地にある邸宅。果樹園。山あいの別荘。クルスク州の父祖伝来の家。サンクトペテルブルクの宮殿。FBKの調査結果によれば、それらすべてがメドベージェフ自身の資産帝国であり、その帝国は〝プーチン宮殿〟において強く疑われたときとまったく同じように、複雑に張り巡らした金づるによって打ち立てられたのだという[139]。そして、今回もドローンが障害（高さ六メートルのフェンス）を飛び越えて撮影した動画が調査報告に使われ、さらに、ユーチューブにも投稿されて、動画コンテンツは存分に活かされた。

メドベージェフはこの調査を政治的な動機によるものとして切り捨てた。人を集団リンチに引きずり出そうとしているだけだ、と。

彼らはあらゆるネタを「調査結果に」加え、私に関する戯言《たわごと》、私が困ると思えば知り合いに関することも、さらには聞いたこともない人のことまで、ありとあらゆる戯言をかき集める。私が行った場所のこと。聞いたこともない場所のこと。新聞記事、写真、服も「調査結果に」加える。そうやって、作品をつくって、人に見せる[140]。

調査動画はユーチューブに公開後一週間で、九〇〇万を超える再生回数を記録した。そして、二〇二一年四月現在、四三〇〇万を超える再生回数をたたき出している[141]。しかし、ナワリヌイは当局からの反応がないことを嘆いている。この一大事に正面から対処する役人はひとりもいないようだった[142]。当局にもっと圧力をかけなければならない。そこで、ナワリヌイは二〇一七年三月二六日にデモを呼びかけた。そのデモには、ロシア各地から何万人もの人々が集まった[143]。

有力なスポンサー

ナワリヌイはＦＢＫから金銭はまったく受け取っていないとずっといってきた。それなら、どうやって生計を立てているのだろうか？　その問いに答えるためには、ボリス・ジミンに目を向ける必要がある。一九六八年生まれのジミンは、著名な起業家であるドミトリー・ジミンのひとり息子である。ドミトリーはロシア有数のテレコミュニケーション・グループ、ビンペルコム――ロシアではビーラインとして知られる――の創業者だ。二〇〇六年、フォーブス誌の毎年恒例のもっとも裕福なロシア人実業家リストに名前が載った最後の年、ドミトリー・ジミンの推定純資産は五億五〇〇〇万ドルとされた[144]。彼はまた、ロシアでもっとも気前のよい慈善家のひとりでもあり、みずから創設した民間基金団体のダイナスティ財団を通じて、科学分野に資金を提供していた。息子のボリスもそれを受け継ぎ、ザ・ニュー・タイムズやメドゥーザといったリベラル系の媒体だけでなく、メモリアルやサハロフ・センターといった人権団体などの組織を支援した[145]。

それに、ＦＢＫも。ＦＢＫの創設以来、ジミンは月に三〇万ルーブル［二〇二二年四月現在のレートで約四三万円］を同基金に寄付している[146]。

二〇一九年以来、ジミンはナワリヌイの個人スポンサー、すなわち、ナワリヌイの主要な収入源にもなっている。二〇一七年のユーリ・ダッドによるインタビューで、ナワリヌイは前年に五〇〇万ルーブル［当時のレートで約九五〇万円］以上の収入があり、その大半は法律業務によるものだと話した[147]。二年後の二〇一九年、ナワリヌイは「数か月前から」ジミンが主要スポンサーになっていると明かした[148]。額までは公表しなかったが、ナワリヌイの次の所得申告に数字が出ている。二〇二〇年七月の申告では、二〇一九年の収入額は五四四万ルーブル［当時のレートで約九五〇万円］となっている。ナワリヌイはこのときもジミンの名前を主要スポンサーとして挙げ、ジミンの収入の「透明性」とダイナスティ財団の慈善事業をたたえている[149]。

ジミンから受け取った資金は、ナワリヌイの言葉を借りれば、自身が行った法律業務を含む〝ちょっとした仕事〟の報酬である。しかし、その資金は事実上、後援金《スポンサーシップ》である。

> 私にも暮らしの糧《かて》が必要だが、その一方で、私はエネルギーの大半を政治につぎ込んでいる。ジミンはそれをよくわかってくれる。私たちは法務契約を結んでいて、実際、私はいくらかの仕事はしている。だから、完全な後援金《スポンサーシップ》というわけではないが、当然ながら、ジミンはじつのところ私の業務を必要としていない。なにより、私たちを支えたいという気持ちがある[150]。

調査報道の手法

ナワリヌイの仕事は政治的だ。調査により政府高官を名指しし、面目を潰《つぶ》す。それが、ナワリヌイのデモや選挙の呼びかけの役に立つ。ナワリヌイにいわせると、エリートの汚職を暴けば、〝私たち〟すなわち〝ふつうの愛国的〟市民と〝彼ら〟すなわち当局のあいだに壁ができる。たとえば、ニジニー・ノヴゴロドの市長に対する調査報告は、次のような文ではじまっている。

いちばん耳にした質問は、テレビにも出られず、連邦の報道機関も使えず、［新聞に］広告も出させてもらえないなら、どうやって人々に投票を呼びかけるのかというものだった。そう、いま挙げた例はどれも私たちの弱みだ。それなら、強みも見ていこうか。当局やほかの候補者にはできない、私たちにしかできない選挙戦はなにか？　真実をいうことだ。テレビなんかじゃなく、真実を武器に、ちょっとした実験をしてみようじゃないか。これから、私の候補者を支持してもらえるよう、ロシアの大都市の住民を説得してみよう[151]。

統一ロシア党の自称〝愛国的な〟市長は、マイアミにアパートメントをふたつ所有している。同市の貧困と低品質な公共事業とは大ちがいだ[152]。ナワリヌイはブログへの投稿と動画の締めくくりに、調査結果をシェアして、来たる選挙での支援を呼びかけた。当局は「自然に変わることはない」のだから[153]。

ＦＢＫは調査報道の手法を使っているものの、報道機関ではない。政治的な目標を掲げているのだ。ＦＢＫチーム・メンバーのマリヤ・ペヴチフはこういった。「私たちは政治的な目標を達成する道具として調査報道の手法を使っているのです[154]」

つねに正しいわけではない

ナワリヌイはメドベージェフの調査動画「彼を〝ディモン〟と呼ぶな」の冒頭で、動画でも概要が示されている調査結果の報告書を指し示し、これには「異論を挟む余地のない証拠がすべて含まれている」といっている。だが、ＦＢＫがつねに正しいとはかぎらない。

二〇一七年、ＦＢＫはある動画――「テレビをすべて所有するプーチンの友人」――を削除した[155]。ナワリヌイの広報担当であり、動画部門のトップ、ヤルミシュは、フェイスブックに説明を投稿し、「所有構造に関する［調査］結果に古いものが含まれていた」ので、当該動画を削除したと書いている[156]。

しかし、いつもＦＢＫがみずからミスを正してきたわけではない。二〇一九年一二月、独立系オンラインメディアのザ・ベルは、FBKの調査のひとつの事実確認《ファクトチェック》を公表した。そして、以下がその要約だが、一件の調査のチェック結果をもってFBKのすべての調査について判断をくだしている。「ナワリヌイは政治家である。反汚職調査は彼の政治活動の一環なのだ[157]」。細部には完璧な内容とはいえない点もあるかもしれないし、曲解もあるかもしれないが、調査結果は公開されているデータや文書にもとづいている、とザ・ベルは結論づけている。単なる噂《うわさ》ではない。細かい情報も情報源と照合できる。

FBK——政治意図をもったNGO

ナワリヌイは二〇一〇年、ひと握りの弁護士たちと汚職調査サイトのロスピルを立ち上げた。一〇年近く経ち、FBKは何十人もの従業員を雇っている[158]。弁護士や調査員などその多くはFBKの中心事業を指揮していた。しかし、FBKはもっと大きなものに進化を遂げた。

この中核グループのほかにも、ナワリヌイ・コンテンツのプロダクション、ディレクション、情報拡散に携わる人々が大きなチームを構成していた。広報担当、アート・ディレクター、ユーチューブの「ナワリヌイLIVE」チャンネルのプロデューサー、動画プロダクション・マネージャー、映像エディター、グラフィック・デザイナー。そして、もちろん、ウェブ開発からSN

Sまで、ナワリヌイの活動を陰で支えるIT担当のチームもあった。

　つまり、大掛かりな事業だった。たしかに、表の顔がナワリヌイであるのは変わりない。だが、彼はもう少数の活動家集団のリーダーなどではなくなっていた。FBKには、モスクワ在住の専門職にしてはかなり安いにしても、平均七〜八万ルーブル［当時のレートで約一〇万〜一二万円］のちゃんとした月給をもらっている職員がいた[159]。すべてを合わせると——プロジェクト・マネージャーと事務局長も含めると——プロのNGOになっていたのだ。

　しかも、このNGOは独立系の政治家が必要とするものをすべてもたらした。つまり、資金、中核グループ、有権者とのコミュニケーション・ツールだ。

　まず、ふたつの安定した資金源をひとつにした。なかには迫害を恐れて匿名《とくめい》にしている者もいるが、ジミン、アシュルコフ、ほかの財界人からの永続的かつ多額の寄付と、一般のロシア人から月々安定した入金を期待できるクラウドファンディングだ。FBKは二〇一三年末までに二三〇〇万ルーブル［当時のレートで約七一〇〇万円］の資金を集めたと発表した[160]。二〇一九年には、八二〇〇万ルーブル［当時のレートで約一億四〇〇〇万円］に増えた[161]。

　次に、FBKは未来の野党政治家の訓練部隊に進化した。二〇二〇年一〇月、弁護士として雇われたリュボフ・ソボルは二〇二一年の下院選挙に立候補する予定だと発表した[162]。たまたま歩みはじめた道ではない。FBKが有能で脅しに屈しない人物を引きつけ、当初の思惑をはるかに超えることもできるようになったことが、ソボルの発表を見ればわかる。

最後に、調査を専門化したことで、FBKチームはメッセージを示すだけでなく、投稿の影響力をなるべく大きくするために、投稿するタイミングを見極めるエキスパートにもなった。ナワリヌイが国の管理する電波から締め出され、ソーシャルメディアしか利用できないことを考えれば、彼のコミュニケーション範囲はたいしたものだ。

要するに、FBKは完全に政治上の野獣と化したのだ。したがって、クレムリンが相応に扱うのも無理はない。つまり、本物の敵として扱ったのだ。

さまざまな圧力

FBKは目標を背負っていた。さらに、公式な制約と非公式な圧力にも直面していた。

二〇一六年一一月の夜、ソボルのふたり目の夫セルゲイ・モホフは帰宅するところだった。ビルの出入り口前で、若い男が花束をもって待っていた。すれちがいざま、その若い男に注射を打たれ、モホフはすぐに痙攣《けいれん》を起こし、意識を失った。

病院に担ぎ込まれると、医師団はモホフが未知の毒物を注射されたと断定した。だが、モホフは一命をとりとめた[163]。モホフは、自身の葬祭業界の調査が事件と関係していたのではないかと疑った。エコノミスト誌によれば、「ロシアでは大切な人を埋葬すると、汚職と煩雑な手続きがはびこる黄泉《よみ》の国に足を踏み入れることが多い[164]」。しかし、ソボルとナワリヌイは、FBKの調査との関連を疑った。ソボルの夫の毒殺未遂事件が解決されることはなかった。

FBKは法廷でも問題に直面した。たとえば、二〇一九年はじめ、FBKはケータリング会社と数校のモスクワの学校で発生した食中毒の調査結果を公表した。FBKの調査がはじまると、ケータリング会社の一社は、業務上の信用をおとしめたとして、ナワリヌイ、ソボル、FBKを名誉棄損で訴えた。そして、二〇一九年の秋、裁判所はナワリヌイとソボルの両人とFBKに対して、原告に八八〇〇万ルーブル〔当時のレートで約一億五〇〇〇万円〕を、それぞれが三分の一ずつ負担して支払うよう命じた[165]。

「外国エージェント法」の成立

二〇一二年、下院はいわゆる「外国エージェント法」を成立させた。外国資金の提供を受けながら「政治活動」にかかわるすべての民間組織に対して、「外国エージェント（手先）」として登録する——そして、あらゆる資料にその旨の文書を添付する——義務を負わせる法律である[166]。

一方で、なにが政治活動にあたるのかは、ロシア司法省によって規定される。つまり、人権擁護から社会的保護、世論調査まで、ほとんどなんでもありだった。

二〇一九年、当局はこの法律をFBKに適用する方法を編み出した。司法省はFBKが外国の寄付者から資金を受け取っていたと指摘した。フロリダ在住の一般のロシア国民が五〇ドル寄付していた。もうひとりの寄付者は、独立系オンラインメディアのメドゥーザが調べたところ、スペインのプロボクサーだった[167]。そのボクサーは複数のジャーナリストに対して、一三万八〇〇〇ルーブル［当時のレートで約二三万円］を少し超える額を送金したと語っていた。メドゥーザの記者がボクサーに電話で確認したところ、送金の事実は認めた。しかし、FBKの名前も、この件のほかの詳細もまったく思い出せなかったという。ロシア当局が防ぎたいのは、EUの民主主義推進勢力やアメリカのNGOなどであって、こんな外国の寄付者ではないはずだ。

当然、ナワリヌイはクレムリンによるFBKに対する嫌がらせだと思った。似たようなおかしな事例は数多くあるが、これも証明されることはない。だが、この一件によって、法律でさえ恣《し》意《い》的に利用されることがはっきりした。

FBK閉鎖の危機

火花が飛ぶ。研削機《グラインダー》が怒りに満ちた金属音を上げながら、固い金属のオフィスドアを切り刻んでいく。なかにいる人々は不安の面持ちで待つ[168]。

二〇一九年一二月二六日、モスクワのFBKのオフィスが法執行機関による手入れを受けた。FBKのスタッフが見つめる前で、警官が防犯カメラを覆い、コンピュータを運び去る。手入れは一回では終わらなかった。だが、チームは彼らrらしい大胆なユーモアで応じた。オフィスの〝ドア〟名義のツイッター・アカウントを開設し、ドアの気持ちでコメントしたのだ。「今日はぶち破られてないよ。これで三日だ。精神的に立ち直りはじめてる[169]」

一二月の手入れはメドベージェフに対する調査のせいだと、ナワリヌイは考えた。だが、FBKが厄介な状況に陥った原因は、メドベージェフ関連の動画だけではなかった。モスクワのケータリング会社に訴えられていた名誉棄損訴訟も、FBKにとって有利な判決は出なかった。原告に総額八八〇〇万ルーブル支払うことになり、FBKはそのうちの三分の一であるおよそ二九〇〇万ルーブル〔当時のレートで約五〇〇〇万円〕を支払うことになった。FBKにとっては巨額だ。その結果、二〇二〇年七月、ナワリヌイはFBKを閉鎖すると宣言した。彼がいうには、これだけ巨額な罰金を科されたからには、満足な活動ができなくなるから、そうするしかなかったのだ[170]。

二〇二〇年八月、ケータリング会社に関するFBKの調査で関与が疑われた人物、エフゲニー・プリゴジンが八八〇〇万ルーブルの民事訴訟の債権をすべて買い取り、FBKに直接請求することになった。プリゴジンは、プーチンが彼のレストランやケータリングをよく利用することから、〝プーチンのシェフ〟と呼ばれる実業家だが、FBKに指摘されていた食中毒事件との関係を否定し、さらに、「この不誠実な連中の集まりを、靴も履けないすっからかんにしてやりたい」といった[171]。

だが、すべてを失ったわけではなかった。ナワリヌイと彼のチームはすぐに新しいNGO〈市民の権利を守る財団〉を立ち上げ、FBKの名称はそのまま使い続けた。チームが活動を続けるかぎり、FBKの名前はドアに残る——何度、打ち破られても。

抗議活動のシンボル

モスクワから車で六時間ほど行ったイワノボ州、ボルガ川沿いのプリョスという町の近くでのこと。

カメラのついたドローンが川の上空を飛び、じりじりと岸に近づく。前方に、木々に囲まれた土地——そして、「赤の広場［首都モスクワの都心にある約七万三〇〇〇平方メートルの広場］が三〇個分」の敷地を誇る壮大な地所がある[172]。

二台のホバークラフト。スキー・スロープ。三つのヘリパッド。もともと一七七五年に建てられた歴史的な建物をリノベーションした大邸宅。人工の滝のついたプール。ここもウラジーミル・プーチンとつながりのある宮殿なのか？
いや、ここはミロフカにある大邸宅で、ＦＢＫの調査員たちは、前大統領で当時は首相を務めていたドミトリー・メドベージェフの〝秘密の別荘《ダーチャ》〟だと踏んでいる。ナワリヌイは二〇一六年九月、下院選挙の数日前に、ユーチューブでここの動画を公開した。動画の締めくくりに、彼はこう呼びかける。

とてもおかしなことに、わが国は貧しいというわりに、高官は他国の指導者より三〇〇倍も贅沢な暮らしをしている。こうした汚職が起こるのは、統一ロシアに投票する人がいるからなのだ。どうかそんな人にはならないでほしい。この週末、選挙に行くなら、統一ロシアには入れないでほしい。そして、できるだけ多くの人に、統一ロシアには入れないように訴えてほしい[173]。

ナワリヌイの動画に出てくるある場面が、人々の想像力をかき立てた。大邸宅横の池のほとりに豪華なアヒル小屋が建っていたのだ。やがて、黄色いゴム製のアヒルが抗議活動のシンボルになった。そして、二〇一八年が明けたころ、サンクトペテルブルクのある活動家が、自宅アパートメントの窓際にビニール製の巨大な黄色いアヒルを置き、「警察がおれたちを待っている」という看板を立てたところ、なんと逮捕されてしまった[174]。

ナワリヌイは当初、反汚職ブロガーとして名をはせた。本章では、彼の旅路がどのようにしてはじまり、進化していったのかを紹介してきた。少数株主活動からクラウドソーシングによる政府調達の調査、さらに、ロシア高官の隠れた贅沢三昧が疑われる事案の徹底調査まで。こうした活動により、賛同者と敵対者の両方が生まれた。

ナワリヌイは〝ひとりの楽団〟から、プロやボランティアの大集団のトップにまでなった。チーム〝集団的ナワリヌイ〟を編成する際、彼はつねに〝実力主義〟的アプローチというものを重視してきた。コネではなく技量を重んじるアプローチだ。

ナワリヌイは政治意図をもつプロのNGOをつくりあげた。しかし、市民社会活動家として変化を求めるだけでは飽《あ》き足らず、内側から物事を変えたくなった。彼はロシア連邦の大統領になりたくなったのだ。

第3章 政治家の誕生

ナワリヌイは黒いスーツとネクタイを身につけ、モスクワの街並みを一望するグレー基調のオフィスのデスクについていた。右側にロシア国旗、左側に妻と子供たちの写真。

二〇一六年一二月一三日。ナワリヌイはロシア連邦の大統領選挙に立候補することを正式に発表した。ユーチューブで短い動画を公開し、選挙戦用のウェブサイト〈ナワリヌイ2018〉を立ち上げた。「2018」は来たる選挙の年だ。ナワリヌイ候補は落ち着いた真摯《しんし》な面持ちでカメラをまっすぐ見つめ、立候補について「長年の思い」を語った。彼と支持者たちは「祖国をよく」できるか？[1]

彼は結論に達した。できる。これまでさまざまな問題を考えてきた。格差、賃金、住宅ローン金利、税制、外交に関する包括的「発展プログラム」が頭のなかにある。「困難な道」だが、彼は確信していた。「私たちにはできます。愛する祖国によりよい未来をもたらすように、ともに戦いましょう[2]」

長い政治のキャリアを重ねてきた四〇歳の野心家が、祖国の指導者になりたいと宣言したのだ。ナワリヌイと彼のチームは、「有権者が考える大統領候補者像に合致する従来型」、すなわちスーツとネクタイを選んだ[3]。変わったところはまったくない。

ただし、ロシアの選挙はというと、正常でもふつうでもない。つまり、ナワリヌイはロシアの選挙を「民主的」ではないと考えているのだ。現職に挑む対抗馬たちは、選挙戦でさまざまな障害に直面する。支配層エリートの現職――この大統領選ではプーチンその人を意味する――はふつう選挙に負けない。たしかに、対抗馬である共産主義者、リベラル、ポピュリスト、左派、右派の名前も投票用紙には書いてある。しかし、彼らにとって、成功する可能性はあまりない。

投票は大切だ。なにしろ、ここはもうソビエト連邦ではないのだから。しかし、ロシア人のいう「行政支援」も大切だ。それによって、当局が必要とする票を確保したり、不要な票を抑圧したりすることができる。民主主義国家の全国放送テレビなら、おそらくナワリヌイの三分間の映像を流すことだろう。だが、ロシアのテレビ局はちがう。

ナワリヌイは「ふつうの政治家」になりたいという。人々を代表し、権力のために、支持者のために、自分自身のために戦いたいのだと。そして、自分にはその実現に必要な資質がすべてそろっていると。価値観のために戦う。反汚職のためだけでなく、ロシアが彼のいう「ヨーロッパ的発展」を遂げるために戦う。自由市場と社会政策を備えた民主主義的な法治国家を目指す[4]。ナワリヌイの政策プログラムには、そのすべてが反映されている[5]。

表向きには、ナワリヌイが展開した二〇一八年の大統領選挙運動は、西側ではおなじみのものだ。人柄、争点、理念、政策などを打ち出す。しかし、実際には問題はもっと厄介だ。そういったことをどうしたらロシアで実現できるのかが問題なのだ。弱い対抗馬が数人いるだけでプーチンのためにあるような選挙を、いかに民主的な真の選挙に、本物の政局にしていくか――ロシアの未来のために。

そして、二〇一七年後半に、こうした問題がはっきりと露呈する。選挙戦突入後一年で、ナワリヌイは出馬を禁じられたのだ。

この大統領選にいたるまでのナワリヌイの道のりは長く、まっすぐではなかった。それまで、リベラル、民主主義者、ナショナリストと自称してきたが、やがて政治的なラベルはすべて捨てた。なぜか？　そうしたラベルがロシアの複雑な政治情勢にそぐわなかったからか？　政治観について訊かれたときによく答えていたとおり、「知らない人といるほうがくつろげて、知り合いに囲まれていると窮屈に感じる」からか？[6]　支持者になるかもしれない層を遠ざけたくないからか？　あるいは、ひょっとして、独自のイメージが充分に定着し、従来のラベルではそぐわないからか？

ナワリヌイの政界でのキャリアは二十数年におよぶ。だが、ナワリヌイの政治観はなにか？トレードマークの汚職との闘いのほかに、どんな信条があるのか？　本章では、リベラル政党の下っ端職員だった二〇〇〇年代はじめから、ロシア野党の大物にのし上がるまで、政治家としてのナワリヌイの起伏に富んだ足跡をたどる。さらに、祖国を変革する数多くの試み、紆余《うよ》曲折、矛盾、そして敵と味方を紹介する。この二〇年のあいだ、たったひとりの男がロシア政治の頂点に君臨していた。プーチンだ。しかし、水面下では人々が団結し、闘っていた。プーチンとはもちろんのこと、互いとも闘っていたのだ。

一九九三年一〇月政変

一九九一年にソビエト連邦が崩壊し、信じがたい痛みを伴って新生ロシアが生まれたとき、ナワリヌイは一〇代の少年だった。経済が壊滅し、何百万もの人々が貧窮《ひんきゅう》のどん底に突き落とされると、ロシアは血なまぐさい政治危機によって引き裂かれた。それこそが、ソビエト連邦が終焉《しゅうえん》したことよりもはるかに大きくロシアの将来を変えた。

ソ連崩壊後しばらく、ボリス・エリツィン大統領と急進改革派が、容赦ない市場改革を断行した。ロシア議会——当時はまだ最高会議と呼ばれていた——では、そうした改革への風当たりが強くなりつつあった。両勢力は折り合いがつかず、真っ向から対立した。かたやクレムリンのエリツィン、かたや二・五キロメートル離れた議事堂ベールイ・ドーム［ロシア語で「白い建物」の意。別名ホワイトハウス］の議会の両者が、モスクワの中心部でにらみ合っていた。

膠着《こうちゃく》状態が終わったのは、一九九三年一〇月にエリツィンが戦車隊に議事堂への砲撃を命じたときだった。首都は暴挙に震撼した。そのときの衝突による死者は一八七人（公式発表）とも、一〇〇〇人（最高会議支持者の発表）ともいわれる[7]。ロシアは内戦の瀬戸際だった。だが、エリツィンが勝利した。モスクワの住民は炎に包まれた議事堂を見に、モスクワ川のほとりに集まってきた。

そのなかにひとりの大学一年生がいた。特殊部隊が最高会議の反乱を制圧するさまを見て、歓喜の声を上げた。「忌《い》むべきものを押しつぶせ」。ナワリヌイはフランスの啓蒙思想家ヴォルテールを引用して、そう叫んだことを覚えていた。当時、彼は「市場原理主義者」と自称し、友人たちは彼を「右翼のパンク」だといって冗談を飛ばしていた[8]。ナワリヌイはエリツィンと改革派を信じていた。換言すれば、西側諸国の約束を、民主主義を、そして市場を信じていた。「これからすべてを解体し、民営化する。そうなれば、すばらしい生活がはじまる」。皮肉なことに、ナワリヌイはのちにそう述べた[9]。

激動の九〇年代

一九九〇年代になると、何百万ものロシア人の貯金がハイパーインフレで吹き飛んだ。解雇されて貧困層に落ちぶれる者も多く出て、犯罪がはびこった。しかし、ナワリヌイもあとで認めるように、当時はそれくらいの犠牲は払う価値があると思っていた。

ひと握りのロシア人は別にして、ソビエト連邦崩壊後は約束の時ではなく、呪われた一〇年だった。〝激動の九〇年代〟だ。共産主義者であろうが、ナショナリストであろうが、愛国者であろうが、何者でもなかろうが、みんな政権の座にあるリベラルや民主派に責任を押し付けた。すべてのリベラルが、エリツィン改革の手法や特定の政策を受け入れていたわけではなかったのだが。

九〇年代のナワリヌイは意欲あふれる実業家だった。まさにリベラルが狙っていた有権者層、あるいは、彼らの過激な改革が生み出すはずの有権者層に入っていた。つまり、資本主義に傾倒した中流階級だ。ナワリヌイが政治にかかわり出したのは、ビジネス界で苦闘したものの、思ったほどの成功が得られないとわかった九〇年代末になってからだった。「私のような市場原理主義者は、みんな大金持ちになるものと思っていた。みんなこう思っていたんだ。こんなに頭がいいんだから、すぐに金持ちになるさ、とね」。ナワリヌイもカネは稼いだが、大金持ちにはならなかった。

彼の政治観には実業家としての経験が大きく影響しているという。ロシアでは「カネは権力から生まれる」ということを、ナワリヌイはすぐに理解した。国の資産を民間に移譲するという名目の不正な民営化オークションによって、ソ連時代の工場長や若くて野心のある共産党職員、さらにはエリツィンやその側近とコネのある者たちなどが、おいしい事業を手に入れていた。そうやって、ほんのひと握りの者だけがとてつもなく裕福になった。

だが、ナワリヌイの世代はそのパーティーに参加するのが遅すぎた。しかも、エリツィンと改革派はプーチンのために道を固めていた。「民主主義」の改革派が強権体制と汚職のシステムの基礎を築いていくさまを見て、ナワリヌイ自身も含めて、支持者たちの胸中は複雑だった。ロシア国民は「自由選挙の準備ができていない」と思っていた。だからこそ、「民主派」候補が選挙で勝つように選挙を操作するのはしかたがないと見ていた[10]。

プーチンがロシアの政権の最高位に上りつめようというとき、ナワリヌイは政治に積極的にかかわるようになった。エリツィンは一九九九年八月にプーチンを首相にし、その後まもなく、自分の後継者に指名し、一九九九年一二月三一日、プーチンは大統領代行になった。

一方、九〇年代初期から中期にかけての改革に浮かれた日々が終わると、リベラルは政治勢力として着実に衰退していった。エリツィンはリベラル政策こそ導入したものの、リベラル勢力を支援することはなかった。彼らに縛られたくなかったのだ。一九九九年の下院選挙では、リベラル勢力がどうにか議席を確保したが、それほど多くはなく、すでに不人気になっていた。しかも、見通しもよくなかった。

リベラル政党への入党

このように不人気だったにもかかわらず、ナワリヌイは二〇〇〇年にリベラル政党に入党した。リベラル勢力は危機的な状況で、ナワリヌイは彼らを支援したいと語っていた。彼が選んだヤブロコ党（ロシア語で「リンゴ」の意味）はやや左寄りの小さな党だった[11]。党首で経済学者のグリゴリー・ヤブリンスキーは市場経済移行の代替案を発表した。彼はしょっちゅうエリツィンとその政権を批判していた。

クレムリンに近い右派連合（SPS）のようなリベラル政党とはちがい、ヤブロコ党は確固たる道義をもっていることで有名だった。ナワリヌイの言葉を借りるなら、ヤブロコ党は「信条について語り合うことはあっても、カネやポストのために信条を売り渡したりしない、首尾一貫して民主主義を標榜するただひとつの政党」だという[12]。

評判はそこそこいいものの、ナワリヌイはヤブロコ党が役立たずばかりで、「ひどい状態」だとわかった[13]。それでも、あるいは、まさにそんな状況だったからこそ、ナワリヌイはモスクワ支部内でたちまち出世していった。地方評議会の委員から、国政選挙の選挙運動本部長、事務局長、さらに連邦評議会のメンバーになった。

ヤブロコ党のモスクワ支部は、ロシアのような中央集権的な国で政治キャリアをはじめるにはもってこいだった。ナワリヌイは党職員としてはっきりと力量を示した。党から給料をもらい、足りない分は法律業務の収入で補っていたが、そのころは大いに勉強になったと語っている[14]。

しかし、ナワリヌイは党の業務だけでは満足しなかった。当時すでに、市民社会運動と従来型の政治との融合に興味を抱いていた。二〇〇三年、ヤブロコ党のモスクワ支部はモスクワ市民防衛委員会を立ち上げ、当時のモスクワ市長、ユーリ・ルシコフの肝いりで次々にはじまっていた汚職まみれの違法な公共工事の反対運動を開始した。ナワリヌイのトレードマークである虚勢がすでに発揮されていた。「ルシコフを恐れていなかったのはわれわれだけだ[15]」。だが、のちに開発業者と闘っていたときには、いつ殺されてもおかしくはなかったと語っている[16]。

頭角を現す

二〇〇六年、野党活動家であり、一九九〇年代のリベラル派の第一副首相だったエゴール・ガイダルの娘でもあるマリヤ・ガイダルとともに、ナワリヌイは討論会を開催するようになった[17]。すると、政界各所の著名な政治家が登壇するようになり、すぐに大評判になった。ただし、スキャンダルになることもあった。ある討論会では、ネオナチによって話が脱線してばかりいた[18]。乱闘になり、ナワリヌイが襲撃者にゴム弾を撃ったこともあった[19]。

物議を醸したものの、モスクワでの名声が高まるにつれ、その名は世界にも届きはじめた。二〇一〇年、ナワリヌイはイェール・ワールド・フェローになった。これはアイビー・リーグのイェール大学に四か月のあいだ滞在して行われる、〝若きリーダー〟のための権威ある国際プログラムだ。ナワリヌイは申請にあたり、モスクワのインテリゲンツィヤやリベラル政治家の支援を期待できた。たとえば、有力ジャーナリストのエフゲニヤ・アリバーツ、経済学者でありロシア経済学院学長のセルゲイ・グリエフ、元チェス王者であり野党政治家でもあるガルリ・カスパロフ、ヴェードモスチ紙のコラムニストであるマクシム・トルドリューボフなど[20]。

ナワリヌイはモスクワに強固なネットワークを構築していた。ラジオ局エーホ・モスクヴィにレギュラー出演するようになり、モスクワ各紙で党での活動なども紹介されはじめた。主要経済日刊紙コメルサントは二〇〇四年六月にはじめて、ナワリヌイの発言を引用している。つまり、〝たまり場《トゥソフカ》〟と呼ばれる、リベラルな政治家、学者、ジャーナリストなどが集まる狭い世界で有名になっていたのだ。

しかし、ナワリヌイの名声は飛ぶ鳥を落とす勢いだったものの、彼の政党はほとんど消え去ろうとしていた。プーチン大統領の最初の二期にあたる二〇〇〇〜〇八年のあいだ、リベラル政治家の勢いは高まらなかったのだ。二〇〇三年の下院選挙では、ヤブロコ党も右派連合も、ドゥーマ（下院）の議席を確保するほどの票を集められなかった。次の二〇〇七年の選挙では、さらにひどい結果に終わった。ヤブロコ党の得票率は一・五九パーセントで、右派連合にいたっては一パーセントもなかった。ナワリヌイは、リベラリズムは「政治的に死に体」だと思うようになっていった[21]。

忠実な活動家として、また党職員として、何年もヤブロコ党の政策にしたがってきて、ナワリヌイはどうしたら党を、リベラリズムを、そして、野党勢力全般をよみがえらせられるのか、ようやく考えがまとまりつつあった。そういった考えは単純なラベルの下にまとめられる。ナショナリズムだ。二〇〇七年、ナワリヌイは、自身の政治キャリアでもっとも物議を醸す時期の扉をあけた。

ナショナリズムの受容

一見したところでは、ロシアのリベラルはナショナリストになりえない。両者は互いを排除するからだ。ペレストロイカによって、ソビエト連邦時代にずっとなされてこなかった政治討論が再開したとき、リベラル派は西側諸国を手本にした。そして、民主主義と法の支配を追い求めるあまり、ソビエトとロシア帝国主義をののしった。リベラル派はナショナリズムなど、ロシアの近隣諸国支配とともに終わると信じて疑わなかった。

大半のロシアのリベラル派にいわせれば、ナショナリズムが受け入れられるとすれば、ポーランドやラトビアなどのように、ロシア帝国主義から自国を解放する場合にかぎる。ロシア国内となると話はちがう。しかも、〝ナショナリズム〟という言葉には、今日でもなお、偏狭、高慢、狂信的愛国主義という裏の意味がある。リベラルなら自分が愛国者だということはあっても、〝ナショナリスト〟だとはいわない。だからといって、リベラルに人種的偏見がまったくないわけでもない。明らかなナショナリスト的政策を受け入れれば、一線を越えることになる。

しかし、ナワリヌイはまさにその一線を越えるべきだと信じていた。リベラリズムの将来はナショナリズムの受容にある。

二〇〇〇年代なかごろ、ロシアでは新しいナショナリズムが台頭していた。一九九〇年代、大半のナショナリスト――〝国民愛国者〟と彼らは自称していた――はソビエト連邦への郷愁を募らせていた。ヨーロッパの価値観とは異質な共通文化をもつスラブ人とチュルク系民族が暮らす、西ヨーロッパと東アジアに挟まれた広大なユーラシア大陸を、いずれロシアが支配すると考える者もいた[22]。彼らはよく〝赤茶《レッド・ブラウン》〟だといわれて非難された。極左と極右の権威主義的思想を掛け合わせたものだというのだ。

いまでは、新世代のナショナリストたちは西側を向いていた。フランスの国民連合（旧・国民戦線）やオーストリアの国民党（ÖVP）など、ヨーロッパで成功を収めているポピュリスト極右政党だ。そして、プーチン政権に隙がなさそうだとみると、リベラルのなかには、共通の大義のもとにナショナリスト勢力との協力を模索する者も出てきた。二〇〇〇年代なかごろになると、〈もうひとつのロシア〉という反対勢力連合が、プーチン政権に反対するあらゆる勢力を、最小限の民主的プラットフォームにまとめようとした。カスパロフのようなリベラルもいれば、反体制派詩人で、ファシズムと社会主義に挑発的な直接行動を加えたような政治スタンスをとるエドワルド・リモノフのような国家ボリシェヴィキ党の創設者までいた[23]。

国民解放運動の創設

しかし、ナワリヌイはナショナリスト勢力と戦術面で協力するだけにとどまるつもりはなかった。二〇〇五年以来、あらゆる色合いのナショナリストが毎年恒例のモスクワ集会を組織してきた。それが〈ロシアン・マーチ〉だ。ナワリヌイは二〇〇六年にヤブロコ党からの〝オブザーバー〟として参加しはじめ、その後、翌年から正式な参加者となった[24]。彼はリベラリズムとナショナリズムが融合する同盟をつくりたかったのだ。それが、国民民主主義《ナショナル・デモクラティック》を標榜する運動、NAROD《ナロード》だった。

ナワリヌイは、サンクトペテルブルク市議会議員のリベラル政治家セルゲイ・グリャーエフと、チェチェン紛争で戦った経験のある国家ボリシェヴィキ党員で、ロシアのもっとも有名な作家のひとりザハール・プリレーピンとともにNARODを創設した。この運動は気前のよい投資家で政治コンサルタントのスタニスラフ・ベルコフスキーの援助を得た。新規の反プーチン運動を探していたベルコフスキーは、「何万ドル」もの資金を提供し、運動の立ち上げを後押しした[25]。

ナワリヌイが共同創設者に名を連ねた運動の名前を見れば、その非常に高い志《こころざし》がわかる。ロシア国民解放運動の頭文字は「NAROD」で、ロシア語で「人民」を意味する。NARODの最終目標は党派を超えて人民をひとつにすることであり、〝国民民主主義《ナショナル・デモクラティック》〟の理想を広い層に訴えかけ、幅広い政治連合の土台になってほしいという願いが込められていた。政策綱領《マニフェスト》は、ナショナリズムの決まり文句をまぶした難解なスタイルで綴られており――「ロシアの民衆は恥辱にまみれ、瀕死の状態である」――汚職、無法、虚無を糾弾する。NARODは「ロシア国民、文化、言語、歴史的領土を保護し、発展させる環境」整備を目指した。そして、ロシアを「多民族の入り乱れる異質同体の怪物キメラ」にすべきではないと考え、そう主張した[26]。

ヤブロコ党に入っていたあいだ、ナワリヌイは主に組織編成の問題を担当していたが、NARODでは、具体的な政治プログラムに肉づけすることもできるようになった。NARODのマニフェストは民主主義改革を謳《うた》いつつも、〝ナショナリズム〟が政策的になにを意味するのかについては、あいまいにしておいた。政策として目指していたのは、〝賢明な〟移民政策だった。「わが国に来て、わが国の法や伝統を尊重しない者は、追放されなければならない[27]」

ヤブロコ党追放

プーチンは西側で〝ロシアのナショナリスト〟というレッテルを貼られることが多い。そんなプーチンに比べて、ナワリヌイの信条はどういった立ち位置にあるのだろう？　プーチンは、強くて尊敬されるロシアを再建すると約束し、母国への賛辞を惜しまない。しかし、民族としてのロシアという考えとはある程度の距離を置いていた。プーチンにとっては、二〇〇三年に険しい面持ちで宣言したように、「ロシア民族のためのロシア」を叫ぶ者は「まぬけ」か「煽動家」なのだった[28]。彼はロシアの多民族国家である面を必ず称賛した。そして、ナショナリスト勢力から移民制度の厳格化の声が上がっても、決して折れなかった。

移民制度厳格化のようなナショナリズムは、ヤブロコ党の上層部にとっても耐えがたいものだった。ナワリヌイが提唱したナショナリストとリベラルの統一は、一線を越えた。党内の直属の上司にあたるモスクワ支部長セルゲイ・ミトロヒンは、ナワリヌイに役職を降りるよう勧告し、ナワリヌイはしたがった。その後も、ヤブロコ党の「左派リベラル傾向はまちがい」だと考えて、「党員に国民民主主義のイデオロギー」を広め続けたが、しばらく党員は辞めずにいた[29]。

しかし、二〇〇七年一二月、ヤブロコ党の連邦評議会は彼を見限った。「ナショナリスト的活動などにより党に政治的損害を及ぼした」として、ナワリヌイを追放したのだ[30]。その決断にいたる際、ナショナリズムが大きく影響したのはまちがいない。ヤブロコ党はそうしたイデオロギーの逸脱に寛容ではない。しかし、ナワリヌイ自身を含め、多くが指摘したとおり、横暴な創始者であり党首のヤブリンスキーの辞任も党本部は求めた。結果的に、それがヤブリンスキーの転落につながったのかもしれない[31]。

リベラルとナショナリズムの融合

当時のナショナリスト勢力は、より多くの聴衆を求めて、さまざまなグループが群雄割拠しているような状況だった。そして、人々の尊敬を得ることがとりわけ重要だった。ナショナリズムという言葉には中毒的含意があり、大半のナショナリストはそういった方面には加担しなかった。

当時のナショナリストは西側諸国を参考にしていたが、ヨーロッパの暗黒の過去を手本にする者もいた。その手本とはナチス・ドイツだ。二〇〇〇年代には、ロシアでも、スキンヘッドの集団が人種犯罪を繰り返す事件が急増した。地下テロ組織もいくつかできている[32]。二〇一一年には、そうした過激派組織のひとつ、国家社会主義協会北部のメンバーが、二七人を殺害したとして有罪が確定した[33]。

ナワリヌイはそういった組織とかかわろうとはまったく思わなかった。二〇〇八年、新政治ナショナリズム会議に、NARODとほかの団体の代表が一堂に会した[34]。そこで彼らは、有権者に顔の見えるナショナリズムを提示するという決議を採択した。「いかれたソビエト愛国者」に反対、「スキンヘッド」に反対、「顎《あご》ひげを生やした正教旗手連合」に反対。「現代西洋的で実直な」政治家――全員スーツ着用――を支持。

ナショナリストも平和的に集まれる余地ができるかもしれないとの思いから、ナワリヌイの友人であり、ナショナリズムとは縁遠いイリヤ・ヤシンのように、この傾向に賛同するリベラルはいた。「野球のバット」より、こっちのほうがましだ、と思ったのだ[35]。同様に、エフゲニヤ・アリバーツもナワリヌイに〈ロシアン・マーチ〉への参加を促し、一緒に参加した[36]。この戦略はナショナリズムの「正常化」と呼ばれている[37]。

しかし、同時に、もっと深い意味合いも帯びていた。プーチン体制に反対する大多数の国民をひとつにまとめる旗印として、リベラリズムとナショナリズムの融合を目指す試みでもあったのだ。ナワリヌイのいう「人為的な分断」と「『民主派』が『共産主義を信奉するナショナリスト』と闘っていた一九九〇年代はじめ以降の政治的ナンセンス」の克服を目指していた。つまり、新生ナショナリズムを野党勢力のイデオロギーにすることが目標だったのだ[38]。

ナワリヌイやほかのナショナリストが機は熟したと考えた裏には、充分な理由があった。二〇〇〇年代、ロシアでは反移民感情が急激に高まっていた。その感情はもっぱら、小売業や建設業などで単純労働をすることが多かった中央アジアやコーカサスの移民労働者に向けられた。その敵意はやがてロシア市民にも向けられるようになった。とりわけ、チェチェンとダゲスタンの両共和国など北コーカサスの出身で、中央ロシアの大都市に移り住むようになった人々に向けられたのだ[39]。全国的に外国人嫌いの風潮から、大規模な暴動が広がっていた[40]。

悪名高き動画

NARODは結局、失敗に終わった。何度か会議を企画し、マニフェストを作成したが、そこまでだった。しかし、いまだに残っている影響もある。それは二〇〇七年に公開され、二〇二一年になってもまだ物議を醸している悪評判の動画だ。そのなかで、ナワリヌイは〝正真正銘のナショナリスト〟である歯科医を演じ、〝歯〟を〝ロシア〟の暗喩《あんゆ》として表現している。歯茎《ルーツ》が弱ければ歯が抜けるのと同じで、ロシアのルーツがなければロシアもなくなる。ネオナチのような暴力は非難するものの、ロシアのルーツを保つためには、不法移民を追放すべきだという主張だった。そして、こう結論づけている。「私たちにはロシアでロシア人でいる権利があり、私たちはその権利を守る[41]」

もうひとつ、悪名高きNARODの動画では別の比喩が表現されている。そのなかで、ナワリヌイはゴキブリやハエに我慢できなくなったら、ハエたたきを使えばいいと説明する。しかし、たとえば、ゴキブリがあまりに攻撃的だったり、あまりに大きかったりしたら、どうするか？ 動画にチェチェンの独立派武装勢力の写真が映し出され、中央に指導者シャミル・バサエフが見える。と、そこへ恐ろしげな人物が突然乱入してきて、ナワリヌイはその男を撃ち殺し、こういう。「拳銃の使用をお勧めします[42]」。その後、NARODは銃所持の権利を主張するようになった。「脚色だ」――そうした動画を公開して後悔しているかと訊かれたとき、ナワリヌイはそう答えた[43]。

しかし、NARODが失敗に終わっても、ナワリヌイはナショナリズムを捨てようとは思わなかった。クレムリンは〝えせナショナリスト〟にすぎないのであって、ナワリヌイの主張するナショナリズムこそが不満を抱える人々をひとつにまとめることができる。それを全国民に知らしめることが、ナワリヌイの使命だった。しかし、そのためには、争点とスローガンが必要だった。ナショナリズムは、一般大衆のリアルで具体的な問題にかかわることだと、ナワリヌイは信じていた。移民問題を例にあげよう。「大勢の不法移民がいる。この指標によれば、実際、ロシアより多いのはアメリカ合衆国だけだ」。彼はあるジャーナリストにそう語っている[44]。移民を減らすために、中央アジア諸国向けのビザ制度導入も提唱している。ロシアの法律では、カザフスタン、キルギス、ウズベキスタン、タジキスタンの国民はビザなしでロシアに入国でき、九〇日間の滞在が許されている[45]。

こうした問題は市井《しせい》の人々にとってはわかりきったことだ、とナワリヌイは思っていた。だが、〝政治的に公正《ポリティカリー・コレクト》〟なリベラルは、これが認められず、的外れな対応ばかりしていた。「主義として、ある種のトピックは議論するのも危険だと考えていた[46]」。そして、コーカサス事情も、そうした差し迫った問題のひとつだった。

「コーカサスに餌をやるな」

ソビエト連邦が崩壊したとき、北コーカサスの共和国、とくにチェチェンがロシア支配から独立しようとした［第一次チェチェン紛争（一九九四〜九六年）、第二次チェチェン紛争（九九〜二〇〇九年）］。モスクワが同地域の独立を拒否したことにより、残酷きわまりない紛争に発展した。イスラム原理主義者が蜂起し、同地域が壊滅状態になり、モスクワを含むロシアの大都市に対するテロ攻撃が続いた。二〇〇〇年代末には、反乱分子は鎮圧され、ロシア政府はチェチェンを再建した。ラムザン・カディロフの鉄槌《てっつい》による準自治体制になった。

ナワリヌイは、チェチェンをなかば自国の領土にしてしまった指導層に憤りを感じた[47]。カディロフはモスクワからの潤沢な資金によってチェチェンで独裁体制を敷いた。それでも、実際には、ロシア連邦の法の外で国を運営できるようになった。ロシアのナショナリストはそう考えていた。

コーカサスの問題はロシア人ナショナリストにとって、つねに物議を醸してきた。だが、二〇一一年、数人のナショナリストが、新しい支持者を増やすための単純な文言のキャンペーンを思いついた。「コーカサスに餌《えさ》をやるな」。ナワリヌイも一時期加わっていたそのキャンペーンは、コーカサスの人々を排斥する呼び《ドッグ・ホイッスル》かけにカディロフ体制批判を加えたものだった――そして、暗にウラジーミル・プーチン批判も。

そのキャンペーンは外国人排斥と人種差別に通じるものがある。多くのロシア人にとって、それは明らかだった[48]。しかし、ナワリヌイはコーカサスの人々を非難するようなことはなるべく避けた。その代わりに、チェチェンに渡った巨額資産は地元エリートに横取りされ、「そんな湯水のようなカネ」を目にしていない地元の人々は、「不満に思っている」はずだといういい方をした[49]。

野党勢力の成長株

二〇一〇年には、ナワリヌイは野党勢力の成長株のひとりになっていた。反汚職活動によって、その分野の先駆者としての地位を確立していた。ライブジャーナルのブログは、ロシアのインターネットでも有数の人気コンテンツだった。ロシアでも西側諸国でも、新聞にプロフィールが載りはじめた。「長身でブロンドのナワリヌイ（三四歳）は人目を引く容姿だ」。ジュリア・アイオフはそうニューヨーカー誌に書いた[50]。ニューヨーク・タイムズ紙が「著名なブロガー」としてナワリヌイの名前を出したのは二〇一〇年、彼のプロフィールをはじめて出したのは二〇一一年三月で、「青い目の整った顔立ちと辛辣《しんらつ》なユーモア・センス」を指摘していた[51]。ナワリヌイはラジオ局エーホ・モスクヴィの常連で、二〇一〇年には五回、二〇一一年には一三回出演した。

このころになると、ナワリヌイは独特なアプローチを確立していた。単刀直入、ぶっきらぼう、皮肉、辛辣、横柄。彼のブログはロシアとアメリカのミーム［元は英生物学者リチャード・ドーキンスの造語で、情報が模倣されながら文化を形成すること］やポップ・カルチャーだらけだった。事実もあった。ナワリヌイのいちばん親しく、いちばん古い仲間のひとりであるレオニード・ボルコフは二〇一一年にこう書いている。「適切だし、とても必要なことだ。一九九三年にだれが正しかったのかとか［エリツィン大統領（当時）と議会勢力とのあいだで一〇月政変と呼ばれる対立抗争事件が起きた］、一九八九年にだれがどんな手柄を挙げたとか［ペレストロイカ政策により、ソビエト連邦の崩壊が起きた］、そんなことがつらつら書いてあるわけでもないし、口角泡を飛ばして血なまぐさい旧体制を非難しているわけでもない。応用政治学だ。具体的な問題を設定し、数字を示したうえで、具体的な対策、意味のある批判を提示している[52]」。しかも、大勢の人がそれをおもしろいと思った。

インターネット時代の政治家は、ナワリヌイだけではなかった。二〇〇〇年代から二〇一〇年代に移り変わるとき、ロシアの大勢の若い政治家が旧態依然とした野党指導者の庇護から外れようとしていた。野党指導者にどれほどの才覚があったにせよ、一九九〇年代の政治にかかわったおかげで毒されていた。一九九〇年代の改革にかかわり、加えて、その後の激動による壊滅的な結果を招いたことで、そうした指導者は一般大衆の目にはでくの坊になってしまったかのように、あるいは賞味期限が切れたかのように映った。

もはや、新世代が出てくるしかなかった。そして、団結して、旧態依然とした政党に挑む運動をつくり上げた。リベラルでは、ヤブロコ党の指導層からヤブリンスキー追放を企てたあと、イリヤ・ヤシン（一九八三年生まれ）が統一民主運動〈連帯〉――リベラル小政党の活動家の連携――の指導者のひとりとなった。ロマン・ドブロホトフ（同じく一九八三年生まれ）は若者による民主化運動〈ムイ〉［ロシア語で「私たち」の意］を率いた。こうした指導者たちの運動は、重苦しく停滞した〝気圧配置〟のような状態で体制に挑戦していた。そして、つかんだチャンスはとことん利用するつもりだった。

プーチンの「詐欺師と泥棒の党」に挑む

ロシア政界において、二〇一一年は特異な年だった。すべてが浮遊しているようだった。ロシアはもっと近代化し、ひらかれ、リベラルになるかもしれない。実際、ドミトリー・メドベージェフ大統領は、そう期待できることもいっていた。だが、逆に、独裁の奈落に落ちるかもしれなかった。

メドベージェフは、二〇〇八年から当時の首相プーチンとのぎこちない〝タンデム体制（二頭体制）〟でロシアを統治しており、四年の任期が終わろうとしていた。大統領選挙は翌年三月に予定されていた。しかし、その前の二〇一一年一二月には、下院選挙が予定されていた。

統一ロシア――強力な〝政権与党〟――の支持率は下落傾向にあった。プーチンの味方も敵も、来たる一二月の下院選挙が大統領選の前哨戦になると見ていた。メドベージェフとプーチンの運命は、ロシアの運命とともに崖っぷちに立たされていた。

ナワリヌイも二〇一一年の下院選挙に注目していた。もっとも、リベラル勢力の見通しも明るいとはとてもいえなかった。リベラルが落ちぶれたのは政府の強権体制のせいだと短絡的に考えるリベラルは大勢いた。つまり、プーチンは力のみで支配していると信じ込んでいたのだ。

ロシアのリベラリズムも、目に見えてエリート意識が高かった。ロシア国民は腹黒い恩知らずで、進歩の光が見えていない。民主主義と市場主義がどれほどの恩恵をもたらすか、それさえわからないのだ。リベラル・エリートの少なくとも一部は、そう考えていたふしがある。国民に進むべき「正しい」道が見えないなら、アウグスト・ピノチェト［チリの軍人、独裁者］や李光耀《リー・クアンユー》［シンガポール初代首相］のような強権が必要なのかもしれないという者さえいた[53]。

ナワリヌイはちがった。特別な責任をもったエリートがいることは、彼も認めていた。しかし、根本的な価値観の差を反映した結果ではない、とも思っていた。小さな町の「酔っ払い」から「モスクワのテレビ局員」まで、だれもが同じ価値観を共有している。汚職は悪で、法の遵守は善だと、だれもが理解している。「家畜とエリートだなどと安易に考えないようにしよう[54]」

ナワリヌイは〝真の〟野党勢力には、国民に訴える力がなければならないと考えていた。それもあって、ナショナリズムという意外な分野に進出していったのだ。また、プーチンはロシアで実際に支持されている、とも考えていた[55]。たしかに世論調査ではごまかしはあるが、現体制の力の源泉は国民の支持――得票につながる支持だ。「プーチンの力の源泉は、根拠のない〝シロヴィキ〟［治安・国防機関関係者］ではない。現実のプーチンの支持率だ。プーチンこそロシアでもっとも人気がある政治家であり、今後もそれは変わらない。たとえ公正な選挙と自由なメディアがあっても[56]」

プーチンは人気があったが、彼の党、統一ロシアはちがう。地方の地盤は弱まっていた。これは現体制の弱点になりうるか？　ナワリヌイはきっとなると考えた。野党勢力が選挙に勝つには、統一ロシアの支持率をいっそう下げるしかない。「野党勢力は統一ロシアの支持率を、二〇〜二五パーセントといったふさわしいレベルに下げなければならない」とナワリヌイはいう[57]。そうなれば、与党は惨敗し、政権運営も弱体化する。そんな単純かつ野心的な計画だった。

計画の第一段階は汚職の暴露だ。統一ロシアを「詐欺師と泥棒の党」と揶揄《やゆ》しはじめると、大きなうねりが起きた。スローガンは定着していった。単純だし、汚職というナワリヌイの核をなす問題意識とも重なり、プーチンとその取り巻きに反対する勢力の統一を促すことにもつながった。ナワリヌイはそのスローガンを容赦なく使った。

二〇一一年下院選

キャッチーなスローガンでプーチンの支持率を落とし、与党の信用を落としたのはいいが、二〇一一年の下院選挙はどうだったのか？　体制は強固なままのようだし、リベラル諸政党はとるに足らない存在に落ちぶれてしまった。しかも、リベラル勢力の統一はまったく見えてこない。

さらに、選挙がいつにも増して不自由になっており、野党は基本的なジレンマに陥り、終わりのない議論にはまりこんでいた。選挙をボイコットし、原理原則にしたがったと主張するのも選択肢のひとつだった。実際に、ナワリヌイは二〇〇七年の下院選挙でNARODとともにこの手法をとったことがある[58]。しかし、ボイコットすれば、リベラル側は完全に大衆の視界から消えてしまう危険を冒すことにもなる。逆に、選挙に参加すれば屈辱を受ける。

二〇一一年の下院選挙の一年前、前回のボイコット戦略は失敗だったとナワリヌイは結論づけた。二〇〇七年の選挙で統一ロシアは下院で圧倒的多数を占め、メドベージェフは二〇〇八年の大統領選挙で圧勝したからだ。別の手が必要だった。選挙をボイコットできないのなら、選挙で戦うしかない。だが、どうやって？

戦術的投票がその答えだった。統一ロシアを「たたき潰す」ため、国民はあらゆる手段を使って選挙に行く必要があった[59]。「統一ロシアでなければ、どこに入れてもいい」。これがスローガンであり、戦略となった。ナワリヌイはこれを世に広めるために奮闘し、やがて「ナワリヌイの手法」として有名になった[60]。しかし、実際のところ、どれほどの意味があったのか？

強権体制は、反体制的な志向の市民にひどい選択肢と妥協の必要性しか残さない。ナワリヌイにとっては、〝体制内野党〟になるような党、つまり体制内部で異を唱えるような野党に投票することを意味した。プーチンは政権の座に就くと、異論を禁じることはなく、そのような〝組織内の反体制派〟を取り込む道を選んだ。その〝取り込み〟の結果が体制内野党だった。彼らは体制側が敷いた越えてはならない一線を受け入れ、表向きはロシアが民主国に見えるよう忠誠を尽くしつつ反対し、その代わりに支援――資金、テレビ出演、選挙に出馬する権利――を受けているのだ。

しかし、体制内野党への投票は、政権エリートに反対するすべての人にとって好ましいとはかぎらない。ナワリヌイもその点には気付いていた。二〇一一年二月のブログ投稿で、彼は読者にこう語っている。「〈公正ロシア〉は〈統一ロシア〉となんら変わらないとか、ウラジーミル・ジリノフスキーは悪いとか、共産党は古いなどと私に説明する必要はない[61]」

二〇一一年に下院の議席を確保した名ばかり野党は、三党だけだった。いちばんの大所帯は〈ロシア連邦共産党（CPRF）〉だ。同党の綱領は、スターリン時代の郷愁をたっぷり含む社会主義にロシア帝国主義を混ぜ合わせ、さらにロシア正教会の膜でくるんだようなものだった[62]。一九九三年の発足以来、党首は旧ソ連共産党幹部ゲンナジー・ジュガーノフだ。

次の〈公正ロシア〉は、表向きは左翼で、共産党票をそぎ落とすために結成された。共産党がたまに真の野党になろうという気を起こすからだった。最後の〈ロシア自由民主党（LDPR）〉

は、おそらく政治史上もっとも実体とかけ離れた名前がついた政党で、自由《リベラル》でも民主《デモクラティック》でもない。どちらかといえば、極右のポピュリストだ。党首のジリノフスキーはプロの「道化」だと広く考えられている[63]。

多くの有権者にとって、こうした政党は魅力的な選択肢にはまずなりえない。だが、いくら魅力を感じないとはいえ、彼らに票を投じる価値はあるとナワリヌイは信じていた。体制に圧力をかけることになるからだ。統一ロシアの得票数がいくらかでも減れば、クレムリンにしてみれば負けだと感じるのだ。より多くの票が投じられれば、当局は選挙を不正に操りにくくなる。それに、反体制的な志向が強い党員が勇気づけられ、名ばかりの野党が本物の味方になってくれるかもしれない[64]。

大規模なデモ

二〇一一年九月二四日の統一ロシアの党大会で、多くのロシア人が抱いていた疑問に対する答えが明らかになった。プーチンは大統領に復帰するのか？　復帰するだろう。プーチンは二〇一二年の大統領選挙に出馬することになっている、とメドベージェフは断言した。長年考えたうえで決めたことだと、プーチンもメドベージェフも認めている。メドベージェフは次の下院選挙で統一ロシアの候補者名簿のトップに名を記され、首相になる。反体制派のあいだでは激しい怒りが沸き起こった。さらに、近代化を約束するというメドベージェフの言葉を信じてきた者たちも憤った。彼らにしてみれば、メドベージェフが大統領としてやってきたことすべてが嘘っぱちのように感じられた。プーチンの席を暖め、憲法の精神ではなく文言を守っただけだったのかと。

しかし、すべてがクレムリンの思いどおりになったわけではない。二〇一一年一二月四日に実施された下院選挙は、統一ロシアにとっては大打撃だった。公式の得票率が二〇〇三年以来はじめて五〇パーセントを切ったのだ。不正操作をしていたにもかかわらずだ。立会人がスマートフォンを使って記録した選挙不正の詳細が、SNSでロシア中に、そして世界中に広まった。

翌日には最初の抗議が統一民主運動の〈連帯〉によって組織された。ナワリヌイは不意を突かれた。ナワリヌイの投票アプローチに反して、〈連帯〉は投票用紙を無駄にするよう有権者に訴えたのだ。ナワリヌイは怒った。それで抗議集会には参加したくなくなった、と彼はのちに語っている。「しかし、統一ロシアのモスクワでの得票率を見たら、ウラジオストクでさえたったの二五～三〇パーセントなのに、四六・五パーセントに〝捏造《ねつぞう》〟されていたので、私は怒り狂った。悲惨なことになるぞと思いながら、集会に向かった」。だれも来ないと思っていたのだ[65]。

しかし、数千人がモスクワ中心部の大通りチスチェイエ・プルドイに集まった。ロシアではごくふつうのことだが、警察が非常線を張り、防護柵や金属探知器を設置した。もっとも、非常線で立ち入りを禁止されたのはごく一部の場所だけだった。ナワリヌイは大勢の〝新顔〟がいたとのちに語っている。ヤシンも、群衆をかき分けてステージにたどり着くまで三〇分もかかったほどだといっている[66]。

二〇一一年一二月五日の抗議集会は当局の許可を得ていた。だが、クレムリンの数百メートル先にある中央選挙管理委員会へのデモ行進は許可を得ていなかった。それに加わった三〇〇人のデモ参加者が一五日間、拘束された。ナワリヌイもそのひとりだった。その後の成り行きを、彼は拘置所から見守り、抗議の規模を知ったが、抗議デモの組織には直接かかわっていなかった。

ナワリヌイは二〇一一年一二月二一日に釈放された。釈放後最初のライブジャーナルの投稿は希望に満ちていた。「ある国で拘置されて、目覚めたら別の国にいた」。クレムリンは多数派の支持を失った、と彼は主張した。「以前はたしかに不正、窃盗、不法行為はあったが、多数派はまだクレムリンを支持していた。現在は不正、窃盗、不法行為はあったが、支持はなし、多数の怒りはあり[67]」

希望に満ちていたのはナワリヌイだけではなかった。数字の面では、これほどの規模のデモは長いあいだなかった。しかも、この抗議デモでは、新しい指導者が現れたことも明らかになった。元副首相のボリス・ネムツォフのような年配の指導者がまだ健在ながら、若い世代から指導者が現れたのだ。この運動は上の世代と下の世代を、市民社会組織と政党をまとめたのだった。

もうひとつ顕著だったのは、イデオロギーはさまざまでも、自由で公正な選挙を求める声は同じだったという点である。リベラル、社会主義者、共産主義者、ナショナリストが、肩を並べてデモ行進した。抗議は喜びと希望に満ちた雰囲気で行われ、ユーモアたっぷりのスローガンやプラカードが登場した。多くのジャーナリスト、作家、アーティストなどのインテリゲンツィヤが主な演者だった。

野党指導者になる

ナワリヌイはすでに抗議運動の指導者になっていた――少なくともモスクワでは。二〇一一年一二月二四日、彼はアカデミック・サハロフ通りのデモに参加した。アカデミック・サハロフ通りはソビエト時代の有名な反体制派アンドレイ・サハロフ〔一九七五年にノーベル平和賞を受賞したロシアの物理学者・人権活動家〕にちなんで名づけられた通りで、チスチェイエ・プルドイの一本北を走る。このデモには、三万人から一〇万人以上が集まった[68]（ロシアの反体制派抗議デモの人数はいつもそうだが、低い数字は当局発表であり、高い数字が主催者発表である）。

一二月二四日にナワリヌイが発した言葉は挑発的だった。ただし、内容はあいまいだった。「いますぐにでもクレムリンを奪取できるくらいの人がここに集まっている。だが、私たちは平和な勢力だから、そんなことはしない――いまのところは！　しかし、この詐欺師と泥棒どもがまた私たちを騙《だま》し、嘘をつくなら、私たちは奪取する！　クレムリンは私たちのものだ[69]」。抗議デモのあと、ナワリヌイはブログを更新したが、当局が「生き残るために」改革する気になると信じていたようだ[70]。

ナワリヌイは四項目からなる戦略を発表した。ひとつ、先の下院選挙は違法であり、ただちに政治改革を断行し、選挙のやり直しを求める。ふたつ、抗議運動を広げる――中心部の通りから離れない覚悟をもつ。三つ、二〇一二年三月に予定されている次の大統領選挙は、候補者登録が緩和されないかぎり、合法とは認めない。四つ、抗議運動と当局との交渉を求める。交渉は公開され、抗議運動側はインターネット投票により代表者を選出する。その目的は、反体制派は通りでデモに参加している人々のさまざまな意見を吸い上げていないという批判に応えることだった[71]。

その後もデモは続いた。だが、カウンターデモもあった。クレムリンは大勢の人々を動員し、プーチンの応援をさせることにした。クレムリンは明らかに脅威を感じていた。ロシア版「オレンジ革命」を恐れていたのだ。二〇〇四～〇五年にウクライナで大規模なデモが起き、やがて時の政権が倒れた。クレムリンは西側が煽動したと考えていた。クレムリンの圧力が高まると、反体制派の抗議デモに集まる人はしだいに少なくなり、反体制派は途方に暮れた。

メドベージェフ大統領は抗議デモを鎮めようと、政治改革を進めると一二月に宣言していた。政党登録に関する抑圧的な法律を緩和し、もっと多くの政党が生まれるようにすると約束していた。また、知事――ロシアの「地方」のトップ――の直接選挙を復活させるとも約束した。二〇〇五年以来、知事は一般投票を経ずに大統領によって任命されていた。ただし、当局は抗議団体とじかに交渉するつもりは明らかになかった。

したがって、ナワリヌイは抗議運動の拡大と組織、それによって、プーチン以外の候補への投票の促進に注力する戦略をとった。

先細りする抗議

ナワリヌイ戦略のふたつ目には勢いがなかった。〝通りから離れない覚悟をもつ〟――二〇〇四年にウクライナで起きたオレンジ革命のとき、首都キエフ中心部の独立広場《マイダン》にすぐさまテント村ができて、そこから人々が動かなかったように。実際のところ、ナワリヌイにはそんなシナリオに進む〝覚悟〟はなかったようだ。

二〇一二年の大統領選挙の数日前、ナワリヌイは独立系民間テレビ局のドーシチで、その点について四人のジャーナリストに問い詰められた。投票日の夜にテントは用意されるのか？　大衆は「自発的に」用意するから、「そうなる」とナワリヌイは答えた[72]。だが、テントは現れなかった。

大統領選の投票日は二〇一二年三月四日だった。公式結果では、プーチンの大勝利に終わった。決選投票は回避され、六三パーセント以上を獲得した。ナワリヌイはブログで断言した。「私たちはわかりきったことを繰り返すだけだ。今日からロシアは正当かつ合法な当局なしでやっていく。クレムリンを強奪した詐欺師たちもそう認めている。だからこそ、彼らは本物の軍事作戦を開始したのだ。あれほどの兵士を見たのは一九九三年以来だ[73]」

翌日、クレムリンから八〇〇メートルほど離れた、昔から抗議デモがよく行われてきたプーシキン広場で許可を受けた抗議デモが行われ、一万〜二万五〇〇〇人が集まった[74]。デモが終わっても、ナワリヌイ、社会主義運動の連合である左翼戦線の指導者のセルゲイ・ウダリツォフ、ヤシンなど、抗議団体の指導者たちとともに、一五〇〇人ほどが広場にとどまった。警察機動隊がデモ参加者を解散させ、四〇〇人を拘束した[75]。

下院選挙投票日の夜を再現しようと、だれからともなくモスクワ中心部を行進したが、そのときは分厚い警官隊に阻まれたと、ナワリヌイはあるインタビューで語っている[76]。しかし、革命が起きるとは思えなかったともいっている。当局は「態勢を立て直し」、プーチン支持を強めていた。ナワリヌイはその支持は本物だと思っていた。したがって、長期目標は、この人気をそぎ落とすことになった。

クレムリンはというと、抗議運動に対する弾圧を一段階、強めていた。五月六日、新しいデモが企画された。今度の会場はボロトナヤ広場で、クレムリンのそばを流れるモスクワ川の中洲の広々したスペースだった。翌日にはプーチンの就任演説が予定されていた。ナワリヌイ、ウダリツォフ、ネムツォフが企画したデモは、混乱、暴力、弾圧のなかで終わった。およそ四五〇人のデモ参加者が拘束された。前回のデモでは、ほとんどが短期間の勾留で済んでいたが、今回、当局は刑事訴追という手段まで使った。結局、さまざまなイデオロギーの団体を代表する二八人の活動家が、二年半から四年半の禁固刑をいい渡された[7]。モスクワには、独立広場《マイダン》はないようだった。

リベラル主流派へ回帰？

〈公正な選挙を求める運動〉として知られる、こうした抗議活動は、政治信条を超えて勢力をひとつにまとめたという意味で注目に値する。当初、数多くの組織委員会が設立されたが、どれもあまり効率はよくなかった。そういった多様性のせいで、運動の長期的見通しはなかなか立てられなかった。ロシア野党調整評議会の運命がどう転ぶか、だれにもわからなかった。

同評議会はレオニード・ボルコフの尽力により、二〇一二年一〇月にオンラインでメンバーが選出された。これはオンラインの直接民主制を使ったボトムアップの実験だった。そして、この選挙は技術面では成功を収め、八万人を超える投票者を引きつけた[78]。

しかし、同評議会は当初より、目的があいまいだという点が問題だった。イデオロギーの多様性は抗議デモの参加者を増やす一助にはなったが、広範な組織を形成する際には足枷《あしかせ》だった。結果として、野党調整評議会はまもなく迷走し、議論と論争を延々と繰り返すようになった[79]。〈公正な選挙を求める運動〉によって、ナワリヌイは独特のプラットフォームを手に入れ、そのおかげで指導者のひとりとしてのし上がった。さらに、信条面での戦略も変容していった。その運動にはナショナリストも加わっていたが、少数派にすぎなかった。選挙に勝つことが優先され、ナショナリストの争点はうしろに追いやられた。

一見すると、ナショナリズムは期待に応えられなかったように見える。ナワリヌイはイギリスのジャーナリストのベン・ジューダにこう述懐している。「私には保守的な意見があるが、訳あってヤブロコ党に入った。それなりにリベラルのつもりだからね」。ナワリヌイはおよそ「イデオロギーのちんぷんかんぷん」は好きではないという[80]。ナショナリスト的に最重要な課題についてどんな立場をとるのか、彼はあまり明確にしていない。ロシアのナショナリズムに詳しいフランスの歴史家マレーネ・ラリュエルは、ナワリヌイが「ささやかなる理論構築を期待する者さえも裏切ることがある。彼は考える人ではなく、実践する人なのだ」と書いている[81]。自分が悪いとなかなか認めないという点では、ナワリヌイはごくふつうの政治家である。ナショナリズムの問題に関してほんとうに考えを変えたのかどうかについても、依然としてはっきりしない。ナワリヌイ自身は、考えは変わっていないというし、引き続きいくつかのナショナリストの論点を使っていた。しかし、彼の次の動きを見れば、リベラル野党勢力のど真ん中に戻っていることがはっきりわかる。

二〇一三年モスクワ市長選

二〇一一年一二月、抗議運動が実行されているあいだ、メドベージェフは地方行政のトップをまた選挙制に戻すと約束していた。それはモスクワからはじまった。一九九二年以来ロシアの首都を支配してきた派手な印象のユーリ・ルシコフに代わり、前副首相のセルゲイ・ソビャーニンが二〇一〇年にモスクワ市長に任命されていた。二〇一三年、クレムリンは、技術官僚《テクノクラート》的なソビャーニンに選挙の洗礼を経て正統性をもたせなければならないと判断した。六月四日、ソビャーニンは辞職し、前倒しで選挙をすると宣言した。投票は九月になった。支持率調査では、地滑り的勝利になるはずだった[82]。

野党側を見ると、レオニード・ボルコフは強気だった。ソビャーニンが辞職した日、ボルコフはツイッターで高らかにツイートしている。「ボイコットはしない。選挙戦はそれ自体が重要な動員作戦であり、現体制の船を揺らすことになる。ただ、過度な期待はもたないでほしい[83]」。ナワリヌイはできれば立候補するとすぐさま宣言した[84]。リベラル政党の〈ロシア共和党・人民自由党〉はナワリヌイ候補を支持し、統一ロシアの了承まで取り付けて、ナワリヌイを候補者として登録してもらった。

当局はナワリヌイが途中で大崩れすればいいと公言していた[85]。当時のクレムリンは泡沫《ほうまつ》候補を候補者名簿に載せるようにしていた。そうすれば、負けるリスクを背負わずに、選挙を実施したという評判はご褒美《ほうび》として手に入る。ナワリヌイなど、リベラルの一ブロガーにすぎないから、一般のロシア人の票は集められないだろう。

モスクワでも、選挙戦開始当初のナワリヌイの支持率はかなり低かった。七月に独立系調査機関レバダ・センターが実施した支持率調査によると、ナワリヌイの支持率は八パーセント止まりで、ソビャーニンは七八パーセントにも達していた。しかし、ナワリヌイに対する期待は急速に高まり、その傾向は支持率にも現れていく[86]。

ところが、じつはナワリヌイの参戦は、決定しているとはとてもいいがたい状況だった。このときも、ナワリヌイは木材会社キーロフ林業の横領事件の公判中だった。どんな判決が出るか、知らない者はほとんどいなかった。検察当局がかつてキーロフ林業を率いていたヴャチェスラフ・オパリョフと司法取引を合意したのだから、ますます明らかだった。オパリョフはナワリヌイの「犯罪計画」に関して、「捜査陣に対して積極的に情報を提供した」という[87]。

二〇一三年七月一八日、モスクワ市長選挙の候補者名簿に登録された翌日、ナワリヌイは有罪判決を受け、執行猶予付きで禁固五年をいい渡された。それにより、立候補は禁止された。ただ、ロシア有数の調査報道サイトのプロエクトによると、このとき、クレムリンの役人は明らかにミスを犯したという。ナワリヌイの立候補を防ぐ手だてを講じるよう「裁判所に要請し忘れた」。そうしていれば、ナワリヌイがモスクワ市長選に出馬することはできなかっただろう[88]。

ナワリヌイはただちに控訴した。係争中になったことにより、検察はナワリヌイを釈放した。当時、一般大衆はその動きを不可解に思っただろうが、検察側はクレムリンの明らかなミスにより、手続きを踏んだだけだった。また、今回のナワリヌイの訴訟は典型的な〝テレフォン・ジャスティス〟のようでもあった。つまり、当局が裁判所に電話をかけて、話題の事件に介入するのだ。もっとも、今回はいつもより多少雑な介入だったようだ[89]。

ナワリヌイは選挙戦を続行できた。ナショナリストの支持もある程度得ていた。ロシアのリベラル・インテリゲンツィヤの有名どころも軒並みナワリヌイの支持を表明していた。たとえば、作家のリュドミラ・ウリツカヤ（「ナワリヌイが理想ではない。理想はヴァーツラフ・ハヴェル

［人道主義のチェコ元大統領・劇作家］だ。ここにハヴェルはいないけれど、ナワリヌイはいる」）、ジャーナリストのレオニード・パルフョーノフ（「新しい政治家は長いこと出てこなかった！」）、画廊経営者マラート・ゲリマン（「すべて透明性が保たれていて、情熱あふれる若者もついている」）などだ[90]。

　ナワリヌイがかつて所属していたヤブロコ党は、ナワリヌイを支持せずに独自候補を立て、同じ支持者層を奪い合うことになった。その候補者はセルゲイ・ミトロヒンで、ナワリヌイが一緒に活動していた仲間だった。インタビューを受けたミトロヒンは、ナワリヌイのナショナリズムに対する嫌悪を何度も口にしていた。ナショナリズムは、多民族国家ロシアにとって「きわめて有害」であるばかりか、「インテリゲンツィヤの党であるわれわれに、ふさわしくない」というのだ[91]。ナワリヌイはモスクワ・インテリゲンツィヤの一部の支持は取り付けたものの、多くは彼のことを仲間とは思っていなかった。

　選挙戦はセンセーションを巻き起こした。これほどの注目を集めた地方あるいは地域レベルの選挙は、しばらくなかった。レオニード・ボルコフは、これまでの選挙戦の野党候補とはちがい、「とりあえず動くことにした。ブログを書くだけにとどまらずね」と豪語した。選挙事務所でジャーナリストのイリヤ・アザールに対して、ボルコフはこう語った。「周りを見てくれ。みんな手を動かしている。うちの本部ではすでに三〇〇人が二四時間体制で動いている。ものすごい人数だ」。アザールも、二〇分ばかりボルコフを待っているあいだに、六人が事務所に来て選挙戦のボランティアに登録したと書いている[92]。

ナワリヌイの選挙戦では、何千人ものボランティアを動員し、ビラを配る拠点をモスクワ各地に設置する戦術がとられた。西側の選挙戦に倣《なら》ったのは明らかだった。ボルコフは「アメリカの映画みたいな選挙戦集会」だと思った[93]。ナワリヌイによれば、ボルチモア市長選挙の様子が描かれている、アメリカのテレビ・シリーズ「ザ・ワイヤー」のシーズン3を手本にしたのだという[94]。

しかし、チーム内に目を向けると、万事が順調だったわけではない。数年後、スタッフのひとりエカテリーナ・パチュリナは、選挙期間中、「(西洋的な意味での)セクシャル・ハラスメント」を受けたとしてボルコフを告発した[95]。のちに公表したメールの文面を見るかぎり、ボルコフはパチュリナに交際を迫っていた。パチュリナが拒むと、ボルコフは彼女の友人のマクシム・カッツを選挙戦スタッフから追い出した。「嫉妬《しっと》」に狂って、とパチュリナはいう[96]。その申し立てに対して、ボルコフはカッツを馘《くび》にした理由をいくつか長々と述べた。また、自身がパチュリナに惚《ほ》れていたこと、そして、メールの文面は、いま読み返すと「ばかだった」と思うとも認めた。しかし、ハラスメントは否定している。ナワリヌイはパチュリナの言い分ではなく、ボルコフの弁明を支持した。ただし、自分のチームでセクシャル・ハラスメントが起きたりしたら、容赦しないとも、のちに語っている[97]。

第二位に躍進

ナワリヌイの選挙戦プログラムは狭い都市内の問題にとどまらなかった。スローガンを見れば一目瞭然だ。「ロシアを変える。モスクワから変える」。このプログラムは、経済学者でロシア経済学院元学長のセルゲイ・グリエフ（当時はフランスに亡命中）の協力を得て作成された[98]。同プログラムでは、「ヨーロッパ水準の暮らしやすい街」を約束する一方、「自由な市民が個々人の価値を認め、市当局を直接的に動かせる」街が約束されていた。そうした目標を達成するため、ナワリヌイとそのチームは直接民主制（国民投票制）、透明性の推進、ネオリベラル的解決策を提唱した。「住宅や公益事業、公衆衛生や教育などでも競争入札を導入する」。要するに、民営化を推し進めるというわけだ[99]。

ナワリヌイはナショナリストの支援をそれほど求めていないように見えるが、彼の選挙戦プログラムには、移民の厳格化などのナショナリスト的政策の支持層を取り込む姿勢も入っていた[100]。また、伝統的なコーカサスの踊り「レズギンカ」を禁止することも示唆していた。その踊りは「社会への挑戦」であり、モスクワの「文化規定」とは相いれない、とモスクワ市民は考えているというのだ[101]。

果たして、選挙結果は敗戦だったが、ナワリヌイは大成功を収めた。九月八日、ナワリヌイは公式発表で二七・二四パーセントの票を得た。現職のソビャーニン（五一・三七パーセント）を決選投票に引きずり出す一歩手前まで追いつめたのだ。投票率は低く、有権者登録されている七〇〇万人のうち三分の一に満たなかったが、各方面から上出来だと受け止められた。ナワリヌイは同世代の野党指導者たちから頭ひとつ抜け出した。

新党結成

ふつうの政治家はたいてい政党に所属する。だが、ナワリヌイはちがった。

全国的な知名度が上がると、ナワリヌイはどこかの政党に入るのか、あるいは新党をつくるのかと何度も訊かれた。二〇一一年六月、彼は断言した。「新党をつくるなら、党を支えるために年二〇〇〇万ドル必要だし、ロシア司法省に行って登録してこないといけない。そんなものは権力闘争ではない。時間の無駄だ[102]」。二〇一二年に部分的な規制緩和が実施されるまで、ロシアの政党に関する法律には制限が多かった。それを反映してか、二〇一一年時点で、登録政党は七つしかなかった。

ナワリヌイははっきりいった。「私は別の道を行く。統一ロシアへの合法的な支援を弱める。

詐欺師と泥棒との闘い。それが私の政治運動だ。それが私の政治闘争だ。そのほうがどこかの党に入るより何倍も有効だ[103]」

一方、ウラル山脈出身の仲間たち――ボルコフと、政治コンサルタントのフョードル・クラシェニンニコフ――は未来の政党の立ち上げに忙しくしていた。二〇一二年四月、ふたりは、オンライン投票プラットフォームのデモクラチヤ2に立脚した新党を立ち上げると宣言した。ふたりとも、テクノロジーを前面に出した急進的なアイデアに興味をもっていた。共著『クラウド・デモクラシー（*Облачная Демократия*）』も上梓していた。政党創設におけるITの利点を激賞する内容だった。ボルコフとクラシェニンニコフは、新しいテクノロジーによって党の維持運営コストを劇的に下げられ、クラウドファンディングによって一から党を創設できると信じていた[104]。同党を創設したふたりは、直接民主制もふたりのプログラムの力になるとさえ考えていた。

私たちの党は、同性婚、均等税、移民に、「賛成」か「反対」か？　各党とも考え抜かれた答えをもっているだろう。だが、エレクトロニクスに立脚した民主主義上で活動する党はちがう。質問さえ投げかければ、二時間ほどで党としての意見をまとめられる。いざとなれば、もっと早くできる！　党員が投票すれば、党の意見を集約できる。今日は同性婚に賛成（あるいは反対）で、一週間後には……[105]。

しかし、こうしたアイデアはすぐに捨てられ、新党は従来のプラットフォームを採用した。そのプラットフォームはわかりやすかった。進歩党〔現在は〈未来のロシア〉に改称〕と名づけられたこの党は「反体制の党」だった。昔ながらの名称は避けたものの、党の立場はとてもはっきりしていた。「プーチン体制を打倒し、現代ヨーロッパ並みの民主主義体制に転換すること」を目指していた[106]。

注目すべきは、ボルコフも反汚職基金（ＦＢＫ）の事務局長ウラジーミル・アシュルコフも、中央アジア諸国に対するビザ制度を支持していたというのに、党のプラットフォームにナショナリスト的な思想は入っていなかったことだ。必要なら、リベラルおよび民主主義の制度、そして「国の効率性」に焦点を当てることで、その志向――「中道」の立場――を見せることもできた。「私たちは真ん中にいて、有権者の目を最大限引きつけなければならない」。アシュルコフは八月にそういっていた[107]。インターネット政治が伝統的な政治に負けようとしていた。

二〇一三年九月、ナワリヌイは進歩党を率いる準備ができたと宣言した。ふたりもナワリヌイを党首に選んだ。こうしてナワリヌイは党をもつにいたった。だが、まだ登録の手続きが残っていた。それは、ロシアの野党にとっては楽なことではなかった。

統一への最後の挑戦

二〇一三年はロシアの野党勢力にとっていい年だった――少なくとも選挙に関するかぎりは。〈公正な選挙を求める運動〉が終わっても、野党候補はいくつかの大都市でどうにか勝利をつかんでいた。エカテリンブルク、ノヴォシビルスク、ペトロザヴォーツクでは、野党勢力の市長が誕生した。そして、モスクワ市長選ではナワリヌイが躍進していた。

しかし、クレムリンにとってはほうっておけない状況だった。こうした野党側の勝利によって、現実を直視することになり、ロシアの政治指導部は手を打つことにした。

翌年はさらに厳しい結果になりそうだった。クレムリンは多くの地方および地域選挙で立候補を禁じることにより、野党勢力を押さえ込もうとした。それがいちばん確実に負けを防ぐ方法だった。たとえば、サンクトペテルブルクでは、体制内野党〈公正ロシア〉のオクサナ・ドミトリエワのような有名な候補者でさえ、二〇一四年九月の選挙に登録できなくなった。

このように、候補すら立てられない新しいルールができたせいで、「統一ロシアでなければ、どこに入れてもいい」という戦略は、さらにむずかしくなった。このアプローチは、体制内野党を支持し、勇気づけることが可能だという前提で考案された。だが、ある程度の知名度、能力、スタミナを持ち合わせた強い候補が奪われたいま、統一ロシアでない候補者への投票を促すのはほぼ不可能になった[108]。

こうして新しいアプローチが必要になった。有権者に統一ロシアでない政党への投票を呼びかけるという以前のアプローチに関して、ナワリヌイは、「もはやひとつのスローガンで包含できる単純な戦略はなくなったと思う」と語った。野党勢力は政治の駆け引きに興じるだけでなく、「倫理的立場」に立脚する必要があった。そこで、ナワリヌイは、真の野党候補が立候補を禁じられた場合には、選挙をボイコットすべきだと主張するようになった。「私たちは、特定の候補の当選に向けて戦っているのではなく、ロシアの法の支配のために戦っているのだ[109]」

同時に、海外情勢も野党勢力を困難な立場に追いやっていた。キエフでは、二〇一三～一四年のユーロマイダン運動によってビクトル・ヤヌコビッチ大統領が失脚し、ロシア、ウクライナ、西側諸国の関係が重大な危機を迎えようとしていた。クリミア併合、ウクライナ東部のドンバス戦争、制裁といったことが、ロシアでも大きな問題になっていた。そういった問題は、野党勢力全般、とりわけリベラル勢力にとってはよくない兆候だった。全体制内野党だけでなく、ロシア国民の大多数が、クリミアの併合――ロシアではロシアへの「再統合」と表現されていた――を支持していた。

リベラル勢力はウクライナ問題の平和的解決を求めるデモ行進を企画したが、しだいにジリ貧の少数派にしか見えなくなっていった。ウクライナと西側諸国の利益を代弁する第五列部隊《スパイ》だといわれるようになった。リベラル側は厳しい選択を迫られていた。そして、ここに来てふたたび、統一を考えることになった。

リベラル勢力の一本化は、聖杯のように見果てぬ夢だった。二〇〇〇年代はじめから何度も議論されてきた。そして、そのたびに失敗してきた。

二〇一四年一一月、主要リベラル団体がモスクワに集結し、この永遠の問題を話し合った。会議はボリス・ネムツォフの〈ロシア共和党・人民自由党〉が企画した。同党はロシアのリベラル勢力にとっては伝統的なテーマを持ち出した。ヨーロッパへの道だ。

ネムツォフによれば、ロシアは地政学と文明論のふたつの意味で選択を迫られていた。一方は「中国を選択する一派」だ。プーチンとその仲間たち、すなわち「戦争、国際的孤立、弾圧、検閲、汚職の一派」は、ロシアを「中国に天然資源を供給するだけの植民地」にしようとしている。もう一方は「ヨーロッパを選択する一派」、つまり民主主義を信奉する野党勢力だ。そんな分水嶺に立っているのだから、リベラル勢力はひとつにまとまらなければならないのだ[110]。

ヤブロコ党は「ナショナリスト、左翼過激派、あるいは両者を許容する党」――まちがいなくナワリヌイを意識した表現だ――との同盟にはいっさい加わらないと拒んだ[111]。ナワリヌイ自身も、かつては統一についてはかなり懐疑的だったが、その後数か月でしだいに統一に傾いていき、「ヨーロッパへの道」を選ぶ党派の統一を呼びかけた[112]。しかも、ナワリヌイの党から候補者を出す見込みがなくなったいま、連立は魅力的な代替戦略になるかもしれなかった。

民主連立

その後、二〇一五年二月、反体制派の指導者であり、リベラル勢力の統一を推進してきた立役者ボリス・ネムツォフが、クレムリンのすぐそばで暗殺された。この衝撃的な事件の二か月後、〈ロシア共和党・人民自由党〉の党首、ミハイル・カシヤノフとナワリヌイは、次の下院選に向けて連立を組むと発表した[113]。

ナワリヌイによると、連立の主要目標は、民主主義的な考えをもつ代表者を送り込むことだった。「ロシアはヨーロッパ式発展を遂げるべきで、この国には政権交代、独立した司法、自由なメディアが必要だ。大多数の人がそう思っている[114]」。大多数の思いとは裏腹に、「民主主義的な考えをもつ代表者」は国会にいなくなり、彼らの目標はこの状況を変えることになった。

しかし、それは至難の業だ。リベラル政党の政治家は二〇〇七年から下院の議席を獲得していなかった。民主連立は二〇一六年の下院選挙で議席獲得を期待していた。それまで、二〇一五年の地方選挙がそこに向けての第一歩だった。連立は四地域で候補者を擁立する予定だったが、候補者擁立が許可されたのはコストロマ地域だけだった。モスクワの北東約三〇〇キロメートルに位置する人口の少ない、首都とはかけ離れた地方だ[115]。

現地リベラル勢力の支援もほぼ望めない地方での選挙戦は困難をきわめた。反体制派の勢力は小さくても、当局はさまざまな汚い手や「行政支援」を使って民主連立に嫌がらせをしかけた。たとえば、有権者との集会があると、偽の米外交官ナンバーをつけた車で黒人が乗りつけて、集会を主催した候補者が〝アメリカの犬〟だと思わせたりした[116]。選挙では総投票数の二パーセントしか獲得できず、連立にとっては明らかに気を落とす結果だった。

二〇一六年九月の下院選挙が次の挑戦だった。しかし、民主連立はその日を待たずに消えた。連立の戦略は、〈ロシア共和党・人民自由党〉が、ナワリヌイの進歩党とはちがい、選挙に参加できる登録政党であることが大前提となる。

ところが、〈ロシア共和党・人民自由党〉は大きな危機を迎えていた。創設者のひとり、ウラジーミル・ルイシコフはすでに去り、同党は〈人民自由党（パルナス）〉と改名された。ネムツォフは暗殺された。かつてプーチン政権下で首相を務めていたミハイル・カシヤノフがいまは党の全権を握っていた。

このときの連立は、主としてナワリヌイの支持者、人民自由党、その他の少数団体という構成だった[117]。ナワリヌイとその仲間たちは、次の下院選挙における民主連立の候補者リストの最上位者は予備選挙で決め、当然、ナワリヌイが最上位候補になると思っていた。だが、ロシアの政党と選挙に関する法律では、カシヤノフに党の運営権があり、よって候補者リストも彼の手にゆだねられる。カシヤノフの仲間たちは当然、カシヤノフの名前を最上位に載せないわけがなかった。

とはいえ、カシャノフでは票を集められるとは思えなかった。つまらないテクノクラートだと思われていたのだ。それでも、結局、ナワリヌイと彼のチームはカシャノフの要求を呑み、しぶしぶカシャノフを名簿最上位にした。

連立の崩壊

二〇一六年四月、民主連立はクレムリンに支配されたテレビ局から壊滅的な打撃を受けた。NTVの調査番組が、既婚者であるカシャノフがホテルのベッドルームで、女性党員と一緒に半裸でいる映像を流したのだ。同局の元社員がのちに語ったところでは、彼の上司たちはクレムリンの指示を受けて映像を流したことも、連邦保安官庁(FSB)が映像を提供したことも「隠そうともしなかった[118]」。

このセックス・スキャンダルは民主連立の転換点になった。反体制派はカシャノフに対する過度な攻撃を批判したが、彼の評判はがた落ちだった。ナワリヌイはカシャノフを非難し、民主連立の候補者名簿のトップをだれにするのか決めるため、予備選挙をするよう求めた[119]。カシャノフはカリスマ性のある政治家ではないと、ナワリヌイはこのときもいった。しかし、カシャノフは拒んだ。ナワリヌイとその支持者たちが連立を見捨てると、連立は崩壊した[120]。ナワリヌイは長きにわたり、時間もリソースもこの連立戦略につぎ込んできたが、それが終わった。彼はリベラル政党との協力はもうできないという結論に至った。

ヤブロコ党は、二〇一六年下院選挙で大敗を喫し、たった二パーセントの得票率だったにもかかわらず、創設者のグリゴリー・ヤブリンスキーを二〇一八年の大統領選挙の同党候補にすることに決めていた。同じく二〇一六年の下院選挙で、カシヤノフの人民自由党はさらに低い〇・七三パーセントという得票率に沈んでいた。

ナワリヌイはリベラル政党の〝古参〟指導層の責任だという。

この一三年間ずっと、彼らは負けてばかりだ。世界各国の政治情勢を見ても、同じ顔ぶれ、同じ指導者で一三年間も負け続けてきたのに、いつかボン！と大勝するなんて例はひとつもない。不可能だ。これほど負けたなら、党は顔ぶれを一新し、指導者は去らなければならない。有権者もそれを望む。それが政党というものだ。民主国の政治はそうだ[121]。

ナワリヌイはロシアのリベラル政党は不条理だと非難した。選挙と選挙までのあいだ、「彼らは惰眠《だみん》をむさぼり、選挙の一か月前になると、急に起き出してこういう。『私たちに清き一票を。

私たちこそいちばんふさわしい』とね。負けるわけだ[122]」。そして、負けると、有権者に責任をなすりつける、とナワリヌイはいう。

ナワリヌイの戦略的な発言は、〈公正な選挙を求める運動〉に足りないものをじっくり考える手段でもあった。抗議運動は選挙戦の手順に関するものがほとんどだった——「私の一票は大切だ」。いま、候補者名簿に本物の候補を載せるという一点に、矛先を絞らなければならない。まずは自分と自分の運動を見直すしかない。ナワリヌイはすでに次の二〇一八年大統領選を見据え、自分でコントロールできない連立に足を引っ張られたくないと思っていた。

二〇一八年大統領選挙戦

二〇一八年の大統領選挙は一般投票になることが決まっていた。プーチンの再選も疑いなかった。投票日、三月一八日には象徴的な意味合いがあった。二〇一四年同日、プーチンがクリミアをロシアに〝再統一〟する条約に署名したのだ。

プーチンに代わる候補者は見当たらなかった。下院に代表を送っていた反体制派は、大統領のウクライナ政策を公然と支持していた。一九九一年にはじめて大統領選に出馬した極右ポピュリスト政党のウラジーミル・ジリノフスキーも、候補者名簿に名前が載ることになっていた。だが、いつも結局はクレムリンに賛同する「道化」としか見られていなかった[123]。ナワリヌイは、ジリノフスキーも彼の党であるロシア自由民主党（ＬＤＰＲ）も、まともにとり合っていなかった。そんななか、共産党がサプライズを出してきた。すでに四度の大統領選候補の経験があった党首ではなく、無名の実業家、パーヴェル・グルジーニンを候補者に据えたのだ。

共産党は反体制派でもっとも重要な党であるとはいえ、これでは選挙戦で充分に戦えなかった。プーチンはクリミア併合後の支持の波に乗っていて、天に届かんばかりの人気ぶりだった。グルジーニンは太刀打ちできないと見られていた。現政権は第一回投票で七〇パーセントの得票を目指していた。また、あまり不正をしないでそれを達成したいとも考えていた。

民主連立が解消されたことで、リベラル野党の候補者を一本化するという希望も消えた。一九九六年、二〇〇〇年の出馬に続いて、ヤブロコ党の元党首ヤブリンスキーも候補者名簿に載るだろう。二〇〇八年にヤブロコ党の議長席から降りたとはいえ、彼は党内の重鎮には変わりなかった。クレムリンは実業界のオンブズマン、ボリス・チトフを、体制に忠実なリベラリズムの名のもとに出馬させた。もっとも、チトフには選挙活動をするつもりなどほとんどなかった。

唯一のサプライズはクセニヤ・ソプチャクだった。はじめて選挙によって選ばれたサンクトペテルブルク市長であり、プーチンのメンターでもあったアナトリー・ソプチャクのひとり娘で、一九八一年生まれのクセニヤ・ソプチャクは有名人だった。テレビ司会者やプロデューサーとして、社交界の名士として、そして成功したビジネスウーマンとして多くのロシア人に知られていた。ソプチャクは二〇一一〜一二年の〈公正な選挙を求める運動〉にも参加し、おかげでテレビ局との契約をいくつも失い、反体制派の政治信条をもつジャーナリズムに転身した[124]。

これだけ反体制派とのつながりが長くても、ソプチャクは選挙戦をおもしろくするためにクレムリンが送り込んだ候補者だという噂が広まったが、本人は否定した[125]。ほかの候補者――ぜんぶで八人の名前が候補者名簿に載った――は泡沫候補だった。

二〇一六年一二月に出馬表明をしたとき、ナワリヌイはふつうの選挙戦をするつもりはないと語っていた。選挙戦に出られないかもしれないと思いつつ――ロシアの選挙がどういうものか、彼はよく知っていた――ナワリヌイは目標を高く掲げていた。


二〇一八年には本物の選挙をしようと、国民全員に呼びかける。たやすいことではない。一九九六年以来、ロシアでは本物の選挙が行われていないのだから。この二〇年のあいだ無意味なままだった選挙を、信条、政策、アプローチ、作戦を本気で競わせる機会にするのだ。この選挙で、私はみなさんの声に、代表になりたい。国民とつながり、国民の利益を代弁する本物の政治家になりたい[126]。

ナワリヌイはロシア最高の地位を目指す選挙に出馬しようとしていた。政治家として、いくつかの課題もあった。まず、逆説的ではあるが、汚職と闘う戦士としての名声だ。彼を一発屋と見る向きは多かった。二〇一二年、ナワリヌイは、汚職との闘いを主要目的と謳うプログラムを発表した。「それが私の経済プログラムだ」。ほぼその一点だけで、それもあちこちから批判を受けた[127]。

ふたつ目の課題は、リベラル政党の経済政策が、控えめにいって国民の大多数の心に響かないという点だ。ナワリヌイはこの批判をソプチャクにも向けた。「政治経済に関して共食いしているという内容」の、一九九〇年代の民主派を描いた「風刺画」が思い起こされる（この場合の「共食い」の意味は、一般ロシア国民をないがしろにする過激な市場万能政策のことだ[128]）。ナワリヌイは経済的リベラリズムを警戒する人々をはねつけずに、有能な政治家だと思ってもらう必要があった。

「オリガルヒに餌をやるな」

このふたつのむずかしい課題の解は「不平等」だった。出馬宣言したとき、ナワリヌイはロシアをむしばんでいた「富と機会の異常なまでの格差」に注目していた。これがナワリヌイのプログラムの主軸となった。権力が「ひと握りの人々に強奪」されてきた、と彼は主張していた。「〇・一パーセント」が「国富の八八パーセント」を所有しているのだ。そうしたひと握りの人々は「すばらしい企業家として多くの事業をつくってきたわけではなく、大規模民営化に参加していたか、役人だったかにすぎない[129]」。

ナワリヌイのプログラムは、経済リベラリズムと完全に左派的なアプローチの中間にあたる第三の道だった。彼は自身のプログラムと、ロシア論壇を支配していた三つの経済政策群とを比較した。その三つの政策群とは、年金受給年齢の上昇を目指すネオリベラル、国家計画と鎖国政策を推進する層、そして、「なにもせずに役人だけを富ませる」だけで満足しているプーチン政権だ[130]。

ボルコフは、ナワリヌイのプログラムをリベラルの経済政策と右派の経済政策の連携を打ち砕くものだと認めた[131]。格差是正のために、ナワリヌイは最低賃金を上げて給付金を増やし、住宅を買いやすくすることを提案した。また、民営化されたインフラへの課税も提案した。「新興財閥《オリガルヒ》に餌をやるな」というスローガンには、憎まれているグループ（オリガルヒと官僚）と闘い、広く社会に対してアピールできるという利点があった。「左派的（社会正義）」でもあり右派的（独占反対）でもあるし、保守的でもありリベラルでもある」スローガンだった[132]。

これはポピュリズムだろうか？　もっとも汎用性の高い学術的な定義にしたがえば、ポピュリストは「ふつうの人々」と「腐敗したエリート」という対立軸をつくり、政治は「人民の一般意思」を実現することだと主張する。ナワリヌイはいうまでもなく、「腐敗したエリート」に反対の立場だ。彼はまた、支配層エリートによる権力の強奪に反対する人々の意思を反映する政策も求めていた。しかし、こうした問題に対する彼の解は「リベラル」で、法による支配、分権、政治勢力の多極化だった。また、大統領から議会への権力移譲も提案していた[133]。

別の表現を使うなら、ナワリヌイは腐敗したエリート層と団結した国民とのあいだの膠着《こうちゃく》状態を一時的なものだと見ているのだ。ナワリヌイとボルコフは、理想的な政治とは、多様な民主勢力が競い合うシステムだと、ことあるごとに表明してきた。その民主勢力にはナワリヌイの党も入る[134]。

経済プログラムの一部が左寄りだとしても、別の一部は右寄りだったり、ネオリベラリズム——市場、競争、民間主導を重視するイデオロギー——寄りだったりした。透明性、独占との闘い、競争、反官僚主義、労働と小規模事業への税軽減などが求められていた。しかし、こうしたネオリベラルの施策は、「オリガルヒ資本主義から社会資本主義への移行」を促すと考えられていた[135]。ナワリヌイの顧問のひとりがジャーナリストにこう語っている。「彼に尋ねれば、ビジネスはいい、競争もいい、西側諸国の主流派のアドバイスもいいというだろう。だが、いまの彼はもっと社会全体を受け入れる政策や公正さに重きを置いている。だから、彼にラベルを付けるとすれば、アメリカなら民主党員、ヨーロッパなら中道右派になるだろう[136]」

捨て去られたナショナリズム

ナワリヌイの選挙戦を見れば、彼が反体制派への道を歩むうちに、ナショナリズムをほとんど捨て去ったことがわかる。それでも、彼はロシア人ナショナリストだと自称し、自分の立ち位置は二〇一一年から「一ミリも変わっていない」という[137]。しかし、ナショナリズムがもう彼の公式イデオロギーでなくなっているのは明らかだ。

もっとも物議を醸しているクリミア問題について、ナワリヌイはすでに現実的な論調をまとっている。二〇一四年にはこう語っている。

クリミアはどの国際基準に当てはめてもひどい暴力で強奪されたとはいえ、いまとなってはロシア連邦の一部だ。それが現実だ。自分を偽るのはやめよう。ウクライナ人にも、自分を偽るなと強く助言しておく。クリミアはこれからもロシアの一部だし、当面はウクライナ領にはならない[138]。

この発言はリベラルとナショナリストのど真ん中に突き刺さる。リベラルのなかには、クリミアを一方的にウクライナに返還するよう提唱する者もいた。ナワリヌイはちがう。ナショナリストのなかには、クリミアで起きたことはまったく問題ない、「併合」などではなく、法的にも倫理的にも正しいロシアとの再統一だ、と主張する者が多い。ナワリヌイはちがう。

この現実的な態度がもっともよく表れたのは、二〇一七年七月に行われた、ドンバス戦争を率いた指導者のひとり、イーゴリ・ストレルコフとの討論のときだった。ウクライナの紛争問題に関して、ナワリヌイは「よい戦争より悪い平和のほうがましだ」と主張した[139]。ロシア人は「分断された国民」だ。しかし、「荒唐無稽《むけい》な」外国の横やりには反対し、旧ソ連諸国の「同胞」を守るとも語った。ナワリヌイにとって、ロシア人とウクライナ人は同じ民族なのだ。

しかし、ウクライナに関する自身の立場は、人種的な意味での「ロシア民族」ではなく、ロシア国民全体の利益を考えて決められたものだ、とナワリヌイはいっている。彼にとって、その利益とはほとんど物質的な意味である。ドンバス戦争に資金を出すのは、ロシア人納税者にとってあまりに大きすぎる負担になる――もっと広い意味で紛争によって生じる悲劇はいうまでもないが。この立場は、公式発表や国営メディアが紛争について国の威信に感情的に訴えるものとはかけ離れている。銃とバターなら、ナワリヌイはバターをとるのだ[140]。ナワリヌイのナショナリスト的な傾向を示すものは、中央アジア諸国を対象にしたビザ制度を提唱していることだけだ。ナワリヌイは従来のナショナリスト・プラットフォームから遠く外れた問題を争点にして、選挙戦を戦っていた。

ナワリヌイの政治プログラムは長く、データやグラフをふんだんに使って切迫の度合いを伝えようとしていた。このプログラムは「オピニオン・リーダー」、すなわち経済、法律、文化の専門家によって野心的に執筆されたものだという。彼らは選挙戦用のウェブサイトで、「バランスのとれた現実的なプログラム」を作成してくれたと紹介されていた。そのなかには、経済学者で元エネルギー省次官のウラジーミル・ミロフ、人権団体アゴラ責任者のパーヴェル・チコフ、法学教授のエレーナ・ルキヤノワ、経済学者でロシア中央銀行元第一副総裁のセルゲイ・アレクサシェンコが含まれていた[141]。彼らは明らかにリベラルの著名人である。

ナワリヌイは、二〇一八年の大統領選挙戦も、二〇一三年のモスクワ市長選と同じように展開した。しかし、今度は規模がちがった。ロシア全土で展開するのだ。今回もボルコフが選挙対策本部長を務めた。中央集権化されたプロ集団で、ボランティアと有給スタッフに頼る部分が多かった。

選挙戦も一年がすぎたころ、ナワリヌイは満足げにこう語った。「私たちは最近のロシア史ではじめて本物の大きな政治機構をつくり上げた。その基礎をなしているものは、八三都市に構えた本部と、全国から二〇万人近く集まったボランティアだ[142]」。そうした言説にありがちな誇張があったとしても、それはたしかに偉業だった。最終的に、この選挙戦で、透明性を確保したうえで三億六八〇〇万ルーブル［当時のレートで約六億五〇〇〇万円］の資金が集まったのだ[143]。

選挙戦に勢いをつけていたのは、複数の選挙集会で大衆の支持を受けている姿を見せたことだった。一度の集会参加者は数百から数千人だった[144]。大衆の支持を目に見える形で示したことで、ナワリヌイの別の主要論点が際立った。クレムリンはナワリヌイとその支持者を恐れているという事実だ。彼の支持者が嫌がらせを受けたり、逮捕されたりすると、ますますその事実がはっきりわかった。恐れていないなら、なぜ押さえつける必要がある？

結局、ナワリヌイが望んでいた本物の選挙は行われなかった。大統領選には参加できなかったのだ。キーロフ林業の事件がまた立ちはだかった。二〇一三年に有罪判決を受けたあと、ナワリヌイは欧州人権裁判所にこの件を持ち込んだ。そして、勝訴した。二〇一六年、同裁判所は「ロシアの国内裁判所は刑法を独断的に適用している」とした[145]。

しかし、ロシア法廷もあきらめなかった。またナワリヌイを裁判にかけ、二〇一七年はじめに執行猶予付きで五年の判決をいい渡した[146]。これにより、ナワリヌイは約一〇年のあいだ選挙に出られなくなった[147]。中央選挙管理委員会の委員長はたいしたことではないという考えを示した。「ナワリヌイは若く、将来有望な政治家です。この一〇年が過ぎ、二〇二八年ごろには、選挙に出馬できます。彼が大統領の職にふさわしいことを、街頭からの圧力ではなく、思想によって証明してもらいましょう[148]」

大統領選ボイコット

ナワリヌイはこの決定を受けて、こう宣言した。「ウラジーミル・プーチンが私との闘いにしり込みし、恐れをなし、中央選挙管理委員会の召使いに私の登録をはねつけさせたために、選挙はなくなった[149]」。ナワリヌイは選挙をボイコットすることにし、「有権者のストライキ」と銘打って支持者にも呼びかけた。この表現からもわかるとおり、ボイコットというと、投票日に自宅でソファに座っているだけではないような響きがある。ナワリヌイは大人数による監視や抗議活動を組織することになった。

この「ストライキ」が成功したのかどうかの評価はむずかしい。ナワリヌイ本人は成功だったという。もっとも、「ふつうの」政治家はたいてい負けを認めたがらない[150]。二〇一八年大統領選挙の投票率は高かった。六七パーセントを上回ったという。少なくとも公式発表ではそうだ。プーチンは第一回投票で七六パーセントの票を集め、再選を決めた。

目立ったのは、リベラル勢力の候補者の惨敗ぶりだった。ソプチャクとヤブリンスキーはそれぞれ全投票数の二パーセントの票も得られなかった。ナワリヌイはこうした「過去の残滓《ざんし》」を切り捨てた。そして、野心的なプランを披露した。「野党については、統一を考えるのではなく、創造を模索すべきだ。まずは信条、次に組織。どうやったら六〇パーセントの票を集められるかを話し合うべきだ[151]」

政界に身を投じて二〇年がすぎて、ナワリヌイは全国にその名を知られるようになり、全国区の政治家になった。二〇一八年の大統領選候補者名簿には入らなかったが、選挙戦自体は成功だった。ナワリヌイには正式に登録された政党はないが、ロシア全国に何千、何万という支持者がいる。選挙戦用のウェブサイトには、こんな文言が躍っていた。「私たちは全国各地にネットワークを築き、維持しています。それらは今後も政治活動を続け、当局をさぼらせることなく、私たちの権利のために闘い続けるでしょう。ともに闘いましょう」

矛盾だらけの政治家

政治家ナワリヌイの長旅の話を聞くと、とまどってしまうかもしれない。ナワリヌイはあるときはリベラル野党に団結を呼びかけ、あるときは独自の道を歩いた。投票ひとつをとっても、ときにはボイコットを呼びかけ、あるときは野党候補の応援を呼びかけた。かと思えば、また抗議票を呼びかける。スローガンを真正面に出したかと思えば、単純すぎると却下する。その後またスローガンに戻る。

この迷走を、この矛盾を、どう理解すればいいのか？

ひとつの答えは、行ったり来たりは矛盾ではないということだ。政治制度はよそ者の目には変わっていないように見えるが、実際にはつねに変わっている。それに合わせているだけなのだ。クレムリンが〈公正な選挙を求める運動〉に押される形で政党登録の法律を緩め、それによってナワリヌイは出馬を決意するにいたった。もっとも、これまでのところ、そんな規制緩和など無意味だったとナワリヌイは考えているが。しかし、クレムリンが有望な候補者の出馬を再び禁じると、ナワリヌイもすぐに方針を変えたのだ。

こうした適応はイデオロギーにも当てはまる。ナショナリズムは大衆の心をつかむプラットフォームでないとわかると、ナワリヌイは経済格差に重点を移しはじめた。

そうした紆余曲折を見て、ナワリヌイに一貫性がないとか、場当たり的だと思う者もいるかもしれない。現実をあまり見ないリベラル野党の仲間と同じではないかと。だが、現実には、戦術や数多くの要求を臨機応変に変える一方で、驚くほど一貫してひとつのことを守り通し、最優先してきた結果のようにも見える。つまり、汚職と弾圧を利用して権力を確保してきた強権体制と、なにをおいても闘わなければならないということだ。

また、ナワリヌイの話によって、ロシア政界で野党がずっと直面してきた障害も浮き彫りになる。なぜ協力することがそれほどむずかしいのか？　多様な政治と政治家の特徴に、ひとつの答えが見つかるかもしれない。それは、自我《エゴ》だ。大統領選に際して、ヤブリンスキーは自分が不人気だと知りつつ、なかば強引にヤブロコ党の候補者になったが、それも政治家の虚栄の一例といえる。その結果、ナワリヌイとのあいだで強烈なあつれきが生じた。

しかし、それだけではない。野党の政治的立場がじつに多様だという面もある。たとえば、二〇一一年一二月のモスクワでの抗議集会でもそれが如実に現れていた。プーチンに反対し、自由で公正な選挙を支持するというスローガンのもとに、一時的に勢力が集結しても、長期的な協力はまず不可能だった。

ロシアの強権的な政治体制の本質を考えれば、目標が同じでも、どの道筋を通ってそこに到達するかで、意見が大きく割れることもある。投票に行くことで不正選挙を承認したくないから、潔《いさぎよ》くボイコットすることもあるし、戦術的な投票を通してより自由で公正な選挙にしようと、積極的に選挙にかかわろうとする勢力もある。したがって、完全な独裁体制とはちがい、ロシアのような体制では、限定的とはいえ複数の〝入り口〟が用意される。だが、その入り口がぜんぶ悪路につながるので、野党内ではどの道を行くかでもめるのだ。

それに、野党内の不信感も根深いものがある。しかも、不信感には根拠がないわけでもない。クレムリンはさまざまな人や組織を誘い、取り込んできた。その結果、人々は疑心暗鬼になるのだ。クレムリンがまったくかかわっていないところでさえ。

プーチンの支配は一見すると無風だが、ロシアの政治情勢は単調や退屈とはほど遠い。クレムリンも反体制派もつねに順応しているのだ。しかし、二〇一八年の大統領選からナワリヌイが締め出されたとき、クレムリンはだれの目にも明らかな形で、ナワリヌイから〝ふつうの〟政治家になる機会を奪ったのだ。

ナワリヌイにとって、ひとつ明らかになったことがある。抗議はきわめて大切だということだ。彼は一からはじめようとしているわけではない。政界に足を踏み入れてから、ほとんどずっと抗議を続けているし、大統領選への出馬を決めたときには、運動の全国展開もはじめた。抗議活動の指導者としてのナワリヌイの話をする前に、いったんモスクワを離れ、地方に向かわなければならない。地方での草の根の抗議活動を見てみよう。

第4章 抗議者として

「私たちは恐れない！」

二〇二一年一月二三日、ウラジオストク。ロシア極東の主要港湾都市中心部を走る、小売店や歴史的な建物が建ち並ぶメインストリート、スヴェトランスカヤ通りには、何千もの人々が抗議に集まった。中国と北朝鮮との国境に近いウラジオストクは、ロシアにとって太平洋への主要な入り口だ[1]。

太陽がロシアの広大な国土を照らしながら西へ移動するにつれ、街が次々と抗議に加わっていく。何万人ものデモ参加者が通りに繰り出す。

しかし、ひとりの男がいない。ナワリヌイは勾留中で、刑務所へ行くかどうかが決まる二月二日の出廷日を待っていた。

ロシア中で人々がプーチンの辞任を求めている。一月一九日に反汚職基金（ＦＢＫ）が投稿した「プーチン宮殿」の動画を見て、プーチンに対し「宮殿を国民に返せ」と声を上げている。動画のなかで、複雑なカネの流れと、プーチンひとりのためだけに建造・維持されているといわれる、黒海を望む見事な宮殿の様子を紹介したあと、ナワリヌイはカメラに向かってこういう。

> プーチンその人と、プーチンのために護衛する人、盗む人、選挙結果を改竄《かいざん》する人——そういった連中はせいぜい数十万人です。しかし、こっちは数千万人です。私たちは自分たちの力を信じているだけではありません。不満を抱く人々の一〇パーセントがデモに参加すれば、さすがに彼らも選挙結果を改竄することはできないでしょう。私たちは我慢をやめるだけでいいのです[2]。

動画はドラマティックな一連の出来事の一部にすぎない。ナワリヌイが療養先のドイツからロシアに戻り、予想どおり逮捕されると、世界が見守るなか、彼のチームは「プーチン宮殿」の調査動画を公開し、火に油を注いだ。そして、数日後に抗議の声が上がったのである。抗議活動はかつてないほどの広がりを見せた。これほどの群衆が通りに出て抗議をはじめたのは何十年ぶりだ。

このすべては偶然に起きたのではない。人々の怒りは紛《まぎ》れもなく本物だが、人々がまさにこのとき通りに出てデモに参加したのは、ナワリヌイのチームが何年にもわたって抗議活動の隠れた力を集め、強固にしてきた結果である。

本章では、無所属のモスクワの政治家だったナワリヌイが、クレムリンから完全に独立したロシア最大の政治運動の指導者になるまでをたどる。そして、ナワリヌイの反体制活動ツールのなかでも、抗議活動がきわめて重要になったいきさつを紹介する。ウラジーミル・プーチン大統領三期目（二〇一二～一八年）の制限された政治環境でも、デモはまだ許容されていた数少ない活動のひとつだったというのも理由としてあるだろうか。ナワリヌイが二〇一一～一二年の〈公正な選挙を求める運動〉から学んだことを活かし、抗議という手法を意図的に利用して、みずからの全国組織設立に向けて支持を集め、活動家の奮起を訴えるようになったいきさつもたどる[3]。

デモへの動員は一方通行ではなかった。ナワリヌイが自分の目標を達成するために一方的に人々を利用したわけではない。社会のあらゆる階層にいる、不満を抱くロシア国民が、政治活動に対して当局が課してきた代償――脅迫、逮捕、監視、暴力――に立ち向かったのは、ナワリヌイの呼びかけどおりに動くよう操られたからではなく、ナワリヌイが自分の望む政治改革に役立つ人物だと感じ取っているからだ。

つまり、一個人だったナワリヌイが、どのようにして政治運動の象徴になったのかを紹介する。

野党は必ず負ける

抗議はナワリヌイの活動の核をなしている。ユーチューブの動画よりも、ナワリヌイは〝プーチンなきロシア〟を求めるデモに参加し、選挙不正や汚職を非難しているときにいちばん目立つ。ナワリヌイはその代償も払ってきた。二〇二一年に言い渡された量刑以外にも、二五〇日も収監されている[4]。当局は抗議活動を抑え込む目的で数多くの複雑な規則を設定しているが、それに違反した罰として短期勾留された日数も、そこには含まれる。違反例を挙げれば、当局が承認していない抗議集会を呼びかけたとか、「警官の合法的な要求に応じなかった」などだ。だが、ナワリヌイは収監されていた時間も有意義だったとよくいう。本を読む時間ができたし、さまざまな経歴の人たちと知り合うこともできたというのだ[5]。

メディアを通して見えてくるのは、そこまでである。だが、もう少し深掘りしてみると、反体制派政治家としてのナワリヌイの政治生命において、抗議活動は明らかに核になっていることがわかる。抗議活動がなければ、彼の反体制の活動はまったくちがって見えるだろう。活動自体、存在しないかもしれない。

ロシアにおいて、反体制活動そのものは禁じられていない。だが、ロシアは民主国家でもない。民主国家と非民主国家とを見分けるには、簡単な問いかけをするだけでいい。政権与党がたまに選挙で負けることがあるか？　ロシアでは、そしてほかの非民主国家でも、重要な選挙で負けるのは決まって野党だ。そして、クレムリンの支配を拒む政治家は大変な目に遭う。クレムリンはさまざまな手を使って、望む選挙結果を手にする。野党に差をつける方法がずらりと並ぶ「メニュー」から好きな項目を選択すればいい[6]。得票の水増しもひとつだ。ソーシャルメディアはロシアで選挙があるたびに改竄を示す画像であふれ返る。しかし、そうしたことよりずっと重大な方法もある。そもそも野党候補者を候補者名簿に載せなかったり、マスコミに当局の候補者にとって有利な報道をさせたりすることもあるのだ。

ナワリヌイのような野心ある野党政治家にできることは、はじめからそれほどなかった。政治組織内で動いている〝ふつうの〟政治家——運動家、党首、大統領——を自認する人々にとっては、選挙戦で戦えない事態は困ったことだった。完全にお手上げだっただろう。

政治戦略としての抗議活動

しかし、政治はなにも選挙だけではない。リベラル民主主義の世界においても、選挙は政治活動の一形態にすぎない。抗議活動という手もあるのだ。当局が政党政治に非公式ながら厳格な制限を加えているため、ナワリヌイはその形態に惹かれていった。

野党に不寛容な体制下では、抗議活動が政治参加の主要な方法になる。野党政治家が立候補を禁じられたり、テレビに出られなかったり、法執行機関に追い回されたりする場合、自分の声を世に届け、支持者を募り、当局に圧力をかけようと思えば、デモなどのわずかな方法しか残されていない。

といっても、抗議活動は簡単にできるものではない。ロシアでデモに参加する人には、しだいに大きな制限がかけられるようになってきていた。クレムリンに大きな衝撃が走った二〇一一～一二年の〈公正な選挙を求める運動〉以降はなおさらだった。しかし、制限があるとはいえ、抗議活動自体はできた。現在もある程度はできる。その後、ナワリヌイはしだいに抗議活動に重点を置くようになったが、それは彼に残された数少ない手法のひとつだったからにすぎない。

そして、ナワリヌイは不利な状況でも最大限の成果をあげた。デモを利用した政治活動をせざるをえなくなって、ナワリヌイはその手法について真剣に考えるようになった。つまり、デモを、たまに不満を吐き出すための、活気はあるが組織化されていない活動から、政治戦略へと進化させたのだ。

地方での抗議活動

二〇一一年一二月一〇日、ロストフ・ナ・ドヌー。下院選挙から六日が過ぎた。抗議活動は国中に広がり、ロストフでは、数百人の若者がなにも書いていない紙を掲げて街を練り歩いていた。込められたメッセージはシンプルだ。みんなどうなるか知っているのだから、なぜ書く必要がある?

ロストフは、ロシア南部に位置する人口一〇〇万を超える主要都市だ。堂々たる白い建物が建ち並ぶ中心街は、交易中心地だった帝政時代の名残で、いまも裕福な街だ。しかし、ポスト・ソビエト時代に、ほかの都市が政治的に中立なビジネスやメディアの登場と足並みをそろえて裕福になっていったのを横目に、ロストフの政治空間はつねに厳しい統制下にあった。

ソビエト連邦崩壊から二〇年のあいだ、ロストフ州知事のウラジーミル・チュブは政界の大物で、彼の権力に異を立てるものには、それがジャーナリストであろうと政治と関係の深い実業家であろうと、じかに圧力をかけることも辞さなかった。

そうした高い障壁が伴うことから、ロストフでの反体制派は、政治信条もばらばらな少数の歴戦の活動家たちにとどまっていた。小規模なデモがあると、リベラルは国家ボリシェヴィキ党とともに声を上げた。反体制派詩人のエドワルド・リモノフ率いる、国家社会主義とパンクの感性を信条とする過激集団と一緒にだ。こうしたイデオロギーの相違を超えて、個人的なコネや当局という共通の敵のもとに実現した連合は、ロシアでは珍しくない。

ロストフでは、そうした反体制派の連帯がほかよりはるかに不可欠である。数が圧倒的に少ないのだから。

若者が白い紙を掲げて壮大な大通りを練り歩いている横で、ベテラン活動家たちは驚いていた。この人々はいったいどこから来たのか？　彼らは何週間も、この若いデモ参加者との連携を模索した。デモ行進の調整を図るソーシャルメディアが閉鎖されたり、デモの主催者が逮捕されたり、前もってロストフの国立大学の学生に参加しないように脅しがあったりといったことが、よくあるからだった。それでも、古参の活動家と新規参入者は、二〇一一～一二年冬の抗議集会を共同で組織し、ロストフでも、はじめて反体制派が大きくなる可能性が見えた。

しかし、ベテラン活動家のグループは、いつもの小規模なデモ以外の活動に新規参入者たちを引き込むすべを知らない。結果、少なくとも初期は盛り上がり、意外性に富み、衝撃的でさえあった抗議集会が、抑圧と失望が広がるにつれて尻すぼみになっていった。ナワリヌイの側近レオニード・ボルコフが二〇一二年一〇月に野党調整評議会を組織し、全国運動の組織的基盤をつくったとき、まだ残っていた数少ない新規参入者のひとり、ダリヤは希望を抱いた。「ロストフにも、こういうのが必要なのよ！」。だが、長年リベラル系の活動家をしているボリスは、こういう。「無駄じゃないか？　どっちにしろ、五人のままじゃな」

一方こちらは、二〇一一年一二月一一日、ペルミ。ロシア全土を呑み込まんばかりの〈公正な選挙を求める運動〉の抗議の波は、ロストフを含むほかの多くの都市より一日遅れて日曜日に、ペルミにも来襲した。抗議活動の性質はどれも驚くほどよく似ている。二〇代、三〇代の若者がソーシャルメディアのグループを利用し、活気に満ちたデモを組織して、見物人やベテランの市民活動家を驚かせるのだ。

ペルミの抗議活動は、ロストフに比べてはるかに成熟していた。ウラル山脈麓《ふもと》に位置する人口一〇〇万の工業中心地であるペルミの街は、伝統的にリベラルに投票する傾向が強い。弾圧の度合いがほかよりだいぶ低いためだ。さらに重要なのは、この街が独自のNGOや市民団体連合の本拠地だという点だ。この連合は、地方の問題に関して当局とよく協力したり、ときには法案の草案まで一緒に書くこともある。

ただし、彼らは抗議活動にも精通している。

新しく集まってきたデモ参加者が、ロストフとはちがって白紙ではなく、スローガンが書かれたプラカードをもって陽気に街に繰り出したとき、古参の活動家たちははじめ懐疑的だった。「抗議活動をゲームにしてしまうのではないか、偽物《フェイク》にしてしまうのではないかと心配だった」。古参のリベラル派主催者であるセルゲイは、そう当時を振り返る。しかし、古参の活動家たちは可能性も感じていた。そこで、ソーシャルメディア・グループのリーダーたちに積極的にかかわり、やがて、試しに一緒に組織をつくることにした。それが〈一二月二四日会議〉である。名前の由来は二〇一一年にあった最大規模の抗議集会の日付だ。

同会議は数多くの新提案をまとめた。たとえば、二〇二一年現在も存続している地元選挙監視グループの創設だ。それが活動の拠点となり、ペルミの市民社会の経験やリソースと新世代デモ参加者のモチベーションを融合させている。

しかし、それは対立の場でもある。新規参入者は新しい国政選挙制度とまっとうな政治を要求する。大規模かつ抜本的な変革を求めるが、具体的な政治改革プログラムはない。セルゲイとその同僚たちは、新規参入者たちに共感する一方で、地元の問題に対するはるかに具体的な独自の目標をもっている。なにより、ペルミ地方知事のオレグ・チルクノフとの戦いが重要だった[7]。彼は頭が良くて気さくな行政官だが、モスクワにいわれるままに地方自治を阻害し、都市の政治権限を削っていた。

経験の浅い反体制派メンバーのなかには、自分たちの独創性が「既得権益を持つ者たちによって搾取されている」といった印象をもつ者もいる、と若い主催者のひとりは述懐する。〈一二月二四日会議〉は民主的な手続きを確立していたが、デモに新規参入してきた者たちはそれぞれ、自分が締め出されているように感じた。そして、抗議活動が静まると、〝政治〟に不満を抱えたまま活動から身を引いてしまった。

私たちはひとりではない

二〇一一年末から二〇一二年はじめにかけての、ロストフとペルミでの出来事には、ロシアにおける抗議活動の重要な教訓が含まれている。ナワリヌイにとっても重要な教訓である。

まず、抗議活動には、それまで互いに異質とされてきた社会集団を鼓舞し、ひとつにまとめる大いなる力がある。二〇一一～一二年の抗議活動は、あるひとりの人物によって調整されたものではなかった。反体制派は組織として選挙の監視体制を敷いたが、デモの動員についてはほぼ各自の判断とされた。

多くは明確な目標があって抗議集会に参加したわけではない。抗議集会がはじまると、選挙の不正と、二〇一一年九月のプーチンの大統領選再出馬宣言に対して、人々は怒りをぶちまけた。しかし、多くのデモ参加者ははっきりした政治的立場をもっていなかった。彼らは〝リベラル〟でもなければ、〝民主主義者〟でも〝社会主義者〟でもなく、政治に直接かかわることにも、まして街に出て抗議の声を上げることにも慣れていない、好奇心と不安を併せもったごくふつうの市民だった。政治観に突き動かされて参加したというよりは、参加しているうちに政治観ができ上がっていったのだ。

二〇一一年、生まれてはじめて抗議活動に参加した人は大勢いた。故郷の街の広場に立ち、通りを歩いたとき、多くは自分の目を疑った。「ものすごかった」。ペルミ在住のターニャはそういう。「同じ考えの人があんなに大勢いたなんて」。その年の一月にカイロのタハリール広場を舞台に起きたエジプト革命や、二〇〇四年にウクライナの独立広場《マイダン》を舞台に起きたオレンジ革命のときのように、そう感じる瞬間が、長く続く大きな動員の波を生む第一歩なのだ。

人は抗議活動を経験すると、自分自身と、社会における自分の立ち位置の認識が変わり、集団としてのアイデンティティが確立する。しかし、〈公正な選挙を求める運動〉では、政治に関するかぎりほとんどいい変化はもたらされなかった。逆に、二〇一二年にプーチンが大統領に返り咲くと、ドミトリー・メドベージェフ政権下で遠慮がちに認められてきた自由化を取り締まりはじめた。抗議活動にかかわった者は長い禁固刑をいい渡されるようになったのだ。だが、多くの者たちにとって、抗議活動は政治の世界にはじめて足を踏み入れる体験となった。そして、自分がひとりでないことに気付く瞬間でもあった。

活動の組織化

その気付きには驚くほど勇気づけられる。だが、ロストフの例が示すとおり、いくら勇気をもらっても、抗議活動がすぐさま尻すぼみになることもある。したがって、ナワリヌイにとってのふたつ目の教訓は、ほんとうに政治的な衝撃を起こすには、抗議活動によって生まれた勇気と熱意をとらえ、集め、固めなければならないということだ。つまり、抗議活動を組織化しなければならない。

ペルミの〈一二月二四日会議〉はまさに組織化を行った。〈会議〉は抗議活動によって意欲をかき立てられた参加者に、長期的な活動の土台を提供した。そして、新規の参加者と、何十年も市民社会運動を通じて、有効な活動に必要となる知識とネットワークを構築してきた古参活動家たちをつなげたのだ。

物質的なリソースも重要だ。〈会議〉には、政府機関とは無関係の地元実業家も入っており、彼らが〈会議〉の事務局員に少額の給料を出した。また、〈会議〉メンバーの所有するビルに、新たな選挙監視組織の本部を設立することもできた。

ほかにもさまざまな地方で同様の事例があるが、そうした例を見るにつけ、地方にもそれだけの知識と経験が積み重ねられてきたことがわかる。固定観念にとらわれたモスクワのリベラルの予想とはちがい、首都のほかにも生活はあるのだし、さらに政治活動に必要な条件もしっかり整っている。換言すれば、ロシアにおけるデモ政治（デモを利用した政治）はモスクワとサンクトペテルブルクにかぎったことではないのだ。

しかし、こうした事例によって、長期的な政治プロジェクトを推進する際にまで抗議活動に頼り切る問題点も浮かび上がった。彼らがどのように活動するかは、各地方特有の事情によって大きく異なる。ロストフの例のように、早くに抗議活動の枠組みを決める動きがなかったところは、長続きしなかった。そして、ペルミの〈会議〉も、課題をめぐって対立があったり、古参活動家ばかりが上に立つせいで新規参入者が失望したりと、抗議活動に秘められた力に気付くことができなかった[8]。

ナワリヌイが独裁政治と汚職との闘いのために抗議活動を行うつもりなら、古参活動家と新規参入者それぞれの長所を融合させるものが必要になる。参加者が長く続けられるような抗議活動と、特定の地元活動家グループに頼らずに、その地方の経験と知識を利用する枠組みの両輪が。二〇一八年の大統領選に向けて一年間だけ選挙戦を展開した際、ナワリヌイはまさにそれをつくりはじめた。

だが、それはナワリヌイだけではなかった。

もうひとりの活動家

「最初の投稿——このスペースが完全に空白だといやだから[9]」。この冴えない一言を新しいブログに書くと、レオニード・ボルコフは人生をがらりと変える道に足を踏み出した。
一九八〇年生まれのボルコフは、一〇代のころに一九九〇年代の経済の混乱と社会の破綻を目の当たりにしたが、プロの活動家としての生活がはじまったのは、状況がよくなりはじめたころだった。まだ三〇歳にもなっておらず、故郷のエカテリンブルクの一大IT企業、SKBコントゥルの出世階段を上っていった。数学者の家系に生まれた彼は、まずプログラマーになったが、すぐに管理部門に移った。そして、ロシアのブログの最盛期に、ライブジャーナルで実験をはじめた。当時、ナワリヌイをはじめ無数のユーザーが使っていたブログのプラットフォームである。
当初はどんなブログにしようか決まらなかったものの、ボルコフの話題はすぐさま個人的な話から政治の話に変わっていった。二〇〇七年一二月、最初の投稿から三か月も経っていないころ、ボルコフは、ボランティアの選挙監視員の入門コースに出た体験について投稿している。「きのう監視員の講習会に行き、よくある違反の話が出た。ぜんぶ覚えようとした。感動だった。想像もしていなかったことばかりだった。あんなに簡単に、自分の望む選挙結果にできるなんて！」[10]
二〇〇七年の下院選挙を経験して、ボルコフは大きな思いを抱くようになった。投票所が閉まってからほんの数時間後の投稿では、自分が目撃した不正の詳細な分析を行っている。プーチン陣営は自分たちの推薦候補の当選だけでなく、投票総数の増加も目指していたが、不正操作をしなければ、そのふたつを同時に達成することはできなかった。ボルコフのブログには、リアルタイムで政治に興味をもっていく様子が記録されている。

その後の二年間で、ボルコフのブログは個人的で実験的なスペースから、エカテリンブルクの主要な政情記録や情報源になっていった。ボルコフはそれまで政治に無関心だったロシア社会の一部に、声を届けられるようになった。まさにそのグループが、四年後にモスクワの街路を埋め尽くし、下院選挙結果に抗議の声を上げることになる。エカテリンブルクでは、高等教育を受けた比較的裕福な都会人が二〇〇七年からしだいに政治に興味を抱きはじめた。ボルコフのブログに感化された人も多い。

ボルコフは無所属で二〇〇九年の市議会議員選挙に立候補する決意を固めた。選挙戦の準備をしたのははじめてだったが、まもなく仕事の本流になった。あるブログの投稿に、この選挙戦でやったことと、やらなかったことが明記されている。「ボランティア……三六回。選挙戦チラシの配布……六万一五四八部。贈り物配布……〇《ゼロ》[11]」

ボルコフは〝贈り物〟で票を買うというすっかり定着してしまった慣習を揶揄することで、自身の民主的で〝ふつうの〟選挙戦を際立たせている。

ボルコフは当選し、さっそく仕事にとりかかった。市議会の財政委員会に入り、市の予算案を閲覧して、ブログで考察。市議会の審議をライブ配信。そうして地方政治の認知度を高めたのだ。同時に、リベラル陣営の〈連帯〉の地元支部を率い、選挙監視団体ゴロスの地元支部のトップも務める。いまや彼はエカテリンブルクにおけるリベラル政治活動の体現者となっていた。

友人や側近に話を聞くと、称賛の声ばかりだった。「行動力、能力、知性もある」とある人はいう。「何事もすぐに自分で勉強して覚える頭のいい人です」との声もある。別の人は、地元ビジネス・コミュニティの目に映るボルコフの姿として、「やさしい若者」のようだという。彼らはボルコフと触れ合うのが好きで、ボルコフは選挙戦への彼らの協力を取り付けている。

しかし、ちがった見方もある。ボルコフはつねにリベラル過激派だ、と地方政府の公式紙の編集長ドミトリーはいう。ドミトリーはかつてはボルコフの支持者だったが、その後、離反した。ボルコフはときに厳しく、「自分の意見にすぐに同調しない人を容赦しない」こともある。だが、そういうドミトリーでさえ、二〇〇九年の市議会議員選挙では、〝運動の震源地〟になったと認める。

その運動の核となったのが抗議活動である。二〇一〇年、ボルコフは、エカテリンブルク中心地の広場に新しい大聖堂を建築するという計画に反対し、市長の直接選挙維持に賛成する大規模で派手な運動を展開した。地元共産党の議員の言葉を借りれば、物価、年金、生活保護といった経済問題や社会問題に起因しない初の抗議活動だった。ボルコフの中産階級の支持層は、都市問題や政治的自由に目を向け、抗議の矛先を変えた。その際、ボルコフはそうした変化の原因ではないかもしれないが、触媒になったのは確かだ。

戦略家との出会い

こうした話がモスクワに届かないわけがなかった。のちにナワリヌイはモスクワ以外の市民に自分の声を届けるうえで、エカテリンブルクがきわめて大きかったといっている[12]。そのエカテリンブルクで、ナワリヌイはその後のキャリアを大きく左右することになる人脈を得た。

二〇一一年秋、ボルコフはまた一歩、足を踏み出すことにした。州議会議員を目指したのだ。エカテリンブルク市議会議員という地位と比べると、ロシア連邦の政治制度の階段をひとつ上ることになる。再び選挙戦を繰り広げるが、今度は市議会議員としての二年の経験と、数人の側近の力添えもあったし、資金面でも支援を受けた。政治家としての注目度が上がり、しだいに微妙な立場になったためか、二〇一〇年に会社から辞職を勧められて退職したとき、かなりの退職金をもらったおかげで、選挙戦に資金をつぎ込むことができたのだ。

しかし、このころには当局がボルコフの存在を把握していた。当局にとって、ボルコフはすでに、政治コンサルタントの友人フョードル・クラシェニンニコフがいうような無害の〝スマートなユダヤ人プログラマー・ボーイ〟ではなくなっていた。ボルコフは脅威だった。そして、だれかが脅威になると、体制の安全弁が作動する。ボルコフの立候補は受け付けられなかった。署名不備が理由だとされる。

エカテリンブルクのリベラル活動家の支援を受けて、ボルコフは当局の決定に対する抗議デモを組織し、ナワリヌイもエカテリンブルクに入った。ふたりはそれまでに少なくとも一度、モスクワの野党政治家ガルリ・カスパロフのアパートメントで顔を合わせていた。ナワリヌイがモスクワ以外で政治の表舞台に立つのは、これがはじめてとなる[13]。

以降、ボルコフとナワリヌイはチームとして活動してきた。ボルコフは、二〇一二年まではエカテリンブルク市長を目指す野心あふれる地方政治家だったが、つねにスポットライトを浴びているのは性に合わないと悟る。選挙戦を戦い、演説もしてきたが、自分の力を最大限に発揮できるのは企画しているときだった。さらに、現在の政治環境では、リベラル陣営内で競合する反体制派のプラットフォーム――ナワリヌイが率いるものと、ボルコフが率いるもの――をつくるのは、賢明ではない。そこで、ボルコフは自分がもっとも得意なことをしようと思った。こうして、政治家ナワリヌイは戦略家ボルコフと出会った。

大統領選への出馬宣言

ここで二〇一六年一二月へと早送りしよう。二〇一一～一二年の抗議運動は消え去り、ナワリヌイの党は候補者を出せなくなり、ナワリヌイの友人イリヤ・ヤシンと人民自由党を率いるミハイル・カシヤノフの民主連立は崩壊した。しかし、このころにはナワリヌイとボルコフには数年のあいだチームワークを続けてきた経験ができていた。そして、反汚職基金（FBK）はプロの政治マシンと化していた。そろそろ次の段階へ進むときだ。

二〇一八年の大統領選への出馬を二〇一六年一二月に宣言したとき、ナワリヌイは当局に阻止されるだろうと思っていた。二〇一三年のモスクワ市長選挙には出馬できたが、それは当局側の明らかな戦略的ミスであり、二度と繰り返さないだろう。しかし、たとえナワリヌイの立候補が頓挫《とんざ》しても、この選挙戦を利用してモスクワ以外にも進出し、真の意味で全国的な政治組織をつくることは大いに可能だ。二〇一六年後半にスタートした当初から、それが計画の肝《きも》だった。

ボルコフも動きはじめた。目標は単純だ。ナワリヌイを支持するかもしれない、あるいは、少なくとも反プーチンの方針に賛同する人々を集め、ナワリヌイの今後の行動を調整できるように、全国の大都市に選挙事務所を開設する。ナワリヌイも繰り返しいうように、これこそ〝ふつうの〟民主主義国の大統領候補がしていることだ。全国を回り、選挙事務所をひらき、投票してくれるかもしれない有権者に語りかける。つまり、まっとうな政治活動をする。

しかし、クレムリンの影響を受けずに最大の政治組織をつくりあげるなど、現代ロシアでは尋常なことではない。名ばかりの野党でも、政治手法が厳しく管理され、組織をもたない反体制派には、むかしからある全国メディアに出る可能性はほとんど、あるいはまったくない。しかし、方法がないわけではない――それが抗議活動なのだ。

選挙戦の四つの円

ナワリヌイがこの壮大な仕事を進めていく方法については、選挙戦を四つの同心円で表してみると理解しやすい。ナワリヌイと核となるＦＢＫチームが中心の円だ。そこで重要な意思決定がなされる。その円に入るのは、選挙戦の日常業務を行う地方事務所、そのスタッフ、ボランティアの活動家だ。中心のひとつ外側の円には支持者――活動家ではなくても、ナワリヌイ支持の声を上げ、家族、学校、職場でナワリヌイの主張を広める人たち――が入る。外側に近いふたつの円の構成者は一般大衆や有権者で、いかなる政治家も彼らの支持いかんで成功するかどうかが決まる。外側のふたつの円のうち、三つ目の円には、ナワリヌイに投票するかもしれない有権者が入り、四つ目のいちばん外側の円には、ナワリヌイを信頼せず、反対する人々、あるいは彼の存在自体を知らない層が入る。

抗議活動は、人々を中心の円へと引き寄せる有効な手段になる。

まず、ひとつ目の手段は注目度を上げることだ。数百人、数千人がシュプレヒコールを上げ、プラカードを掲げて近くを通りかかり、何十台もの警察の車両が街の中心部に停まり、日常生活が妨げられ、ジャーナリストがデモ参加者にインタビューし、デモ隊の写真がソーシャルメディアを埋め尽くすようなことになれば、人々はたとえ直接かかわらなくても、必ず目を向ける。

たしかに、ナワリヌイの露出はいくつかの派手な逸話で高まった[14]。二〇一一年以前の全国的なアンケート調査では、ナワリヌイの名前を知っていると回答したのは、全回答者のうち六パーセントにすぎなかった。二〇一一〜一二年の〈公正な選挙を求める運動〉のあとでは、三四パーセントに上昇した。さらに、二〇一三年のモスクワ市長選期間中には五〇パーセントを超え、二〇一七〜一八年の大統領選期間中と二〇二〇〜二一年の毒殺未遂事件のあとでも上昇した。二〇二一年時点では、ナワリヌイをまったく知らないと回答したのは少数派で、二五パーセントにすぎなかった[15]。この期間、ナワリヌイの評判を高めた原動力は抗議活動だった。良くも悪くもメディアの注目を集め、知名度が上がった。

当然ながら、知名度が高まっても支持が増えるとはかぎらない。しかし、必要条件ではある。また、初期のころとは対照的に、二〇一七年には、ナワリヌイの知名度と支持層は並行して増えた[16]。抗議活動を原動力とした選挙戦はナワリヌイを有名にしただけでなく、いい評判も高めたのだ。

人々を運動に引き込むもうひとつの要因は経験そのものだ。抗議活動は人と人との交流を生み、気分を高揚させる。〈公正な選挙を求める運動〉のところでも見たとおり、抗議活動に参加すると、周囲の状況を見る目が、さらに、ほかの市民を見る目も、大きく変わることもある。こんな考え方をしているのは自分だけだと思っていた人たち、あるいは無関心な大衆、さらには敵意むき出しのプーチン・ファンのなかで孤立無援の少数派だと思っていた人たちが、ペルミのターニャの表現をまた借りれば、「同じ考えの人があんなに大勢いたなんて」と急に気付くからだ。

二〇一七年、ナワリヌイ陣営は、ソーシャルメディアPR、全国的な抗議活動への人員動員、そして、地方選挙事務所の開設という三段階の動員戦略によって大統領選挙戦を推進していたが、抗議活動も大きな役割を担っていた。第一段階では、三月二日に「彼を〝ディモン〟と呼ぶな」の動画をユーチューブで配信し、首相のドミトリー・メドベージェフの汚職疑惑を暴露した。

第二段階では、第一段階の数週間後にナワリヌイがメドベージェフに回答を要求した。

三月二六日、ナワリヌイのチームは九七の都市で抗議集会を開催した。これは二〇一一年以来最大の抗議活動となった。六月一二日、第二弾の抗議活動を呼びかけると、市民が街に繰り出した都市の数は前代未聞の一五四に増えた[17]。二〇一一年と同様に、今回の抗議集会もそれまでデモに参加したことのない大勢の人々の動員に成功した。ほとんどの地方で、少なくとも二〇一一年以降では最大の抗議集会となった。何十年ぶりの大規模抗議集会になったところもある。そして、ナワリヌイのチームは抜け目なく、はじめてデモに参加してきた人たちを広く囲い込んだ。

汚職、政治の影響を受ける司法制度、政界での競争の欠如に反対する人が、必ずしもナワリヌイの支持に回るとはかぎらない。それはナワリヌイも意識していた。だからこそ、自身の大統領選出馬という文脈ではなく、政治汚職全般に対する抗議という枠組みで運動を展開した。メドベージェフの動画が追い風になったのは確かだが、エリート層の派手な暮らしや、統一ロシアとプーチンを打ち負かせそうにない現状に怒りを抱く大勢の人々に向かって、彼らは訴えかけた。ナワリヌイのコアなファンだけでなく、はるかに広い層の人々も引きつけた。さまざまな政治志向層で懸念や、ときに憤りを抱く市民や活動家も引きつけたのだ。個人としてのナワリヌイとは公然と距離をとる者も多かったが、そんな人々も抗議活動の機会に不満の声を上げていた。この現象は二〇二一年初頭にも発生する。

二〇一七年の抗議活動はこれ以上ないタイミングで行われた。五年前とちょうど同じように、彼らは多くの人々に新しい楽観論を植え付けた。行動する意味とかかわる動機を与えた。しかし、二〇一一〜一二年とはちがい、今回はメドベージェフの汚職に対する抗議デモという人々が参加しやすい運動もあった。反体制派の勢力が増大するかどうかは、古参活動家と熱意ある新参者とのあいだに生じる、複雑でよく対立する相互作用しだいではなくなっていた。

そして、第三段階では、地方の選挙事務所を開設した。モスクワ、サンクトペテルブルク、エカテリンブルク、サマーラなど少数の都市では、すでに二月か三月の時点で事務所は正式に開所していた。開所式にはボルコフかナワリヌイが同席することが多かった。大半の都市では、二〇一七年の四月、五月、六月の開所に向けて準備を進めていた。すでに開所していたところでも、専任スタッフと選挙活動ボランティアの募集はまだはじまったばかりだった。抗議運動に加わりたい人は、ナワリヌイの新しい事務所に問い合わせるか、地元のソーシャルメディアをチェックして、いつ開所するのかを確かめればいい。抗議活動は期待どおりの効果が得られた。外側の円にいる、ナワリヌイの名前さえ知らなかった人たちを、支持してくれるかもしれないひとつ内側の円へ、さらにその内側の活動家の円へと引き寄せることに成功したのだった。

新世代の活動家

ときに、内側の円への移行は非常に素早く進んだ。エカテリンブルクに住む二一歳のオレグは、全国各地のナワリヌイの事務所に置いてあるＩＫＥＡの白いテーブルで、ナワリヌイの専任スタッフになるまでのいきさつを語った。もっぱらユーチューブの動画を見るだけだったのが、四か月も経たないうちにスタッフになったという。「はじめて選挙戦のことを知ったのは、三月はじめで、『彼を〝ディモン〟と呼ぶな』の映像を見たのがきっかけでした。当時はここに事務所ができることなどまったく知りませんでした」。オレグはそういうと自分の活動家としてのキャリアを振り返り、信じられないかのようにくすくすと笑った。

オレグは動画をむさぼるように見た。そして、数日後、故郷で抗議集会があると聞きつけ、行くことにした。「友だちはあまり乗り気ではありませんでしたが、とにかくぼくは行きました。そこで何人かの人と出会って、ここの事務所のことを聞いたんです」。オレグは事務所を見に来て、いいところだと思い、ボランティアになっていろんなことをやりはじめた。イベントを企画したり、チラシを配ったり、警察が選挙戦の資料を押収しに来ると、その資料を隠したり。いろんな人と交流し、新しい友人もできた。それで専任スタッフの空きが出ると、応募した。

このような話はいくらでもある。ナワリヌイのソーシャルメディアのグループで二〇一八年はじめに行ったオンライン・アンケートによると、回答者の三五パーセントほどがユーチューブでメドベージェフの動画「彼を〝ディモン〟と呼ぶな」を見てナワリヌイの大統領選への選挙運動を知ったという[18]。二〇一七年三月二六日あるいは六月一二日の抗議集会に参加した回答者のうち、オレグと同じく、それ以前に抗議活動に参加した経験のない者が半数だった。その後ボランティアかスタッフになった者のうち、六〇パーセントにはそれまで活動家としての経験がなかった[19]。とすれば、ロシアにおける新世代の活動家は抗議活動から誕生したといっても過言ではない。

地方の協力を取り付ける

共通点は熱意ある活動家とＩＫＥＡのテーブルだけではなかった。全国各地にできたどの事務所も――ボルゴグラードでも、モスクワでも、クラスノダールでも――流行りの小売りチェーン店のような印象を受ける。実際は靴を売っているのではなく、政治を扱っているのだが。

選挙戦用のすべてのグッズや施設が、同じ配色で統一されていた。事務所の壁も、モダンでさわやかなロシア国旗を思わせる配色だった。白、かすかにサーモン・ピンクの混じる赤、緑のようにも見えるが、よく見ると淡い青。ナワリヌイが自分の選挙戦をどう見せたいか、この配色がさりげなく訴えている。革命を起こすのではなく、活気を取り戻すという愛国的な試みをとおして、ロシアという国の秘めた力を開花させるのだ。

ナワリヌイ自身も各所を回った。選挙戦のスローガン「ナワリヌイ２０１８」が壁にも、スタッフとボランティアが着るライトグレーのスウェットシャツにも、選挙戦グッズにも書かれている。通りかかった人たちは、窓に貼られた「〇・一パーセントの富裕層ではなく、みんなを豊かに」といった選挙公約を目にする。そして、活動家が訪問者に手渡す無数のパンフレットには、ナワリヌイの顔が描かれている。

統一されたブランド戦略のおかげで、全国のどこにいる人々もナワリヌイの選挙戦に同じ印象を抱くようになった。さらに、二〇一一～一二年の抗議活動のときのように地元の人材などの資源に頼りすぎて、反体制派の計画をむしばむといった問題が起きることもなくなった。このとき、選挙対策本部は、すべての事務所に同じ基本的な組織構造を行き渡らせた。機能的で視覚に訴えるスペース、充分な数の配布用選挙戦グッズ、二、三人の専任スタッフ。当局に装備を押収されたり、抗議集会の許可を取り消されたり、地主に圧力をかけられたりしたときに対処する〝コーディネーター〟と法律の知識のあるメンバーも、専任スタッフに含まれた。こうしたことがそろっていたからこそ、はじめて参加した活動家たちは、予備知識や経験があまりなくても、いつでもしっかり整った拠点で、すぐに活動を開始できたのだ。プロの政治組織とはこういうものである。

だが、ボルコフとナワリヌイのチームは、これらの標準化を実現するだけでなく、地方事務所と地元活動家のグループとの統合も図った。モスクワの植民地化とか遠隔操作といった印象をもたれないためだけでなく、活動家の潜在能力や地元の経験を引き出すためにも、それは賢明な方針だった。

事務所はたちまち選挙戦の活動拠点になっていった。地元の活動家は、選挙監視、警察とのやり取り、深い理論にかかわるテーマでも、よくゲスト講師として講演した。たとえば、カザンの人民自由党の活動家は、社会理論に関する二シリーズ構成の講義を行い、エカテリンブルクでは、ベテラン活動家が〝さまざまなリベラリズム〟を論じた。

それよりずっと重要なのは、集会の会場だった。二〇一七年秋にナワリヌイが全国を回ったとき、当局はロシア憲法に違反するとの理由でほとんどの集会の要請を却下していた。かまわず未許可のイベントを開催すれば、警察に逮捕や弾圧の口実を与えることになるから、選挙対策本部としてはそれは避けたかった。そこで、彼らは民間の大きなスペースを探した。ペルミでは、一風変わったところを見つけた。議論を呼ぶリベラル派ナワリヌイは、あえて社会主義者の共同住宅の広い中庭にステージを組んだのだ。ことあるごとに政治連携を組んできた地元のコネがなければ、不可能なことだった。

地方の可能性を引き出すといえば、スタッフの募集もそうだ。ボルゴグラードのように、地方事務所のトップがボルコフの仲間で、ボルゴグラードとは無縁の人物だという事例もあるが、大半は地元の人材であり、さまざまな活動に深く根付いていた。

一方で、スタッフの選抜過程は、社会運動ではなく民間の大企業に近かった。選挙戦では、地元の事務所びらきを宣言したのち、興味のある人に履歴書の提出を求めるのがふつうだ。ボルコフは選抜は競争にすると明言し、はっきりした基準にしたがった。これは単にボルコフがビジネス界出身だからという理由ではない。メッセージを送る効果もあった。ナワリヌイのチームでは、なにをするにも、「すばらしき未来のロシア」――ナワリヌイが好んで使うスローガンのひとつ――にどう資するかという点で、手本を示そうとしていたのだ。明確な目標とフェアな制度――

そんなイメージを外に向けて見せようとしていた。

ボルコフが明言したとおり、地方事務所の運営は政治の問題ではなく組織の問題である。熟練の活動家は貴重なリソースがあるので、特権的な立場に落ち着きがちだが、主要な選抜基準は管理能力があるかどうかだった。南部の都市クラスノダールの選挙事務所が、地元の〈ロシアン・マーチ〉を組織し、ナショナリストの〝不法移民反対運動〟にかかわっていたコーディネーターを採用したとき、ボルコフはずばりこういっていた。オープンな競争を実施した結果、その応募者がスタッフとしてもっともふさわしいと選挙事務所のリーダーたちが判断しただけだ、と[20]。

草の根運動にあらず

抗議活動というとき、本気で目標を達成できると考える人はそう多くないかもしれない。しかし、選挙戦ではまさにそれが求められる。つまり、早く規模を拡大し、できるかぎり多くの支持者を動員し、ナワリヌイの大統領選挙の立候補資格を求める署名を集めなければならないのだ［大統領選に無所属で立候補するには、一定数以上の署名を集める必要がある］。そのためには地元の知識と経験に頼らざるをえないのに、地方事務所には独自の活動や戦略を選ぶ自由はほとんどなかった。ボルガ川沿いの地方のあるスタッフは、選挙戦のスタイルは都会に住む若い有権者にばかり焦点を当てていると不満を口にした。年金生活者にも広く訴えかける戦略を採用したかったのだが、と。たとえば、黄色いアヒルは、FBKがいわゆるメドベージェフの〝秘密の別荘《ダーチャ》〟の調査で取り上げたアヒルの池を想起させるが、そのイメージでは、大都市以外に住む人々の心には響かないのだ、とそのスタッフはいう。それでも、モスクワからの指示はぶれなかった。選挙戦のネタは変えない。

南部の都市出身の若い活動家も同様の不満を抱いていた。二〇一七〜一八年の選挙期間中の六つの要求に、「国民を信じろ、モスクワですべてを決めるな」というものがあった。しかし、その活動家が選挙戦を展開する際に目にした実情は、そうではなかった。「すべてがプロフェッショナルでした」と彼はいう。同時に、どこか「強権的」でもあった。彼がソーシャルメディア担当として作成したどの投稿も、どの動画も、まず中央本部に送って承認をもらわなければならなかった。リベラルのヤブロコ党で働いていたときには、そんなことはなかったと彼はいう。地方スタッフはナワリヌイ選挙対策本部から信用されていないと感じた彼は、こう思った。「別の問題についてはもっと民主的なやり方をするのか、リベラルな態度をとるのか、わからない。どうなんだろう」

しかし、その活動家も同様の不満を抱えていたほかの者たちも、厳しいトップダウン組織になっている理由は理解していた。当局が支配する〝敵地〟にいて、しかもわずかばかりのリソースで選挙戦を戦っていたからだ。勝てる見込みがあるとすれば、時間のかかる民主的な話し合いではなく、素早い対応が重要になる。あるコーディネーターは、事務所がなぜ軍本部を意味するロシア語〝シュターブ〟と呼ばれるのかというと「戦うためにここに動員されているからです」といった。

地元活動家たちの土着性――抗議集会から生まれた草莽《そうもう》精神――と、効率のよい政治マシンの締めつけは、たしかに緊張関係にあった。両者の組み合った選挙戦は強く、魅力的で、機能的になる。しかし、意見の対立ももたらし、だれもが満足しているわけでもなかった。

パワー・ゲームの道具

何年ものあいだ、クレムリンはロシアの若者を私利私欲のために利用したとナワリヌイを非難してきた。プーチンがナワリヌイの話をすると――実際にはその名前を出すことはないが――裏で糸を引いているナワリヌイのイメージを喚起させる。

一〇代の小中学生が統一ロシアのデモ行進に参加したり、選挙不正の組織化に国公立学校の教師――選挙時に投票所を運営することが多い――が駆り出されても、クレムリンはまったく問題にしない[21]。しかし、ナワリヌイがパワー・ゲームの道具として利用している〝世間知らずで道を誤った〟若者は、プーチンとロシア国家が守ると公言する。

クレムリンはそんな非難をすることによって、政治というものはそれ自体が悪いことなのだという考えを広めている。ロシアなどのポスト共産主義国では、政界での競争と聞くと、混沌と苦難の一九九〇年代が連想されることが多く、否定的な政治観が広く行き渡っている。その見解によると、政治は可能なことを実行する技術ではなく、ごまかしの技術なのだ。シニシズムの不埒《ふらち》なゲームとでもいうべきものであり、プレーヤーは自分の利益しか考えていない。したがって、政治は遠ざけておくべきもの、あるいは大人――政権与党――に任せておくのがいちばんいいものなのである。

それを本気で信じているロシア人は大勢いる。ある程度、それもうなずける。クレムリンは全力でそれを拡散している。親政府メディアは反体制派の内部抗争を暴くことが得意だ。下劣にもカシヤノフのホテル・ルームのスキャンダルを放送したことは一例にすぎない。司法制度まで、証拠提出に利用される。二〇二一年一月、ナワリヌイ収監に反対する大規模抗議集会の第一波が引いた直後、当局はボルコフに対する刑事訴訟を開始した。「未成年にモスクワをはじめロシア諸都市での無許可の抗議集会に参加するよう唆《そそのか》した」という罪状だった[22]。

教唆罪《きょうさ》――ナワリヌイは自分の利益のために人々を利用し、危険な目にさえ遭わせることもいとわない――と聞くと、ナワリヌイの抗議活動に参加しているのは、後先考えず、勧められもしないのに、ナワリヌイに盲目的にしたがっている者ばかりだと思うかもしれない。これから、ほんとうにそうなのかを検証する。

支持する若者たち

世論調査を見るかぎり、ナワリヌイは再び立候補者名簿に名前が載りさえすれば、得票を見込める有権者層をかなり集めていることがわかる。四つの同心円のイメージに戻れば、その有権者層は中心から三つ目の円に当たる。しかし、どんな政治勢力も、単に得票を見込めるだけにとどまらない有権者（ふたつ目の円にあたる支持者）が必要である。それはどんな人々だろうか？残りのロシア人とはちがうのか？　そうであれば、どのようにちがうのか？

もちろん、この〝ものをいう〟有権者層は、単なる得票を見込める有権者層よりだいぶ小さいから、一般集団調査を見ても彼らに関する情報は得られない。しかし、本書の共著者のひとりが二〇一八年、ナワリヌイの大統領選が佳境を迎えていたころに実施したある調査の結果は参考になる。モスクワ、サンクトペテルブルク、それに、ウラジオストク、バルナウル、イワノボなどの都市の住民で、ナワリヌイのソーシャルメディアの定期購読者が調査対象だった。彼らは自分のプロフィールを世間にさらしたうえで、親ナワリヌイのグループに入ったわけだから、一般のアンケート調査の回答者より深くかかわっていると考えられる。したがって、彼らは〝平均的なナワリヌイ支持者〟を代表していないが、ナワリヌイの動向に注目する際には、そのほうが役に立つ[23]。

このグループとほかのロシア人たちがどのようにちがうのか、より深く理解しようと思うなら、同時期に実施された別の調査の対象者と比較すればいい[24]。二〇一八年にナワリヌイのソーシャルメディアの定期購読者に対して行われた調査はオンラインで、しかも大都市でのみ実施されたのだから、その結果と比較するなら、五〇万人以上の人口を抱える都市に住み、インターネットをよく使う人々を対象とした調査結果となる。

比較してみたところ、一般的に、インターネットをよく使うナワリヌイのコアな支持層は、ほかの都市部のインターネット・ユーザーに比べて若く、高い教育を受けていることがわかった[25]。しかし、そのデータはクレムリンの固定観念のひとつ――ナワリヌイの支持層は狂信的な未成年だという思い込み――を否定する。「狂信的」の点は次に触れるが、年齢の分布を見ると、一八歳未満は全回答者の五分の一にも満たないことがわかる。

明らかに男性の比率が高く、全回答者の三分の二を占める。それは選挙事務所でインタビューを行ったときの印象と同じだ。ただし、ナワリヌイの見解が男性にとくに強く訴えるとはかぎらず、男性のほうがナワリヌイ支持の態度を人前で表明する傾向が高いということだ。

二〇一一～一二年の抗議活動以来、リベラル野党勢力に取り憑《つ》いているもうひとつの固定観念は、裕福な層の運動にすぎないというものだ。現実のロシアに対する希望とも恐怖とも縁遠い、中産階級にかぎった運動だというものだ。当時の抗議活動に参加した人々の構成を見ると、この指摘にも一理あることがわかる。モスクワのデモ参加者はたしかにほかのモスクワ市民より裕福だった。

しかし、ナワリヌイの運動全体では、この指摘は当てはまらない。データを見るかぎり、ナワリヌイの支持層は地方の住民より裕福だが、平均すると、大都市圏の住民よりやや貧しいことがわかる[26]。この点は注目に値する。年齢構成の事実と合わせると、裕福な若者の運動だという言説は明らかにまちがっている。若者でもなければ、裕福でもないのだから[27]。

支持層への弾圧

二〇二一年一月、ナワリヌイが療養先のドイツからモスクワに到着すると同時に勾留されると、それまで政治色が強いとはいえなかったティックトックには、親ナワリヌイのコンテンツが爆発的に増えていった。中等学校の生徒（一五〜一六歳）が教室や廊下に飾ってあったプーチン大統領の写真をナワリヌイの写真に取り換えるといった動画が、いくつも投稿された。そうした動画にはよくBGMが流れる。たとえば、いまは亡きソビエト時代のロック・シンガー、ヴィクトル・ツォイがつくった永遠のプロテストソング「ペレメン（変化）」や、もっと新しいものだと、ラッパーのＦａｃｅが「当局に逆らっても母国に逆らうわけじゃない」と繰り返す有名なフレーズなどだ。

クレムリンも気にしていた。検察の拙速な決定により、ロシア連邦通信・情報技術・マスコミ監督庁ロスコムナドゾールは、ティックトックに「未成年者を違法活動に巻き込む目的で作成された」情報の流布をやめるよう要求した。それはボルコフが受けた告発と似ている[28]。

そうした動画は大流行し、やがてほかのソーシャル・ネットワークにも飛び火した。その間、クレムリンは、それを道を誤った生徒たちの行いだと切り捨てようとした。もしそうなら、老いも若きも突き動かしてナワリヌイを公然と支持させたものはなにか？　そして、ナワリヌイを支持すると、どのようなリスクを背負い込むのか？

二〇一八年の調査結果によれば、回答者の半数以上がナワリヌイ支持に関して、家族で、学校で、職場で、ほかの人と対立した経験があった。エカテリンブルク在住のオレグのように、ナワリヌイの選挙戦に自分から身を投じ、パンフレットを配ったり、抗議活動の調整をしたり――つまり、〝ふつうの〟選挙戦を行っていた人々に限定すると、その数は三分の二以上に上昇する。

もちろん、個人的な対立は不快だから、活動家になっていたかもしれないのに実際の活動から遠ざかった人もいたのだろうが、ナワリヌイの支持層が受けた影響は、親プーチン派の親や職場の同僚との議論にとどまらない。政治活動が原因で問題に巻き込まれる人々を法的に支援する人権団体OVDインフォは、ナワリヌイ支持者たちに対する弾圧の状況を痛ましいほど詳しく記録している[29]。

事例リストは気がめいるほど長い。二〇一七～一八年の選挙戦期間だけでも、数百人も逮捕され、ナワリヌイの地方事務所が警察の捜査を受けていた。警察はボランティア、スタッフ、その親戚を脅していた。大学は学生たちと〝予防的な話し合い〟をもった。見知らぬ人や国家解放運動（NOD）のような親プーチン・グループに襲撃されても、警察は見て見ぬふりをしていた。また、抗議集会が終わったあとで、地方コーディネーターが、複雑な抗議活動規制をひとつ、あるいは複数違反したとして、五～七日間、勾留されることもあった。合計すると、ふたりにひとりの活動家が、こうしたさまざまな弾圧のうち少なくともひとつは経験していた。

自分自身の人生にどんな影響があると思うかと問われて、たいていの活動家は悪影響は最小限にとどまってほしいが、どんなことになっても耐える覚悟はあるとも回答している。「もちろん、問題はあるでしょうね」とロストフに住む活動家はいう。「すでに一度、行政法違反が確定しているので」――無許可の抗議集会に出たという理由だった――「あと二回の違反で、刑事事件として起訴されるかもしれない」。そして、実際に合法的な脅しだけでなく、二〇〇八年にプーチンによって内務省内に設立された部局で、脅迫のために使われる〈反過激派センター〉の調査をしょっちゅう受けた。しかし、この活動家はそんなことも肩をすくめてやりすごす。「そういう人たちと話をすると、『おまえがその夜、家にいなかったことはわかっている』というようなことをいわれます。でも、ひるんだりはしません。『そういうことに興味があるなら、ご自由にぼくを観察してください』といってやります」。彼は皮肉を込めてそういう。

ポリーナ（二六歳）は快活なスタッフで、二〇一二年からエカテリンブルクで活動をはじめた経験豊かな活動家だが、彼女も、二〇一七年のインタビューで同じような冷静な態度を示す。もしかすると、将来、彼女を雇うかもしれない人は、彼女が政治活動にかかわっていたせいで、当局から厳しすぎる税務調査や健康要件といった嫌がらせを自分が受けるのではないかと心配するかもしれない。彼女はその点は認める。「でも、まともなボスならそんなことは気にしないでしょう。それに、まともじゃない人の下で働くのもよくないし」。彼女はそういって笑う。

インタビューを実施した側に話を聞いてみると、支持者のなかには強がって自分が感じている不安の度合いをわざと低くいう人もいたという。明らかに、今日のロシアで反体制派活動家を続けるには根性が要る。これまで紹介してきたのは並外れて勇敢な人ばかりだが、スーパーヒーローではない。さまざまな人生を歩んできたごくふつうのロシア人だ。しかし、ある時点で対立や脅し、将来に就くかもしれない職業への障害を受け入れることにした。なぜか？　なにが彼らを突き動かすのか？　ナワリヌイの支持者たちはナワリヌイになにを見ているのか？

ナワリヌイの人間性

ナワリヌイの支持者たちは、ひとつの理由だけでまとまるわけではない。彼の政治運動は多様であり、前述の支持者たちを見てもわかるとおり、それぞれの背景も多様だ。しかし、概して、政治行動のいちばん近くにいた人たち、選挙戦にもっとも深くかかわっていた人たちほど、ナワリヌイの人間性だけに惹かれたわけではなかった。

当然、ナワリヌイにも本物のファンはいる。そういう人たちはナワリヌイをカリスマとしてとらえ、ナワリヌイやその家族のインスタグラムにすべて反応する。地方事務所の元コーディネーターは自分の一〇代の娘の話をしてくれる。「あの子たちは、ナワリヌイの身になにが起きても悲劇だと強烈に感じる。私の長女は一七歳だが、ナワリヌイが刑務所に送られたと聞いて泣いていたよ。ナワリヌイの奥さんのユリヤにも大いに共感している」

人間ナワリヌイへの支持も、彼の選挙運動の原動力ではある。たとえば、二〇一三年のモスクワ市長選のとき、エカテリンブルクに住むポリーナは、ナワリヌイがそれまで見てきた反体制派の政治家たちとはまったくちがうと思ったという。「知事や国会議員の候補者の顔ぶれを見ると、みんな嘘《フェイク》くさいし、不誠実だと思います。でも、ナワリヌイの選挙戦には誠実さを感じたんです。この人は本気でいいことをしたがっていると思いました」。別の人も同意見だ。「この国ではどういうわけか、みんな無理だとか、非現実的だというようなことでも、ナワリヌイは可能だと訴えかける。そこがいいんです」

ナワリヌイは人を大いに勇気づけることもある。長年にわたって政治を骨抜きにし、正当な活動としての政治に疑問の種をまいてきた体制下にあって、だれかが物事を変える自分の力を信じろと訴えかければ、当然ながら際立つ。支持者に話を聞いていて、もっとも出てくるナワリヌイの特徴は、彼の楽観主義であり、加えて乾いたユーモアと困難に立ち向かう姿勢だった。ナワリヌイのもっとも重要な個性を訊かれて、元エカテリンブルク選挙事務所コーディネーターのユーリは、シンプルにこう答える。「彼の意見にすべて賛同するわけではありませんが、あれほど勇敢な人は知りません」

とすれば、調査に回答した人の多くが、ナワリヌイを支持する理由として彼の性格を挙げているのもうなずける。「勇敢でカリスマ性がある」と回答する者もいれば、「彼を信じる！」という者もいる。さらに、こんな回答もある。「この国の舵《かじ》取りを任せられるのは彼しかいない。ほかの連中は信用できない」

最適な立ち位置

これまで見てきた以外にも、ナワリヌイの人間性には人を引きつけるところがいくつもあるとの回答が数多く寄せられている。しかし、大半の個人にとって、オンラインの購読者であれ、選挙戦のボランティアであれ、専任スタッフであれ、彼らが個人的にナワリヌイを支持するのは、もっと大きな目標を達成するためである。多くの人々にとって、ナワリヌイは卓越した人物であり、人々を鼓舞する政治家だが、人々がナワリヌイを支持するのは、彼にそうした資質があるからだけではない。彼が政界の現状に挑むのに最適な立ち位置にいるからである。調査に回答したある人は、個性と政治力を兼ね備えたその資質を簡潔に表現している。「正直、明晰、強靱《きょうじん》、活発、勇敢。それから、ほかに代わりがいない」

この表現には矛盾を感じるかもしれない。強くて勇敢だからナワリヌイが好きだというなら、ほかに代わりになるような政治家がいるかどうかなど気にする必要はないのではないか？　しかし、この一見すると矛盾しているように感じられる表現の裏には、ほとんどの人々にしてみれば、まず政治目標があり、次に自分たちを突き動かす存在としてのナワリヌイが来るのだ。

調査では、回答者がナワリヌイに関連して〝代わり〟という言葉をよく使っていた。しかも、二通りの意味で使っていた。ひとつ目は、ナワリヌイを現行政治制度に挑む者としてとらえる際だ。「ナワリヌイは現在の当局の代わりだ」とか、「旧態依然とした体制にはもう耐えられない。代わりになるものが必要だ。政界でも競争が必要だ」。この点において、ナワリヌイは単に現行とは別のものという位置づけである。ナワリヌイその人というより、プーチン、統一ロシア、そして、プーチンとロシア自体を結びつける強権的な政治制度に挑むことが重要だという見方だ。これこそ、Ｆａｃｅがラップで繰り返している言葉の意味だ。「当局に逆らっても母国に逆らうわけじゃない」

ふたつ目は、ナワリヌイを、少なくとも当面は、そうした変化をもたらす力を秘めた唯一の人物としてとらえる見方だ。ポリーナが〝嘘くさい《フェイク》〟反体制派の候補者に不満をぶちまけたときのように、多くの活動家や支持者は、プーチンが牛耳る政治制度に有効な一撃を加えられるのはナワリヌイしかいないと信じているのだ。

このように、〝代わり〟という言葉のふたつの意味を掛け合わせると、ロシア政界におけるナワリヌイの立ち位置が見えてくる。彼はプーチンの強権体制の代わりになりえる。さらに、彼だけが全国的な知名度と適切なリソースを兼ね備えていて、そのうえで代わりになろうとしている。ほかに代わりがいない状況での代わりなのだ。

変革のための「武器」

地方事務所のスタッフもこの見方を共有している。自身の政治姿勢はいつも個人的だという専任スタッフのように、ナワリヌイという人間を称賛する者もいる。「私は性格を重視します」と彼はいう。「ナワリヌイは見捨てたり裏切ったりしない人、理想をもってそれを追い求める人です[30]」。しかし同時に、ほとんどはナワリヌイの人間性以外の理由で協力しているのだと力説する。

多くのインタビューに通底しているのは、スタッフはナワリヌイとの協力関係は一時的だと見ているという点だ。いまのところ、ナワリヌイは政治の競争を強化し、独立した司法制度を求めて闘い、汚職や不公平な決断を根絶する唯一の運動をつくり上げてきたのだから、ロシア人の支持を得られて当然だ、と彼らはいう。圧倒的な強権体制と闘っているかぎり、意見の相違があっても大したことではない、と。

たとえば、ナワリヌイがまだ一介のブロガーだったころから、地元の住宅政策をよくしようと闘っていたペルミの活動家は、ナワリヌイに政治的な意味で反対することはあるかと問われ、笑みを見せた。ナワリヌイの住宅政策はまったくまちがっている、と彼はいう。「しかし、いまはもっと重要なことがあるから、その点には目をつぶる」

こうした回答は数多い。ナワリヌイの政策について、ある左派のスタッフは、中央アジアの旧ソ連構成共和国を対象としたビザ制度に反対し、中道右派のリベラルのスタッフは、社会的保護と公共投資の拡大に反対し、クリミアを返還しない方針を認めたことを批判する者もいる。だが、みなそんな意見の相違には目をつぶり、目の前の善を推し進めることにしている。

エカテリンブルクではじめて採用されたコーディネーターのヴィクトルは、こういう考え方に名前を付けた。ナワリヌイは「器である」というのだ。強権体制と汚職との闘いのための武器だというのだ。多くの人にとって、ナワリヌイは目下のところいちばんいい立ち位置にいて、それは彼個人の力量に負うところが大きいが、カルト教団のようにナワリヌイ個人に無制限に帰依するわけではない。

それならば、クレムリンのいう「黒幕ナワリヌイ」はまるで見当ちがいということになる。「世間知らずの」ロシア人を邪悪なパワーゲームに利用しているのは、ナワリヌイでも、西側諸国でも、新興財閥《オリガルヒ》でも、あるいはナワリヌイを利用するクレムリン内の一派でもない。ごくふつうのロシア人がナワリヌイを利用しているのだ。彼らはナワリヌイを変革の原動力であり、触媒としてよりよい未来へ国を動かせる人だと思っている。だから時間や資金を費やし、ときには健康を損なうこともいとわないのだ。

結局は経済なのか？

ナワリヌイの運動をまとめているものははっきりしている。だれが国を治めるのかを決める発言権、政治利用されないもっと公正な司法制度、政治目的のために国民を痛めつけたり、収監したりしないロシアを求める声だ。強権体制の国ではそんな声が出るのもうなずける。そういったことを実現するために、まず政治討論と〝ふつうの〟間接民主制のための環境や、党や候補者が有権者の支持を巡って競争するような環境をつくろうとする。

しかし、ナワリヌイの支持者たちには、経済問題、外交政策、移民政策などそれ以外にも共通の支持理由があるのだろうか？

古典的なクレムリンの物言いだが、ナワリヌイの独裁体制との闘いは「否定的な課題」ばかりだという批判がある。建設的な提案はいっさいない。ナワリヌイは批判してばかりだと。だが、ナワリヌイの政治プラットフォームがここまで進化してきたことを見れば、明らかにそれはまちがいだ。彼の支持者はこうした課題に関して、どういう立場をとっているのか？

一般市民が複雑な政治問題をどのように感じているのかを理解するため、アンケート調査を行う会社は、自分が両極間のどのあたりにいると思うかという質問を回答者に投げかけることがある。完全な統制経済か、完全な市場経済か、あるいはそのあいだか？　ナワリヌイの支持者は市場経済を選択することが圧倒的に多かった。その点では、彼らの経済観は典型的なリベラルである。ロシア人全体よりはるかにその傾向が強い[31]。

一方、国が困窮者をもっと支援すべきか、自己責任を重視すべきかという問いに対しては、ナワリヌイの支持者は政府の介入を好んだ。同様に、大多数が所得格差が大きすぎると考えていた。「個人の努力を引き出すインセンティブとして、所得格差をもっと広げる必要がある」との項目に賛成したのは、ほんの一部だった。こうして見ると、彼らは明らかに左派の位置づけになる。この点では大多数のロシア人と同じ意見だった。

これは矛盾なのか？ 支持者が自分の本心を隠して、ナワリヌイのリベラルな姿勢、中道左派的になっている主張がそのまま反映されているだけなのか？ 答えはイエスでもあり、ノーでもある。ナワリヌイは政治姿勢が異なる人々を引きつけ、反プーチン、反汚職の旗の下にまとめるのがことのほかうまい。

しかし、それだけではない。

調査結果を見ても、スタッフの見解を聞いても、西ヨーロッパの状況になぞらえると、社会民主主義の特徴を示している。ナワリヌイの支持者はみずからの運命を決めるのは個人であり、国は人々の経済的な選択に口を挟むべきでないと考えている。だからこそ、多くの活動家は汚職を嫌うのだ。権力の座を利用して経済的な利益を得れば競争を阻害するし、野心と才能をそなえた人々から相応の成功を奪うのだから。

しかし、エカテリンブルクのコーディネーター、ヴィクトルもいっていたように、国には責任もある。「国はお金を稼ぎたいという希望と能力のある人に稼がせてやらなければいけない。でも、同時に、自分でお金を稼げない人を助けなくてはならない」

おそらく大半のナワリヌイの支持者が同意するのは、しっかり民間が掌握し、個人の自立心には報いるが、再分配機能を備えた国によって管理され制御される経済だ。ロシア左派の思想家が分析する、次のようなナワリヌイの立ち位置とも一致する。「機能的な民主主義、分厚い中産階級、所得格差を均す力をもつ福祉制度を備えた資本主義。ナワリヌイはそういう〝ふつうの〟資本主義を唱道している[32]」。

これが近い将来、ロシアで実現可能な目標なのかどうかはまた別の問題だ。仮にナワリヌイが政権の座に就いたとしたら、この立ち位置を堅持していられるか、あるいは、いまのところ市場重視の傾向がはるかに強い側近の圧力に屈するのか、という問題もある。しかし、ナワリヌイの運動の傾向が変わらなければ、彼の支持者たちは、プーチンのオリガルヒ中心の国家資本主義よりリベラルだが、再分配機能が強化された経済に向けて、きっと後押しすることだろう。

ナショナリズムと外国人嫌い

汚職に焦点を絞ることで、多様なイデオロギーをもつグループをひとつにまとめられるということをナワリヌイは示してきた。これと同様に、ナショナリズム――ナワリヌイとはもっとも複雑な関係にあるトピック――の領域で多くの人々をまとめる立場を探し出すのは、もっとむずかしい。

中央アジア諸国を対象としたビザ制度を強化するというナワリヌイの立場は変わっていない。その立場を支持する人々にいわせると、そうした体制を導入すれば不法移民は減る。この政策はロシアのナショナリスト・プラットフォームにおいてきわめて重要な要素になっている。もっと大きなくくりでいえば、ナワリヌイは過去のナショナリスト的な言動をいくらか後悔しているともいっている。とはいえ、ナショナリズムと完全に手を切ったことはない[33]。そうした彼のプラットフォームは外国人嫌いやナショナリストを引きつけるだろうか？

引きつけるが、ナワリヌイの支持者全体としては、ほかのロシア国民と同じく、ナショナリストでも外国人嫌いでもない。アンケート調査をしても、回答者はほんとうの気持ちを研究者や調査員にいわないことも多いので、外国人嫌いの度合いを、ナワリヌイの支持者からじかに探るのはむずかしい[34]。しかし、もう少し微妙な質問を投げかけることはできる。さまざまな社会的周辺に位置するグループに対する姿勢を測るため、国際的な意識調査プロジェクト〈世界価値観調査〉が、近所にいてほしくないのはどんな人かと人々に訊いている。選択肢には、移民の労働者――まさにナワリヌイのビザ制度が規制しようとしている人たち――も入っている。

平均的なロシア国民を対象とした二〇一七年の調査では、近所にいてほしくない人として移民労働者と回答したのは、三分の一にのぼった。この割合はナワリヌイの支持層でもまったく同じだ。したがって、その調査によってわかったことといえば、要するに、ナワリヌイの支持者全体としては、ロシア国民全般に比べて外国人嫌いでも、外国人好きでもないということだ。よって、かつてナワリヌイも何度か述べたように、移民労働者は犯罪に走るといった人種差別的なステレオタイプの主張が、活動家の口をついて出てくるのは無理からぬことだ。

二〇一七年の調査において、ある若い女性活動家がビザ制度に大賛成する理由を披露している。彼女が示した理由には、ナワリヌイと同じものも含まれていた。外国人登録を法律で義務づければ、移民が仕事場で搾取されないように守ってもらえるというのだ。現状では、未登録の外国人を違法に雇っても、企業が責任を問われることはない。エカテリンブルクのコーディネーター、ヴィクトルも同意する。「現状は不埒な雇用主がやりたい放題です。なにより移民自身にとってひどい状況です」

しかし、先の若い女性活動家が挙げたふたつ目の理由は、彼女いわく「犯罪予備軍」になるというものである。ロシアの都市のある区画を夜ひとりで歩けば、「ほぼまちがいなく、電話、財布、ときには命まで奪われる。通報しても、犯人が見つかることなんかない」。ロシア入国時に指紋採取や、公式な外国人登録制度があれば、抑止効果が期待できると彼女は考える。

二〇二一年に再度インタビューを受けたときも、彼女はやはりビザ制度に賛成だった。しかし、ナワリヌイの事務所の元同僚も、中央アジア出身の友人たちも、彼女のそういう考えには賛同しないという。それでも彼女は、犯罪は民族の属性によるのではなく、移民に法的な身分がないのが悪いのだと明確に語った。

当然、ここまでもつれたからには解きほどくのはむずかしい。彼女が人種差別をしているというわけではないが、この事例が示しているのは、ビザ制度強化が、露骨な人種差別主義者を含むさまざまな立場の人々の声と一致するということだ。別の活動家はいう。「もちろん、ウズベキスタンやタジキスタンが文明化して、脅威を感じない豊かな国になったら、ウェルカムだ！」

それでも、ナワリヌイの支持者の多くはそんな考え方に賛同しているようには見えない。ひとつには、社会における民族としてのロシア人の特異性をどう考えるかと問われて、支持者の大多数はそういう考え方とは一線を画し、ロシア社会の多民族性を強調するからだ。民族性の重視――「そんなのは、ばかげてます」。ヴィクトルは不満げに述べた。「民族性が過度に強調される社会はあまり好きではありません。実質的にぜんぜん変わりませんよ。ロシアで暮らして、税金を払っているなら、みんなロシア人ですよ[35]」

それどころか、ナワリヌイ陣営の主軸の活動家には、ビザ制度強化に批判的な者もいる。「それは右派の考え方ですが、私は左寄りです」とある人はいう。さらに、ナワリヌイの掲げる政策のなかで、支持できないものを問われて、ビザ制度強化の方針を真っ先に挙げる者さえいる。「私は社会主義でリベラルな考え方なので、ビザ制度を強化する必要などないと思います」

社会全体で責任を負う資本主義という点では、ナワリヌイとほとんどの活動家の意見は一致するが、目立つ例外はあるものの、ビザ制度の強化は、ナワリヌイの支持者たちが支持しているのではなく、我慢している方針である。しかし、大多数にとって、支持層から抜けるほどの問題でもない。

これまで見てきたことからも、ナワリヌイは多様な立場にいる人々から支持されうる政策をつくることに成功しているといえる。汚職と独裁との闘い以外の政策では、論点を意図的にあいまいにすることによって、人々が自分の要求を投影しやすいプラットフォームを提供している。ナワリヌイはこれを明らかに戦略として行っている。そのせいで批判にさらされるかもしれないし、実際にさらされてもいる。しかし、はっきりわかるのは、ナワリヌイには支持者に立場や政策を押し付けることはできないのであって、ロシアでなにをなすにせよ、ロシア国民の支持いかんだということだ。

より大きな目標へ

二〇二一年初頭、ナワリヌイ逮捕に抗議するほかの二万人とともにサンクトペテルブルクのネフスキー大通りを練り歩きながら、一九歳の学生であるステパンはこれ以上ないほどはっきり語った。「ぼくはナワリヌイのファンなんかじゃない。法の支配のファンだ[36]」

ナワリヌイは抗議活動を通じて運動をつくり上げた。何年にもわたって、人々を動員する手段として意図的に抗議活動を利用し、恐るべき政治勢力を、まずはじめにレオニード・ボルコフの力を借りて育てた。しかし、これまで見てきたとおり、ナワリヌイは支持者やデモ参加者の揺るぎない妄信的な忠誠心を得ているというわけではない。

ナワリヌイの支持者たちは、ナワリヌイの勇気や明るい性格に惹かれているかもしれないが、物事は自分の頭で決めている。ステパンのように、ナワリヌイの支持者ではないといいつつも、抗議集会に参加することはある。そういう人たちはみな、ナワリヌイ個人より大きな目標を追いかけている。政治的弾圧とエリートの汚職がなく、国富がより平等に再分配されるロシアだ。

しかし、結局のところ、必ずしもナワリヌイ個人への支持ではないとしても、ナワリヌイは幾度となく、変革を求める大衆の声を集めて、大きくしてきた。

そして、ナワリヌイの行動は、クレムリンにも深い影響を及ぼしていたのだった。

第5章 クレムリンVSナワリヌイ

「ばかばかしい」

プーチン大統領の報道官、ドミトリー・ペスコフは、だれもが抱いている疑問に対してそう答えた。プーチンは「アレクセイ・ナワリヌイを恐れている」のか？[1]

二〇二一年一月一九日。ナワリヌイがロシアに戻った二日後のことだ。ナワリヌイの飛行機はルート変更され、彼の支持者たちは警察機動隊とにらみ合いになり、仲間が連行され、ナワリヌイはロシアの土を踏んだ直後に拘束された。この一連の流れを見ると、「ナワリヌイを恐れているのか」というジャーナリストの問いかけはしごくまっとうだと感じられる。だが、ペスコフはまったくとり合わなかった。そして、今後ナワリヌイ支持を訴える抗議がはじまるだろうが、クレムリンはそういったことに不安を感じていないと一蹴《いっしゅう》した。

しかし、その土曜日、そして一週間後も、モスクワの街に出ていた人たちが正反対の印象を受けたとしても無理はない。警官がいたるところにいた。警察のバンが次々と街に入り、金属のデモ規制用フェンスが中心部に設置され、何千人もの警官が街路に並んだ。主要な地下鉄の駅は閉鎖され、私服警官がカフェを回り、オーナーにWi‐Fiを止めるよう「勧めた[2]」。まるで革命を防ごうとしているかのような街の様子だった。

一月二三日には全国で約一六万の人々が、三一日には六万六〇〇〇の人々が、無許可の抗議集会に繰り出した[3]。革命は起きなかった。ただ、警察が全力を挙げて阻止したのも確かだ。二月中旬までに人権団体ＯＶＤインフォは、勾留された人数一万一〇〇〇人、警官が非武装の参加者に暴行を働いた件数一四〇件、抗議集会参加者に対する刑事事件として捜査が開始された件数九〇件を記録していた[4]。

プーチン政権下のロシアでは前代未聞の数字だった。これでも、大統領はナワリヌイを恐れていなかったのか？

これだけは確かだ。クレムリンはナワリヌイの存在を深刻に受け止めている。ジャーナリストがロシアの国内保安機関の情報筋から仕入れた情報によると、ロシア連邦保安庁（ＦＳＢ）は、人々がナワリヌイを支持する理由を調査し、抗議活動の進展状況を監視しているという[5]。さらにペスコフ報道官も、プーチンがナワリヌイの動向に関する報告を定期的に受けていると認めている。プーチン自身、二〇二〇年八月にナワリヌイが治療目的で海外移送された際には、自分が許可を出したと公言している[6]。

プーチンが実際にナワリヌイを恐れているかどうかはわからない。だが、こう問いかけるほうが適切かもしれない。クレムリンは不適切のレッテルを貼った人間の行動に対して反応を見せたのか？　見せたとすれば、どんな反応だったのか？

変化の五つの局面

これまで、クレムリンに対して、またプーチン政権下での政治の流れに対して、ナワリヌイがどう反応してきたのかを紹介した。ナワリヌイの反汚職活動と抗議集会への動員は、いずれも〝ふつうの〟政治家になる環境、すなわち自由で公正な選挙で政権の座を競う環境が制限されたことに対する反応だろう。しだいに悪化する状況下でも、ナワリヌイは最大限の成果をつかもうとしていた。

ナワリヌイは、一枚岩で不動の政治勢力であるクレムリンを動かそうとしてきたわけではない。だが、ナワリヌイとその運動からクレムリンへの影響もあったのだ。

影響が及ぶにつれて、クレムリンは露骨なまでに強権体制を強めていった。メドベージェフの大統領任期が終わり、二〇一一～一二年の抗議活動があってから、プーチン体制は人々を抗議活動から遠ざけるために、弾圧をさらに強く、あからさまにしていった。高官に関する情報へのアクセスを制限し、反汚職基金（ＦＢＫ）の調査をやりにくくした。反体制派自体を弾圧するのではなく、選挙への立候補にさらに制限を加えた。ほとんど影響のない末端レベルの選挙でさえもだ。しかも、反体制派の候補を売国奴だとして信用を落とそうとしてきた。

クレムリンは、強圧的になるにつれて、国民の一部と感情的なつながりを確立し、市民社会のある層と同盟関係を構築した。要するに、クレムリンは真の支持層を掘り起こそうとし、一部成功したのだ。

クレムリン側のこうした変化はすべて、政権を握るプーチンが反体制派からの挑戦を受けての反応である。前章までは、そうした挑戦の多くをナワリヌイの視点から見てきた。国民の支持を固め、汚職と闘い、抗議活動を組織し、選挙戦を戦ってきた様子を。今度は、当局がこうした挑戦にどう対処してきたのかについて、五つの局面に注目して振り返る。その局面とは、プーチンへの支持、情報の自由化、市民社会、抗議活動、選挙の五つだ。

ナワリヌイはロシア政界で主要な対抗勢力をつくり上げた。報道官のペスコフは決して認めようとしないが、プーチンの次に重要な政治家になっている。したがって、クレムリンの反応はナワリヌイの動向と密接な関係がある。

しかし、主要勢力はナワリヌイだけではなかった。クレムリンもナワリヌイだけに反応しているわけではない。五つの局面をそれぞれ紹介していくと、ロシア政治の主要プレーヤーはナワリヌイだけではないとわかるだろう。彼は、市民や複数団体がからむもっと広範な運動の一部にすぎない。モスクワでも、地方でも同じだ。この状況を示すために、五つの事例を紹介する。ナワリヌイが出てくるものもあれば、出てこないものもある。だが、いずれからも、安定しているように見えるプーチン政権下で策動する驚くべきダイナミズムをかいま見られる。

まずはクレムリンが社会の支持を探り、ナワリヌイをはじめとする反体制派の統制に向けて動いてきた道筋をたどる。

プーチンの民心掌握術

ウラジーミル・プーチンはクレムリンのゲオルギーの間《ま》に入った。一九世紀に皇帝《ツァーリ》の家族を泊めるためにつくられたクレムリン大宮殿のもっとも広いホールで、壁は帝政ロシア軍の勝利をたたえるもので埋め尽くされている。演台につくと、プーチンは落ち着き払い、自信に満ち、決意を秘めた表情を聴衆に見せる。そして、かろうじてわかる程度の笑みを浮かべる。その後に語った言葉は歴史になった。

「こんにちは、連邦議会の尊敬すべき議員、そして、われわれとともにいるクリミア共和国およびセヴァストポリ連邦市の代表者、ロシアの国民よ！[7]」。プーチンがこの冒頭の文句をいい終えないうちに、最初のスタンディング・オベーションが起こった。クリミアという言葉を聞いて、だれもが腰を上げ、拍手した。プーチンの表情はこのときも落ち着き払っていたが、笑顔は大きくなった。

二〇一四年三月一八日、ロシアはクリミアを正式に併合しようとしていた。あるいは、プーチンにいわせると、「ロシアと再統一しようとしていた」。

併合はウクライナの法律にも、国際法にも明らかに違反する。これにより、ロシアは国際的に孤立し、西側諸国の経済制裁を招き、それがきっかけとなってダメージの大きい対抗措置に発展する。しかし、演説のテーマはそれとはまったくちがうことだった。プーチンとホールに集まった代表者たちのテーマは、歴史的正義と国家の偉大さ、いまや輝かしい未来と結びついた輝かしい過去だ。

プーチンは、ロシア、ウクライナ、ベラルーシなどの人々を統一するロシア正教会の起源について、ロシアの状況にも似たクリミアの多民族的性質について、セヴァストポリの港湾都市がナチスと勇敢に戦った過去について話した。「クリミアのどこを見ても、われわれと同じ歴史と誇りが感じられる」とプーチンはいう。「住民の心のなかでは、クリミアはずっとロシアの切っても切れない一部であった」

国の指導者に支持の意を示したくてしかたないロシア官僚――議員、軍人、法執行機関の職員、ロシア正教会やイスラム教やユダヤ教社会の聖職者――によるやらせの式典にすぎないと切り捨てるのは簡単だ。そのとおりではある。だが、それだけではない。ほかの会議の放送では、部下がプーチンの説教を聞かされる場面がよく映るが、その日そこに集まっていたのは、いつもの感情のない退屈顔ではなかった。そのとき、彼らの目は喜びに満ちていた。

国民感情に訴える

クレムリンは支配強化戦略において、感情に訴えかけるという方向に舵を切った。プーチンの演説はそれを示すものだ。プーチンがはじめて大統領に就任してからの一〇年間の特徴は、強い経済の回復と中央集権の強化だった。安定と成長が、クレムリン統治の裏づけだった。

政府が生活水準を上げる代わりに、有権者は政治面で黙認するという暗黙の社会契約とでもいうべきものがあった。しかし、二〇一一～一二年の〈公正な選挙を求める運動〉によって、だれもがその暗黙の社会契約を受け入れるわけではないことが明らかになった。抗議活動のシュプレヒコールはさまざまだが、声を上げたい者はたしかに大勢いた。

二〇一二年初頭のある時点で、クレムリンは万人を喜ばせることはできないと悟った。そして、抗議活動を支持しない、あるいは理解しない人々を頼った。現行の社会契約にまだ満足している人々、あるいは、単に変化を恐れる人々だ。まったくちがう階層にいる国民を指導者の下にひとつにまとめようと、クレムリンは〝プーチンの多数派〟の再構築に着手した。

その取り組みでは、感情が大きな役割を果たした。また、二〇一三〜一四年にウクライナで起きたことが、思わぬ援護射撃となった。

二〇一三年一一月、ウクライナの人々はヨーロッパとのもっと緊密な関係と、ビクトル・ヤヌコビッチ大統領の腐敗した政権の終焉を求めて立ち上がった［ユーロマイダン運動］。プーチンはその動きに反対を表明したが、ウクライナのマイダン革命［ユーロマイダン運動のなかで二〇一四年二月に起きた武力衝突］での暴力に満ちたクライマックスとヤヌコビッチの没落はクレムリンにとっては好都合だった。ロシア首脳陣がより強く国民感情に訴えかけられるからである。

キエフの混乱――のちにウクライナ東部紛争――によって、ロシア本国でも暴力革命への恐怖に再び火がついた。親ヨーロッパのウクライナ政府の誕生により、NATO（北大西洋条約機構）拡大に関する懸念がロシア国内でも高まった。多くの国民はロシアを守らなければならないと感じた。しかし、数週間前に計画されていたシナリオにしたがってクリミアを素早く併合したロシアの対応[8]により、クレムリンはさまざまな国民感情に誇りと喜びを加味することができた。プーチンはロシアを守っただけではない。偉大さも取り戻した。そんなメッセージが伝わってきた。

相互補完される権力

こうした一連のことを踏まえると、クレムリンは対応を入念に練っていたかのように思われる。ロシアが特殊部隊を使ってクリミアを併合し、忠実な議会に必要な法律を整えさせ、国家統制されたメディアにプロパガンダを流させることによって、受け身で洗脳された国民に統治の正統性を信じ込ませたのだから。しかし、ナワリヌイが自分の政治目標のためだけにロシア国民を利用したわけではないように、クレムリンもロシア国民を意のままに操っていたわけではない。

サミュエル・グリーンとグレイム・ロバートソンの両社会科学者が示しているように、ロシアの権力は「相互補完」されている[9]。この表現は、ロシア政治におけるとても重要な特質をとらえている。つまり、ロシアの民主制度には大きな欠点があり、現行の政府に有利に働くとはいえ、プーチンの権力は国民自体に根ざしている［ロシアの大統領は国民の直接選挙によって選出される］。大統領の権力はプロパガンダと弾圧によってのみ掌握されるものではなく、何百万人ものロシア国民の日々の支持による裏打ちがなければならない。クレムリンに敵対する者への攻撃という形で支持を表す者もいれば、親プーチン集会への参加という形で表す者もいる。だが、たいていの場合、権力の掌握は学校、職場、家庭といったありふれた空間で進められる。だからこそ、ナワリヌイの支持者たちは国の機関だけでなく、同僚、友人、家族ともしょっちゅうもめるのだ。そうした一見すると政治色のない場所こそ、実際には政治色が色濃く反映される。

大統領の権力が国民の支持にゆだねられていると認めたうえで、クレムリンは民心をつかもうと国民に対してしばしば提案を投げかけている。感情に訴えるのもそうした提案のひとつだ。しかも、とりわけ有効な提案だった。ロシアの偉大さを取り戻した誇りといった前向きな感情と、社会不安や外国による支配といったうしろ向きな感情を、何百万人もの国民が集団として経験し、指導者との絆だけでなく国民同士の感情的な絆も深めることができたのである。

〃プーチンがロシアであり、ロシアがプーチンだ〃

こうしたことはナワリヌイとどう関係するのか？　クレムリンが国民感情に訴える新しい戦略に転換した目的は、多数派の構築にあった。当然、少数派もできる。新戦略では、ロシアを〃ヨーロッパへの道〃——西側諸国と緊密に連携し、大統領の権力を抑え、ロシアを民主国家にする道——に向かわせようとする者たちが意図的に排除される。また、ロシア正教会に重きを置き、同性愛者を「倫理的に堕落した」西側の影響だと断じることにより、社会問題に対してリベラルな姿勢をとる者たちも排除する。

このように、クレムリンはロシア社会の分極化を強め、社会をふたつの対立する陣営、すなわち「大多数の愛国者」とその他に分断しようとした[10]。この戦略はナワリヌイだけを狙っていたわけではない。〈公正な選挙を求める運動〉でも、ナワリヌイのモスクワ市長選でも、クレムリンに不満を抱く市民が増えたという問題に対して、クレムリンが明確な回答を提示したということだった。そこに込められたメッセージは明らかだ――おまえたちは孤立したちっぽけな少数派にすぎない。

このクレムリンの新戦略はナショナリズムという基盤の上に立てられた。プーチンはクリミアを〝国《ホーム》に〟持ち帰った。一九九〇年代には、ロシアは西側に膝を屈したと多くが思っていたが、プーチンはついに、その「ひざまずいていたロシアを立ち上がらせた」。こうして、プーチンは最高位の国益守護者という地位を確立した。さらに、ロシアそれ自体と同一視されるようにもなった。下院議長のヴャチェスラフ・ヴォロージンがいうように、「プーチンがいるかぎり、ロシアがあり、プーチンがいなければ、ロシアもない」のだ[11]。

プーチンは依然としてロシア社会の多民族的特性を重視し続けていたのだから、独特のひねりが利いたナショナリズムではあった。だが、それでも、ロシアのナショナリストの大部分の支持を勝ち取った。その有権者層の大半はかつて政権に反対していたが、プーチンはナショナリストの心に深く楔《くさび》を打ち込むことに成功した。ペルミの極右過激派であるボリスは、ヘイト・クライムを煽動して有罪判決を受け、プーチンの「腐った移民政策」には断固として反対していたが、「クリミアを取り戻したからには、プーチンを許す」という。

前章まで見てきたとおり、ナワリヌイは数年前に表向きのイデオロギーとしてのナショナリズムをほぼ捨て去っていたが、クリミア併合は当面、反体制派にとって有利に働くことはなさそうだった。

クレムリンの感情戦略

感情を揺さぶられると共同体意識が生まれる。したがって、費用対効果といった合理的な計算よりも民心をわしづかみにできる[12]。ロシアには、「テレビと冷蔵庫の闘い」という有名ないい回しがある。物質的な状況が悪くなっても、プロパガンダが勝つという意味だ。

しかし、この表現は不正確だ。政権寄りのメディアがときどきナワリヌイの支持層に対して使うように、国民が受動的で騙されやすいという前提に立っているからだ。もっとも重要なメディアを操れるのはとてつもなく大きな利点ではあるが、だからといって当局が国民を意のままに操れるわけではない。プーチン政権の存続は、国民がプーチンの提案を受け入れるかどうかにかかっているのだ。その構図は強力だがもろくもある[13]。

クレムリンのゲオルギーの間で人々の顔にあふれていた喜びは本物だし、二〇一四年のクリミア併合で何百万人ものロシア人が抱いた喜びと誇りも本物だった。しかし、そうした感情の高ぶりを維持するのは至難の業《わざ》である。クリミア併合に起因する幸福感は、プーチン政権の基盤を強化するには大いに有益なツールだった。だが、プーチンの支持率は桁外れの高みに達したあと、二〇一八年以来、また下り坂の局面に入っていた。この支持率の低下は、政府が年金支給開始年齢の引き上げを決めたことがきっかけだったが、下げ止まらなかったのは、景気が停滞するという見通しと、前向きな感情を持続させるものがなかったせいだった。

これでクレムリンの感情戦略が終わったわけではなかった。二〇二一年はじめにナワリヌイが訴えられた理由は、仮釈放の条件に違反したことだけではなく、大祖国戦争——ロシアでは第二次世界大戦をそう呼ぶ——を戦った英雄を侮辱したとされるからでもあった[14]。二〇二〇年のロシア憲法改正への支持を呼びかける、国営テレビ局RT（旧称ロシア・トゥデイ）のプロモーション・ビデオに、宇宙飛行士、俳優、ほかの著名なロシア人に交じって、九四歳の退役軍人も出演した。

ナワリヌイは彼らしく舌鋒《ぜっぽう》鋭く、出演者たちを「腐敗した犬」と切り捨てた[15]。退役軍人だけを指していったわけではなかったが、その軍人が出演していただけで充分だった。ナワリヌイは戦争の英雄に対して倫理的なあやまちを犯したと糾弾されたのだ。刑事罰を与えることさえ可能だし、罰することが当然だとの声が広まった。これも感情戦略のひとつだ。ただし、このとき政権が揺さぶった感情は、多くのロシア人のアイデンティティの中核をなすものだった。大祖国戦争の記憶である。

書きかえられた公文書

「ЛСДУ3」と「ИФЯУ9」。二〇一六年、この謎の暗号がロシアのインターネットを席巻した。なぜか？

そのふたつは、二〇〇六〜二〇年にロシア連邦検事総長を務めたユーリ・チャイカの息子たち、アルチョム・チャイカとイーゴリ・チャイカの暗号名だ。

チャイカ一家は、二〇一五年一二月一日、プーチンの年次教書演説の二日前に公表されたFBKによる調査報告の焦点だった[16]。FBKが、チャイカ家の息子たちの広範囲な商業帝国を示すといわれる証拠を提出したのである。ペスコフ報道官は噂はさておき、この証拠は検事総長自身とは無関係だといった。ユーリ・チャイカは、この調査は「誹謗《ひぼう》中傷であり、それをでっち上げた連中はまだ報いを受けていない」といっている[17]。

この調査はもっぱら公的な記録を情報源として、アルチョムとイーゴリ、さらに親戚も、不動産とビジネスに関係していることを示していた。その情報源のひとつが、土地所有の情報を管理するロシア連邦登記庁のロスレエストルだった。

二〇一六年六月九日、ナワリヌイは、ロスレエストルが公文書中のチャイカの息子たちの実名を書きかえたと断言した[18]。ナワリヌイは一連の「ビフォー&アフター」の写真を自身のウェブサイトに投稿し、公文書に記されていた本名が暗号名に書きかえられたと訴えた。そして、書きかえた理由ははっきりしていると主張した。国家機関上層部の汚職の暴露につながりかねない情報を隠すためだと。

ロスレエストルの役人は犯罪者だと考える。彼らの所業は完全に法に触れており、責任をとらせるべきだと考える。明らかにクレムリンの命令でやっていることだろうが、いいわけにはならない。私たちは政府高官とその子息［の名前］を機密扱いにしたり、黒塗りしたりしたことに関して、ロスレエストルを訴えるつもりだ[19]。

ナワリヌイは、ユーリ・チャイカとその息子たちの写真に「スター・ウォーズ」のアンドロイド・キャラクターC－3POとR2－D2の写真を添えて、暗号名の異様さを際立たせていた。

ロシアのインターネット・ユーザーもそれに続いた。「ЛСДУ3」と「ИФЯУ9」をネタにして広めていった。これもナワリヌイの手法である。なるべく幅広い層に伝わるように、深刻な内容を軽いタッチで包むわけだ。

しかし、クレムリンはFBKのぎらつく目から役人を守るために、リスクの少ない方法を望んでいた。国家機関がなるべくばかに見えない方法を。

汚職隠しの合法化

『国家保護に関する』連邦法および一部の連邦行政法の変更に関して[20]」。これは二〇一七年二月にプーチンがドゥーマ(下院)に提出した法案についていた、いかにも官僚的で退屈な名前だが、FBKの調査手法を骨抜きにしかねない法案だった。

二〇一七年七月にプーチンが署名した法律は、「国家保護」の対象となっている人々やその家族の個人データを機密扱いする根拠となった。汚職を調査するNGOトランスペアレンシー・インターナショナル・ロシアによると、この法律が成立したことで、トップレベルの官僚——たとえば、ユーリ・チャイカ連邦検事総長とその家族も含まれる——の情報が、公式登録対象者から除外された[21]。

しかし、その条項はプーチンが法案を提出した二月にはなかった。下院で最終調整をしているときに、土壇場の修正として追加されたのだ。ロシアの立法手続きでは、むかしからよく使われる手だ。異論のある法改正を国会議員やジャーナリストの目から隠すようにして通過させる。しかも、国民が不満をぶちまける隙もなくなる[22]。

しかし、FBKのゲオルギー・アルブロフはさほど気にしていなかった。別の方法を使って、エリートの不動産所有状況を調べるというのだ。たとえば、最近売りに出された高級不動産の面積を、公人が毎年行う資産申告のデータと照合するという手法もある[23]。完璧な解決法ではないまでも、この方法でも目的は果たせる。

そうなると、結局イタチごっこになる。FBKがひとつの情報源を利用すれば、当局はそのアクセスをブロックする。すると、ナワリヌイのチームがその障害を克服するすべを探し出す。こうして、ナワリヌイとクレムリンは互いの動きに順番に対応する。たしかに、二〇二〇年一二月にまた別の法律が通過すると[24]、情報を機密扱いにする根拠はさらに広がり、当局は幅広い役人の情報を非公開にしやすくなった。結局、法案は下院の最終投票で、国会議員の七〇パーセントを超える賛同を得て可決されたが、ある共産党の議員は法案作成者に対して、「腐敗した政府高官を特定しようという、かろうじて残っている勇敢なジャーナリストの口を塞《ふさ》ぐつもりか」と問いただした[25]。

ここまでに紹介した情報はオープンソースになっており、合法的にアクセスできるものだ。しかし、二〇二〇年八月のナワリヌイの毒殺未遂事件に対するクレムリンの反応は、いかがわしいたぐいの情報の存在を世に知らせることになった。

売買される闇情報

個人情報には値段があるらしい。

英オンライン調査報道グループのベリングキャット、ロシア独立系メディアのジ・インサイダー、CNN、独シュピーゲル誌は、オンラインのブラック・マーケットで売られている漏洩《ろうえい》情報をもとにナワリヌイ毒殺未遂事件を調査した。ロシアでは一般的には「プロビーヴ」として知られているブラック・マーケットで漏洩情報がよく売られている[26]。そこで売買される情報には、乗客名簿、携帯電話番号、銀行口座情報などが含まれる。

ベリングキャットやそのパートナー企業がプロビーヴを利用していることは、ロシアの法執行機関も嗅ぎつけている。二〇二一年が明けて最初の数か月で、ロシア人警官数人が情報漏洩の廉《かど》で逮捕された。ベリングキャットの調査で使われた情報も、それに含まれていたかもしれない[27]。ロシア政治のアナリスト、マーク・ガレオッティがいっているとおり、「国家のデータを守るはずの法執行機関の職員が、実際には、その地位にいるおかげで手にするネタを、プロビーヴにいちばん熱心に売り込んでいる[28]」。

しかし、だからといって、当局は個人情報マーケットの魅力をそぎ落とそうとしないわけではなかった。二〇二一年二月、下院にある法案が提出された。法執行機関の職員が自分の地位を利用して得た同僚に関する情報を流布すれば、刑事責任に問うことができるというものだった[29]。萎縮《いしゅく》効果を狙ったように見えた。

こうして、当局が自分たちにとって不都合な情報へのアクセスを制限する手段がまたひとつ増えた。その点、FBKは、自分たちの調査では「オープンな情報源だけ」を使っていると主張している[30]。しかし、ナワリヌイの毒殺未遂と、そのときの詳細をさまざまな方策で明らかにしようとする試みは、広い意味でオンライン情報の可能性を、そして、クレムリンにしてみれば危険も際立たせた。

強まるネット規制

一九九九年に首相の地位に就くと、プーチンはしばらくはインターネット業界に「タッチしない」と約束した[31]。プーチンは約束を守らないだろうという者も多かったが、ルネットと呼ばれるロシアのインターネットは、ほかの公共領域がしだいに窮屈になっていくのとは裏腹に、長いあいだアナーキーな空間であり続けた。

それでも、ナワリヌイやほかの大勢がソーシャルメディアの使い方を極めていき、抵抗運動を組織したり、当局が隠したままにしておきたい情報を広めたりしていくにつれて、クレムリンは危険を感じていた。

二〇一一年一二月、FSBは、若いテック起業家で、ロシア版フェイスブック、フコンタクテ（VK）の創設者パーヴェル・ドゥーロフに対して、抗議イベントが紹介されているページをいくつかブロックするよう促した。ドゥーロフは応じなかった。それどころか、ツイッターでFSBの手紙を公表し、パーカーを着た犬が舌を突き出した写真も貼り付けた[32]。

しかし、二年も経たないうちに、ドゥーロフはVKの株を新興財閥《オリガルヒ》のアリシェル・ウスマノフのIT企業メイル・ル・グループに売った。ナワリヌイの支持者のページを閉鎖しろとか、反体制派のアカウント情報を提供しろなどという当局からの度重なる要請に嫌気が差して、VKのCEOも辞した[33]。ドゥーロフは海外に移住し、テレグラムを開発した。

テレグラムは暗号化されたメッセンジャー・アプリであり、ロシア当局は気に入らなかった。二〇一八年四月には、ロシア連邦通信・情報技術・マスコミ監督庁ロスコムナドゾールが、テレグラムというプラットフォーム自体をブロックしようとして、混乱を招いた。テレグラムが使えなくなるだけにとどまらず、テレグラムとは無関係なオンライン・サービスまで使えなくなったのだ[34](ロスコムナドゾールは二〇二〇年六月にテレグラムの禁止《バン》を解除した[35])。

ナワリヌイのウェブサイトも二〇一八年には困難に見舞われた。ナワリヌイがオリガルヒのオレグ・デリパスカと当時の副首相セルゲイ・プリホチコとの関係の調査結果をウェブ上で公開したあと、アクセスが一時的にブロックされたのだ。デリパスカのヨットでのツーショット写真は、そのとき一緒に乗船していたモデルのナスチャ・ルイプカのインスタグラムの公開アカウントにも載っていた[36]。

ナワリヌイはその写真を使っていた。デリパスカは「プライバシーの侵害」でルイプカを訴え、ルイプカは写真を削除した。さらに、ロスコムナドゾールがナワリヌイのサイトへのアクセスをブロックした。結局、一週間後、ナワリヌイが投稿自体を削除して、やっとサイトは復活した。つまり、ナワリヌイは、サイトのアクセスを守るためなら妥協することも示した。しかし、ずるさも示している。ユーチューブにアクセスすれば、その映像が見られると世の人々に告知したのだ[37]。

ナワリヌイがナワリヌイらしくいられるのは、インターネットがあるおかげだ。ナワリヌイはライブジャーナル上のブログから、オンラインのクラウドソーシング、独自のウェブサイト、そして、FBKのユーチューブの特ダネなど、慣れない分野に進出していき、汚職や不正の申し立てを調査したり、公表したりする際にオンライン・プラットフォームを活用してきた。ナワリヌイが従来のメディア、とくにテレビに出演しなくても、メッセージを世に広げることができたのは、インターネットのおかげだった。彼の公的なペルソナは、大部分、インターネットのペルソナである。

しかし、ロシア国家のネット規制という対抗策の前では、ナワリヌイや彼のチームが行う調査も力を発揮しにくくなる。それでも、これまでの逸話から、FBKがこの進化する困難にしっかり対応してきたこともわかる。

もっともリベラルな都市

ペルミは特別な都市だ。帝政時代とソビエト時代に反体制派が追放された場所で、ロシアでも数少ないスターリン時代の弾圧をテーマにした博物館もある。しかし、この街はそれだけにとどまらない。

熱のこもった語り口で有名なコメンテーター、アンドレイ・ニキーチンは、かつてペルミをロシアン・リベラリズムの本拠地だと評した[38]。一九九〇年代や二〇〇〇年代には、ここのリベラル政党はほかのリベラル政党と比べて、そこそこよくやっていたが、ペルミをリベラルにしているのは、なんといっても市民団体だ。

ここでいう〝リベラル〟とは、社会組織が国の干渉を受けないという意味だ。市民団体が協力して公共団体を監視するとともに、市民サービスの提供を支援する。こうした活気あふれる市民による自主組織は、フランスの政治思想家アレクシ・ド・トクヴィルが一九世紀なかごろのアメリカについて称賛したものであり、彼のいう健全な民主主義の基礎である。ニキーチンがペルミについて称賛したものでもある。

一九八〇年代のペレストロイカのとき、ペルミ国立大学の歴史学部は批評眼をもった識者が集まる場だった。その後、ペルミの市民団体を率いることになる大勢のリーダーがはじめて出会ったのも、この大学だった。

一九九〇年代には、自主組織が次々と花ひらいた。当初、このブームは外国の支援によって支えられていた。ただし、支援側は、ロシアに芽生えつつある市民団体を、国家の干渉を受けない西側の理想に近づけるというはっきりした目的をもっていた。とりわけ、フォード財団[39]が多くの支援を行ったが、のちには地方政府も助成金を出した。

また、ほかのところでは、そうした助成金がどこかに消えることが多いが、それとは対照的に、ペルミでは肥沃《ひよく》な土壌にしみ込んでいった。市民団体の理想に向かって突き進むことが自分の天命だと考える集団ができていたのだ。

市民団体が政治を動かす

一九九〇年代には、ペルミ市民協議会や、ペルミ地域人権センターといった、さまざまな人権組織が設立された。人権団体メモリアルの地方支部は、ソビエト時代の弾圧をテーマとした斬新な教育プログラムを策定して、市郊外にペルミ－36というグラーグ［強制労働収容所］歴史博物館を建てた。

しかし、一九九〇年代にはロシア中央が弱くて貧しかったので、先ほどの組織の活動は、国家が伸ばしてくる手から身を守り、国家による弾圧に関する教育を推進するだけではなかった。教育、年金、福祉といった、市民の手にゆだねられるべきものを市民の手に取り返す手助けもしていた。たとえば、アレクサンドル・ゾチンはロシア有数の住宅供給団体を率いながら、当局や公共施設運営会社から何千人もの市民の権利を守る手伝いをしている。ペルミの人権は明らかに社会権でもあった。現在でもそうだ。

これらすべてに、知性の土台が備わっていた。一九九〇年代からペルミのNGO事情で中心的な役割を果たしてきたイーゴリ・アヴェルキエフはブログに、自分たちがしてきたことを記録している。哲学的な思索に関する記述もあれば、実体験にもとづく記述もある。そのなかに、「ペルミの行為規則」という投稿もある[40]。

二〇〇四年に書かれた本文を読むと、自信に満ちた言葉遣いで、いかにしてペルミの市民団体が地方当局に異を唱え、あるいは協力してきたのかがわかる。リベラル色の強いペルミでさえ、抵抗勢力がしだいに衰退していく状況で、市民団体がその代わりになろうという趣旨だった。活動家は官職を求めることなく、市民や社会的弱者の利益を代表して政治を動かそうとし、実際に、そのとおりに動かしてきた。彼らのどこまでも現実的な手法によって、いくつかの地方法案が採用されていった[41]。

「外国エージェント」だらけ

このモデルはほかの地方ではほぼ聞かれなかった。そして、ペルミでもやがて終わりを迎えた。ペルミ出身の若い学者であり、市民組織の専門家でもあるフセヴォロド・ベデルソンは、ふたつの理由を挙げる。いずれの理由もペルミの街とは無関係で、ナワリヌイやほかの反体制派の粘り強い抵抗運動によって刺激を受けて移り変わる、ロシア国内の政治情勢によるものだ。最初の理由は、当局がＦＢＫへの攻撃にも悪用した悪名高き「外国エージェント法」だ。

二〇一二年に同法が施行されると、取り締まりの対象となる団体は着実に増えていった。二〇一九年からは、外国の資本が入っていたり、政治的な意図があるとされるNGOだけでなく、メディア組織も対象となった。そして、二〇二〇年から個人もその対象になった。さらに、「外国の支援」は資金に限定されなくなった。同法のあいまいな規定によると、「組織や方法に関する支援」も含まれる。しかも、そうした団体が「外国エージェント（手先）」である旨を明記せずに、新聞やソーシャルメディアで団体名を出しただけで、罰金の対象にもなる[42]。傍《はた》から見ると、取るに足らないことで、厳しい規制ではないと思うかもしれない。しかし、もともとの法律でさえ、市民団体に対して深刻な悪影響を及ぼしていた。

ペルミの市民団体が危機的状況に陥ったふたつ目の理由は、世界情勢と関係がある。ウクライナ危機とクリミア併合を機に、クレムリンは外国からの介入に反対する言説を増やしていた。そうした状況では「外国エージェント」のレッテルを貼られた組織は大きな痛手を負い、苦労して勝ち得た支持者の信用を失いかねない。地元当局とのコネクションも切られるかもしれない。だれしも外国エージェントに協力しているとのそしりは受けたくない。

しかし、危険にさらされるのは名声にとどまらなかった。規則にしたがわない組織には、高額な罰金が科された。ドイツのハインリッヒ・ベル財団の資金援助を受けていた、女性の権利を求める歴史あるNGO〈ドンの女性たち〉のトップ、ワレンチナ・チェレワテンコなどは起訴された。起訴状によると、チェレワテンコは意図的に彼女のNGOを外国エージェントとして登録しなかったという。刑は禁固二年だった。彼女がすでに三〇万ルーブル［当時のレートで約六〇万円］の罰金を支払っていたこともあり、のちに起訴は取り下げられた[43]。この事例からもわかるとおり、活動家にとって、この法律はいつ振り降ろされるかわからないダモクレスの剣［古代ギリシャの故事より、危険が身に迫っている状態のたとえ］である。

二〇一九年、当局は、FBKがふたりの民間人からおよそ一七〇〇ポンド［当時のレートで約二三万円］の寄付を受けていたことをもとに正式に「外国エージェント」とみなした。寄付したうちのひとりはスペインのボクサーで、ロシアとはなんの関係もなさそうだった。ナワリヌイが疑っているように、当局がその寄付を捏造したのかどうかはいまだわかっていないが、当局がこの一件を利用して、ナワリヌイが西側の手先《エージェント》だというむかしからの主張を強化しようとしたのはたしかである。

一方では、FBKも工夫を凝らしていた。同基金のウェブサイトに外国エージェントであると明記するよう義務づけられたついでに、ヨーロッパの居住許可をもつロシアの政府高官や国営メディアの重役の名前を列挙し、皮肉を込めてこう記した。「しかし、司法省に『外国エージェントとして動いている非営利組織』というレッテルを貼られたのは、当方である[44]」

大統領助成金

ロシアのNGOは汚名を着せられて弾圧されるばかりではない。ご機嫌をとってもらったり、資金を提供されたりすることもある。市民団体のなかでも国に対して批判的な態度をとりそうなところに、国は制限を課したが、同時に、国内NGOの資金提供も増強した。そして、プーチンは直接乗り出すこともいとわなかった。二〇〇六年にはじまったそのプログラムは、「大統領助成金」として知られる。

原則として、どんなロシアの組織も申請できる。ときには、国に批判的な組織も資金を受け取っている。たとえば、政治犯やほかの受刑者の人権をたゆまず擁護してきたレフ・ポノマリョフのNGO〈人権のために〉も受け取っている。チェレワテンコの〈ドンの女性たち〉でさえ、すでに外国エージェントとして認定された二〇一四年に助成金を認められている[45]。しかし、たいていは文化および社会組織が受けている。当局とのやり取りで国に忠実だったり、無批判だったりするところばかりではないが、ほとんどは明らかに国の監視役ではなく、パートナーだと自認し、監視の目ではなく専門知識を提供している[46]。

ペルミでも、受け入れがたいとしても外国エージェントのレッテルに甘んじるか、あるいは国の資金を得ようとするか、市民団体は選択を迫られた。だが、ベデルソンはそこに大きな罠《わな》があると指摘する。「うちは強権体制下の市民団体です。国の助成金を受け取れば、自由に批判できなくなります」。少なくとも、そう懸念する人は多い。また、いわれなき懸念でもない。メモリアルは二〇一六年以来助成金を受けていない。ポノマリョフの〈人権のために〉は二〇一八年に助成金受給資格を失い、その後まもなく「外国エージェント法」に違反したとの理由で、司法省によって解散させられた[47]。

市民団体に対して、一方では制限と汚名、もう一方で助成金支給というこの二重の動きから、明確なパターンが浮かび上がってくる。国は市民活動をすべて拒絶するわけではない。逆に、歓迎することも多い。社会的なNGOは不充分な福祉制度を補完するからだ。しかし、国は市民団体を特定の保守的な世界観に引き入れ、市民団体と国が協力して共通の目的を達成するようにもっていこうとしている。その構図は、原則として独裁的である必要はない。独裁主義はこのモデルに反対する者たちを弾圧する際に顔を出す。

抗議活動のはじまり

イルダー・ダディンはかつてごくふつうのロシア国民だった。一九八二年、モスクワ郊外に生まれ、工業大学に入学し、軍に入隊し、民間の警備会社に就職した。しかし、二〇一一年に抗議活動にかかわる。そして、ある抑圧的な法律に彼の名前がつけられることになった。

彼にまつわる出来事から、国家としてのロシアが抗議活動に対する対処方針をどのように変えたのかがわかる。抗議活動を組織してきたナワリヌイの動きとも密接にかかわっている。

二〇〇〇年代、クレムリンは抗議活動をあまり気にしていなかった。ロシアは一九九〇年代の経済不安から抜け出そうとしていて、政府がオリガルヒや知事にこづき回されることもなく、おおかたの国民は、こうした現状に満足していた。秩序は回復され、暮らしもよくなっている。概して、不平をいわなければならないと感じている者はほとんどいなかった。

はじめてプーチンが街頭から挑戦を突きつけられたのは二〇〇五年のはじめ、クレムリンが福祉制度改革を模索していたときだった。新生ロシアの福祉制度の一部はソビエト時代から引き継いだもので、特定の社会の階層に属している人々――学生、年金生活者、退役軍人、チェルノブイリ原発の解体業者など――に対して手当てや特権が認められていた。公共交通機関のフリーパスといった現物支給もよくあった。ここに来て、政府は新自由主義的改革を強力に推進し、こうした手当てを現金払いに変えたが、それによって対象者の暮らし向きはかえって悪くなることが多かった。

地方政府がその法律を施行すると、抗議が沸き起こった。抗議活動を率いる政治組織がないので、人々が各地で勝手に集まり、デモ行進したり、ときには道路封鎖をしたりもした。クレムリンは不意を突かれた。方針を変えて、改革をいったん中止したり、規模を縮小したりした。

ロシア人はポスト・ソビエト時代において受動的で政治に関心がないという偏見が広がっていたが、この活動ではじめて当局は妥協を余儀なくされた[48]。他方、この活動によって地方の団体がまとまったところもあったが、ロシア首脳にとって政治的な脅威にはならなかった。

それでも、その後、抗議活動は増えた。一九九〇年代の経済不安から立ち直りを見せていたころ、国が直接、生活を制限すると、国民は外に出てデモをするようになった。たとえば、日本車に対する新しい輸入税が導入されると、ロシア極東のマイカー所有者の運動が盛り上がった。また、ロシア各地で、環境汚染や高密度の都市開発に対して、小規模な反対運動が起こったりした[49]。

こうした運動はふつう〝政治〟からなるべく遠い存在であろうとする。彼らは地方政府の決定に反対し、ときに特定の市長や知事を攻撃するが、プーチンの統治には疑問を発したりしない。多くの国民にとって、政治は汚い言葉であるため、こうした運動は政治家との協力関係をめったに求めたりしないのだ。

しかし、政治色を前面に出した抗議活動も増加傾向にあった。たとえば、二〇〇七年と二〇〇八年の〈反対派の行進〉では、さまざまな政治志向の人々が反プーチン勢力として集まった。一九九〇年代の経済問題をめぐる抗議活動は下火になり、二〇〇〇年代になると、もっと政治色や社会色の強い抗議活動に変わっていった。また、舞台も地方から大都市圏に変わった[50]。つまり、ナワリヌイが引き込まれつつあるような抗議へ変わっていった。

「管理」された抗議活動

こうした動きをクレムリンはまったく気に入らなかった。抗議活動は概して小規模で局地的だったが、クレムリンは深刻に受け止めた。彼らはよくわかっていた。抗議活動が広範に露骨な弾圧によって鎮圧しなければならないほどの規模になってからでは、手遅れかもしれない。大規模でおおっぴらな反対運動が起これば、プーチンの支持率が下がるかもしれない。エリートたちもプーチンに背を向けるかもしれない。なにしろ、政治指導者の没落を招いたジョージアとウクライナのカラー革命［二〇〇三年ジョージア（当時グルジア）で起きたバラ革命と、二〇〇四年ウクライナで起きたオレンジ革命を指す］は国民の記憶に新しかった。

クレムリンはそこで、政敵を「管理」したように、二〇〇〇年代に政治抗議も「管理」しようとした[51]。まず、指導的な立場にある活動家を前もって逮捕することによって抗議活動を防ぐのである。政治抗議活動が起きてしまったら、たいてい広範ではなく局所的な弾圧を行う。この手法を使うのは、抗議活動をほとんど人目に付かせないためだ。また、大掛かりな弾圧をせずに済むからでもある。

さらに、クレムリンは、街頭デモの対抗策としてすぐに動員できる親プーチン団体や、同じく親プーチンのナーシ（「私たちの仲間」の意）のような青少年組織には、重点的に投資した。ロシア以外のポスト共産主義国で起きたカラー革命では、若者による反政府運動が大きな役割を担ったが、この戦略もカラー革命を意識した対応だった。

こうした方策は、選挙で野党を寄せ付けないために使ってきたものと似ていた。直接挑んでくる者たちには、制度内に障壁があることをはっきり示し、ほかの国民には、プーチン政権に反対する者がほぼいないという印象を与える形で、抗議活動と野党の両方を管理するわけだ。

刑法改正の罠

この含みのある手法は、政治抗議活動が急増した二〇一一～一二年、〈公正な選挙を求める運動〉のあとで終わりを迎えた。当局が前もって主要人物を逮捕できなくなったのだ。抗議活動は有名な団体の指導者が煽動するものではなくなり、ソーシャルメディアによってその場で動員されるようになったことも一因だった。

クレムリンが最初に見せた反応は、新しい現実を、しぶしぶながら受け止めることだった。ほとんどの大都市のデモ行進は、大勢の反体制派にとっては意外なことに、警察が見守っているうちは許可された。ある程度、鬱憤《うっぷん》を晴らしてやればデモ隊は収まり、警官隊に手を出させなければば、彼らの信頼を回復できるだろう、とクレムリンは考えたのかもしれない。実際、デモ隊は消散していき、クレムリンの思惑どおりに進んだように見えた[52]。

しかし、二〇一二年五月六日、モスクワのボロトナヤ広場で抗議集会が起きた。全体としての抗議活動はすでに下火になっていて、クレムリンはこの手の抗議集会が二度と起きないように手を回すことにした。ナワリヌイたちが座り込みを呼びかけると、警察は、デモを組織した者たちとの合意を破り[53]、広場を封鎖した。緊張が高まり、小競り合いがはじまると、警察は丸腰のデモ隊を襲撃しはじめた。何百人ものデモ参加者が連行された。

このあと、検察が何十人ものデモ参加者を起訴した。若くて、政治信条が異なる者がほとんどだが、新参者もいた。判事はこの訴訟中、何度も手順規則を破った[54]。警察側の証人さえ、自分が負ったとされる被害を思い出せなかったりした[55]。結局、多くのデモ参加者が刑務所に送られた。なかには数年もの刑期をいい渡された者もいた[56]。

「ボロトナヤ裁判」として知られることになるこの一連の裁判は、抗議運動に対するクレムリンの態度が決定的に変化したことを示すものだった。のちに下院は合法的な抗議活動の条件を制限する法律を何本か通した。抗議活動に関する規則がますます複雑化したために、活動家にとって違反しないのは至難の業だった。しかも、規則違反は弾圧のための口実にすぎなかった。刑法改正に関するもうひとつの動きは、今日、非公式に「ダディン法」と呼ばれるものだ。

同法の規定では、一八〇日のうちに抗議集会に関する法律に三度以上違反した者は、最長五年間の禁固刑に処せられることになっている。この法律の罠は、抗議活動に関する数多くの細々した規制と連動する点にある。ひとつの規則に違反すると、同時にふたつか三つの罰金刑を受けやすくなる仕組みなのだ。平和的だが、公式には無許可の抗議集会に参加したら？　そのときに警官の指示にしたがわなかったといわれたら？　それでふたつの違反になる。

イルダー・ダディンは、ほかの大勢と同じように、二〇一一年一二月にはじめて抗議集会に参加し、その後、熱心な活動家になった。二〇一五年はじめ、非公式にではあるが、自分の名前が冠されることになるこの新しい法律にもとづいて、彼は有罪判決を受けることになる。それまでに何度か罰金刑を受けていた。たとえば、ボロトナヤ裁判で起訴された者たちを支援してひとりで抗議活動を行ったときや、イヴ・ロシェ事件で有罪判決を受けたナワリヌイを支援する二〇一五年一月の抗議集会のときに。

ダディンは禁固三年をいい渡され、のちに二年半に減刑された。拷問を受けたとの申し立てがあり、国内外で抗議が沸き起こると、ロシア最高裁は二〇一七年はじめに判決を撤回した[57]。しかし、一度の行為で人を二度罰することになるとして、人権派弁護士から激しい批判を受けていても、法律自体には問題がないと主張した。

激化する弾圧

ダディン法は活動家を収監するよりも、主に萎縮させるために利用される[58]。たとえば、モスクワに本拠を置くヤブロコ党の副代表ユリヤ・ガリャミナも同法を根拠に逮捕され、執行猶予付きの判決を受け、モスクワ市議会に立候補することを禁じられた[59]。

ダディン法に頼らなくても、抗議デモ参加者はますます厳しい弾圧にさらされている。デモ参加者に対する行政事件訴訟に関してOVDインフォが集めたデータを見ると、二〇一一～一二年にピークがあり、その後、ナワリヌイが大規模抗議集会を組織しはじめる二〇一七年から高止まりしている[60]。しかし、モスクワとサンクトペテルブルクにおいて、個人での抗議活動――当局と事前に合意しなくてもいい唯一の抗議形態――をしていて逮捕された件数は、二〇一三～一九年で三倍に増えた。二〇二〇年にはさらに逮捕件数が急増した[61]。

それがロシアにおける抗議活動の現状である。野党勢力と同様、抗議活動もはっきり禁止されているわけではない。当局はいまもときどき抗議集会の許可を出し、全員を逮捕しているわけでもない。だが、たまに逮捕する。

二〇一二年のボロトナヤ裁判を機に弾圧が強まりはじめた。二〇一七年のナワリヌイの抗議集会とともに激化したともいえる。抗議活動を二〇〇〇年代のように管理することは不可能になった。クレムリンはさまざまな工夫を凝らし、ますます抗議活動をやりにくく、そして危険にしている。現在の弾圧は目に見える形で行われ、抗議活動の指導者だけでなく、参加者のだれが弾圧の対象になるかわからなくなっている。機動隊がデモ隊から任意に人を引っ張っていく光景もしばしば見られる。

抗議活動の組織を邪魔するのではなく、人々を脅して参加させないことを重視しているということだ。ナワリヌイが政治的な道具として抗議活動を発展させてきた分、クレムリンも参加者がどんな目に遭うか、はっきり人々に示してきた。街に出てデモに加われば、非常に面倒なことになると訴えかけているのだ。

状況に応じた取り締まり

二〇二〇年七月、ロシア極東に位置するハバロフスク地方知事のセルゲイ・フルガルが、知事になるずっと前の二〇〇四~〇五年にふたりの実業家の殺害を命じた廉で逮捕され、モスクワに移送された。人々はすぐさま街に出た。これがこの一〇年で最大規模で最長の抗議活動に発展した。毎週土曜日、何か月にもわたって、何万人もがハバロフスクの大通りを歩いた。人々の怒りに火をつけたのは、連邦当局が自分たちの地方に介入してきたという事実だった。ハバロフスク市民は二〇一八年の知事選で、統一ロシアと当時のハバロフスク地方知事ヴャチェスラフ・シポルトにはっきり反対の意を示していた。

フルガルはその選挙戦で反体制派政党のロシア自由民主党（LDPR）から立候補していた。だれも彼が勝つとは予想していなかった。だが、現職のシポルトや発表されたばかりの年金改革に対する反対票が、長年モスクワに無視されてきた恨みとともに、フルガルの得票を押し上げて当選させた。就任後は意外なほど人気が出たが、ハバロフスクの人々はフルガルその人を応援するために二〇二〇年に抗議の声を上げたわけではなく、民主候補への敬意を求めていたにすぎなかった[62]。

さらに毎週毎週、街に出て抗議する人の数よりずっと意外だったのは、抗議集会が当局の許可をとっていなかったにもかかわらず、はじめ警察が傍観していたという事実である。しかし、秋になり、抗議活動の勢いが弱まると、警察は抗議集会の合間にジャーナリストや活動家を逮捕しはじめた。なかにはひどい暴行を受けた者もいた[63]。

ハバロフスクは例外だったのか？　法執行機関の初動をみるかぎりでは、たしかに例外だった。だが、その後、断固たる措置に転じ、結局はシナリオどおりになった。もっと大きなくくりでいえば、この変化は当局が現場の状況に応じて対応していることを示している。手を出さないほうがいいと思えば、出さないこともある。だが、ふつうはそうではなかった。

大量検挙

二〇一七年九月一一日、モスクワ。マクシム・カッツとドミトリー・グトコフを中心とするチームはお祝いモードだった。

カッツはヤブロコ党の政治家で、ナワリヌイ・チームの元スタッフである。グトコフは反体制派政党の〈公正ロシア〉から選出され、のちに実際の反体制運動に力を入れすぎたために同党から追放されることになる下院議員だった。ふたりはともに統一民主派――さまざまなリベラル勢力と活動家の連合政党――を率いて、二〇一七年のモスクワの区議会選挙に打って出た。

結果はちょっとしたセンセーションを巻き起こした。全体として、統一ロシアが大半の票を獲得したが、統一民主派もいくつかの区議会で多数派を勝ち取った。プーチンも一票を投じたガガリンスキー地区では、全一二議席をヤブロコ党が獲得した。

クレムリンはなぜこの事態を防がなかったのか？　ナワリヌイの大統領戦に気を取られていたのかもしれないし、行政の最下層だからまじめに考えていなかったのかもしれない。理由はどうあれ、このとき、ロシアのリベラル政治がすべてだめになったわけではないと感じた者は多かった。

二〇二一年三月一三日、モスクワ。警官隊が市議会議員連邦討論会になだれ込み、約二〇〇名の参加者を連行した。多くはジャーナリストと市議会議員で、腕をねじり上げられて警察のバンに押し込まれた[64]。ポスト・ソビエト時代に入ってから、街頭デモ以外でこれほど多くの人々が連行されたのははじめてだった。

この討論会も統一民主派が企画したもので、二〇二一年九月の市議会選挙前に経験やノウハウを共有するため、全国から無所属や野党の市議会議員が集まっていた。

警察はこの大量検挙を新型コロナウイルス感染症（COVID－19）対策だとして正当化した。参加者のなかには、石油会社ユコス元社長ミハイル・ホドルコフスキーが設立したNGOで、二〇一七年に「好ましくない団体」として活動を禁止された〈オープン・ロシア〉と関係している者がいたともいう[65]。表向きの理由はどうであれ、警察が踏み込んだのは、統一ロシアに挑戦する者に対する脅迫にほかならない。市政レベルでも脅迫したのだ。

変化の理由

このふたつの出来事は、同じ人々、同じ都市、同じレベルの選挙にまつわる事例だ。二〇一七年には、当局は見て見ぬふりをしていたが、いまでは、事情が大きく変わったことをあらゆる人にわからせようとしている。なぜか？　ふたつの事例のあいだになにがあったのか？

ひとつ、変化した理由を挙げるとすれば、二〇一七年のモスクワ市議会選挙で統一民主派がサプライズで勝ったことかもしれない。モスクワ当局は独自の支持者を動員できなかった。投票率は低く、大々的に選挙戦を展開した統一民主派に有利に働いた。モスクワ市長セルゲイ・ソビャーニンとクレムリンの同僚が、二度とこんなことはごめんだと思ったのかもしれない。

別の理由もある。もっと広い、包括的な理由が。

当局は国政でも地方レベルでも、野党勢力の選挙参加のハードルを上げてきたので、野党勢力の多くはまだ独立した政治の余地が残る下層レベルに移ってきたのだ。

珍しくも反体制側がひとつにまとまっていた二〇一九年、ナワリヌイのチームを含む別の野党勢力が、通常の区議会よりひとつ上層にあたるモスクワ市議会選挙で候補者の調整を模索した。二〇二一年とはちがい、野党勢力は選挙戦の展開を許されていた。

しかし、最後の最後で、当局ははしごを外した。大半の野党候補者は候補者登録を許可されなかったのだ。それが抗議活動の引き金を引いた。二〇一九年八月一〇日、モスクワ中心部で認可済みの抗議集会に約五万人が集まった[66]。いつものことだが、こうした抗議活動を警察の暴力と刑事裁判が待ちかまえていた。二〇二一年の討論会の強制捜査からもわかるとおり、当局は必要なら挑戦の芽をことごとく踏みつぶす覚悟を固めたのだ。

そして、より強い覚悟を固めたきっかけは、明らかにアレクセイ・ナワリヌイと関係があった。

スマート投票作戦

ナワリヌイは従来の選挙政治に参加しようとして、何度となく頓挫させられた。政党を率いているというのに、司法省はことごとく彼の立候補申請をはねつけるため、工夫する必要があった。それほど形式的でない問題にも見舞われた。たとえば、その道のプロである「政治テクノロジスト」が、ナワリヌイが登録するつもりだった政党名をすでに登録していたということが、一度ならずあった[67]。こうなると、制度を出し抜く手を見つけなければならなかった。

二〇一八年一一月のこと。また大統領選挙戦用のスーツとネクタイに身を包んだナワリヌイは、ある動画をユーチューブで配信した。今回はヨットや果樹園といった政府高官の贅沢三昧のリポートではなく、あるアイデアを披露したのだ。

野党陣営自体は、統一ロシアに対抗する候補者をたったのひとりも立てられずにいる。だが、私たちにはできる。ぜんぜんちがう党の集まりだが、同じ政治観がある。統一ロシアの独占状態に反対という点が同じだ。それ以外は数字の問題だ。賢い選択をして、いちばん強い候補者に票を入れれば、その候補者が勝ち、統一ロシア候補は負ける[68]。

ナワリヌイが「賢い投票作戦《スマート》」として推奨するのは、ロシアの選挙において野党陣営のスペースがつねに狭まる現状で、彼のチームが編み出した最新の対応策だった。ある意味、二〇一一年下院選挙時の戦術に立ち戻ったともいえる。つまり、「統一ロシア以外ならどの党に投票してもいい」と有権者に呼びかけた戦術である。だが、今回はそれに重要なひねりを加えた。だれに投票してもいいのではなく、ナワリヌイのチームは各選挙戦で、統一ロシア候補に勝つ見込みがいちばんある候補者に投票先を絞ったのだ。

反体制派に近い有権者はウェブサイトに住所を入力すると、その選挙区の推薦候補の情報が得られるという仕組みだった。こうすれば、スマート投票作戦は抗議票を集めて、クレムリンの候補に打ち勝てるかもしれない。独裁政治体制下における戦術的な投票だ。

ナワリヌイのチームはどのようにして支援する候補を選定するのか？　レオニード・ボルコフによると、数多くの要因によって決まるという。調査、前回までの選挙運動、スキャンダルなど。厳密な組み合わせはナワリヌイのチームにしかわからない。しかし、ある要素はわざと選定過程に加味しなかった。候補者のイデオロギーである。この点がリベラル陣営内でつねに対立する原因になっていた。たとえば、マクシム・カッツはスマート投票作戦の手法を声高に非難した。もっとも、非難してきたのはそれだけではないが。統一ロシアを引きずり落とすためなら、共産主義者やナショナリストにもほんとうに投票するのか？　それより、候補者リストに載っている独自候補に票を集中させたほうがいいのではないか？　それができないなら、茶番だといって選挙自体を非難すべきではないのか？

ナワリヌイは政治科学の言葉を借りて、スマート投票作戦を弁護した。その言葉をじつにナワリヌイらしいユーモアで解釈し直した。

もちろん、スマート投票作戦は理想の戦略ではない。それははっきりしている。わが国の政治体制は〝選挙強権体制〟であるという点を指摘したい。〝選挙〟という言葉は、いわばプーチンだけが勝つように選挙が操作されるということを意味する。そして、〝強権体制〟という言葉は、理想の戦略などないということを意味するのだ[69]。

クレムリンに敵対する者には、独自の政治勢力を支援するような贅沢は与えてもらえないのだ、とナワリヌイとボルコフはことあるごとに強調した。そういう贅沢はこれからの話だ。いまは当局に圧力をかけることが先決だと。

ボルコフは二〇一九年にこう語っている。ロシアの選挙では真の候補者がよくはじき出される。

ほとんどプーチンの信任を問う国民投票と化している。しかし、詰まるところ、クレムリンはそんな選挙で負けるわけにはいかない。負ければ、大統領の評判ががた落ちになるのだから。それに、本当に負けはじめたら――地方でも、市でも、どのレベルの選挙でも――エリート層はクレムリンを支援し続けるかどうか、考え直すかもしれない。そうなれば、がぜん面白くなる。ボルコフの考えでは、スマート投票作戦はロシアに政治を取り戻す手段なのだ。たとえナワリヌイが候補者名簿に入っていなくても。

作用と反作用

スマート投票作戦はうまくいったのか？　二〇一九年九月にはじめて採用されたときには、完全な成功とはいえなかった。多くの地方および市議会の大多数の議席を獲得したのは、やはり統一ロシアだった。しかし、議席数を見ればわかるように、スマート投票作戦をしていなければ、議席数はさらに増えていただろう。

ある研究によれば、二〇一九年のサンクトペテルブルク市議会選挙では、スマート投票作戦が推薦した候補は、平均して七パーセントの票の上乗せがあった。それほど大きくはないかもしれないが、そのおかげで当選することもあった[70]。同年のモスクワ市議会選挙では、スマート投票作戦によって、有名な統一ロシア候補が落選し、ヤブロコ党、共産党、〈公正ロシア〉が議席を勝ち取った。そして、二〇二〇年のシベリア地方のトムスクの市議会選挙では、スマート投票作戦によって、ナワリヌイが毒殺未遂事件前に応援していた野党候補が多数議席を占めた。

これらは小さな勝利だ。だが、クレムリンを慌てさせるには充分だった。怒りと不満が与党候補に集中すれば、選挙を管理する戦略——与党が管理できる野党陣営の参戦だけが許可され、ほかの反体制勢力は軒並み候補者を送り込めないようにする——が裏目に出ることもあるということだ。

ナワリヌイの作戦に対する反応《リアクション》のなかには、クレムリン発でないものまであった。野党陣営の全指導者は、ナワリヌイやスマート投票作戦とはどんな機会にも、たとえ自党の候補が応援してもらえるとしても、距離をとっていた。たとえば、〈公正ロシア〉のセルゲイ・ミロノフは二〇一九年のモスクワ市議会選挙における同党の戦績はスマート投票作戦とは無関係であり、そもそも同党独自の強力な選挙戦によって同党候補の魅力が増し、スマート投票作戦に推薦されたのだと考えていた[71]。

下院が二〇二一年の正月休みを終えて開会すると、ナワリヌイは道化であり、大衆煽動家《デマゴーグ》である、つまり、取るに足らない存在であるとの意見で全党が一致した。よく見るパフォーマンスだが、ロシア自由民主党（ＬＤＰＲ）党首ウラジーミル・ジリノフスキーはナワリヌイの支持者を

「麻薬中毒者の売春婦か男娼」だといい捨てた[72]。

しかし、二〇二一年九月の下院選挙に向けて――ナワリヌイのチームは、ナワリヌイ本人が収監されていても、スマート投票作戦を採用する計画だった――クレムリンは野党連合の古株連にナワリヌイたちを〝口撃〟させるだけでは物足りないと判断した。統一ロシアの支持率は春の調査で数年来の最低レベルになっていたから、かなりの危機感を抱いていたのだ[73]。

二〇二一年三月、独立系オンラインメディアのメドゥーザは、明らかに統一ロシアのモスクワ支部から流出したと思われる文書の要旨を公表した。九月の下院選挙にどう向き合うかという内容だった[74]。この文書では、スマート投票作戦が、FBKによる各議員の調査とともに、同党の選挙戦勝利に対する主要リスクととらえられていた。対策として、〈スマート票〉なるウェブサイトを立ち上げて有権者を混乱させ、いわゆる〝テクニカルな候補者〟を増やしてはどうかという提案がなされていた。こうした候補者は野党陣営の看板を背負って立候補するが、当選した場合には、統一ロシアの会派に入れられるか、議員辞職に追いやられる。

選挙の完全な管理

こうして見ると、二〇二一年に、全国からモスクワに集まった市議会議員の討論会を警察が強制捜査した理由も、わかってくるかもしれない。二〇一七年以降、野党勢力は、公式制度に残っている数少ない機会を利用する戦略を編み出した。それに呼応して、全レベルの当局――市長、知事、選挙管理者――は対処する必要性を感じていた。選挙で過半数の得票をもたらすようにクレムリンに命じられているのだから。

こういう状況にあって、スマート投票作戦には、戦術的投票の極致ともいえる考え方が込められている。スマート投票作戦が功を奏すには、〝真の〟対立候補が候補者名簿に載っている必要さえない。候補者がふたり以上いる選挙であるかぎり、ナワリヌイのチームは抗議票を束ねることができる。それを押さえ込むには、当局は選挙をとてつもなく不公平にするだけでは不充分で、完全に管理するしかない。

いまのところ、そういう状況にはなっていない。しかし、クレムリンは着実にそっちのほうへにじり寄っている。

ロシア政治制度の変遷

この一五年のあいだに、ナワリヌイ――反汚職活動家、政治家、抗議デモの指導者――はクレムリンに合わせて進化してきた。これまで見てきた事例からもわかるとおり、クレムリンもナワリヌイに合わせて進化してきたのだ。

しかし、そうしたクレムリン側の対応《リアクション》は、ナワリヌイだけに合わせたものではなかった。ほかの個人、反体制活動家、運動などが、さまざまな形でクレムリンに対応を迫ってきた結果である。なかでもいちばん重要だったのは、二〇一一～一二年の〈公正な選挙を求める運動〉――ナワリヌイは大勢いた指導者のひとりという位置づけ――であり、この運動によって、当局は権力の座を守る方法を考え直し、国民の純粋な支持を集める方策を探るようになった。その点をもっと広い枠組みでとらえ直せば、ナワリヌイが一から緊張関係をつくったのではなく、もともとあった緊張を高めることが多かったということがわかる。

したがって、安定して見えるプーチン政権下でも、多くが変わってきたのだ。その変化の向かう先を、大ざっぱにでも予測することはできるだろうか？

民主制と独裁制が根本的に異なるものだと考えるのは、冷戦にとらわれた見方だ。今日では、多様な体制がありうるというのが一致した意見である。ここでいう〝体制《レジーム》〟とは、イデオロギーとは関係ない、国が統治される際の一連の規則や慣行のことだ。

まともな選挙があり、法の支配が守られ、独立したメディアが許容される民主的な体制もあれば、それほど民主的でない体制もある。しかし、非民主的活動も、あらゆる体制下で起こりうるし、実際に起こっている。ある国を民主国家だというとき、それが意味するのは、民主的な活動がたいてい行われているというざっくりした事実である。

さらにいえば、リベラル民主主義と全体主義とのあいだに広いグレーな領域があるという事実も意味する。グレーな領域の統治者は両体制を最大限に利用しようとする。民主体制に見せかける一方、真の政治的競争を避けるように統治体制を操作する。

ロシアもその一例だ。決して全体主義独裁体制ではない。だが、リベラル民主体制でないのもたしかだ。選挙はある。しかし、当局が非常に偏ったものにしている。国がすべてのメディアを検閲しているわけではない。だが、テレビ局を管理下に置き、偽情報を拡散する。抗議活動や反体制派も許容されている。だが、制限は多く、弾圧されてもいる。

まだグレーな領域にとどまっているとはいえ、プーチン政権下のロシアは少しずつ独裁体制に近づいてきた。これまで見てきたとおり、クレムリンは一部ナワリヌイ対策として、情報へのアクセスにさらに厳格な制限を課し、選挙がもたらすわずかばかりの自由にさらなる縛りをかけ、抗議デモの参加者をさらに弾圧してきた。やがて、クレムリンは挑戦を受けると、民主体制の内実はもとより、見た目を取り繕うことも少なくなっていった。

しかし、だからといって、プーチン政権は力だけで統治しているわけではない。ナワリヌイが政治のキャリアを積みはじめたころに断じたとおり、プーチン政権もまだ陰に陽に国民の大多数の支持に頼っている。ロシアの政治体制はますます過酷になり、独裁色が強まっているが、同時に、ロシア国民に対して懸命に支持を訴えるようにもなっている。当局は国民とのあいだに感情的なつながりをつくり、ロシア主権の守護者としてのプーチンをプロデュースしてきた。

こうした感情戦略に加えて、国民の福祉にも力を入れ続けている。エリート層を満足させておくための汚職を行う一方で、ロシアを対外債務の状態から脱却させたり、基本的な健康保険制度を導入したり、最小限の生活保護を提供したりと、汚職を相殺するかのようなまともな政策も実施している。

換言すれば、ロシア当局は多くのロシア・ウォッチャーや反体制派の主張とはちがい、はるかに適応力があって現実的なのだ。だからといって、弾圧しても倫理的に許されるわけではないが、ナワリヌイをはじめ大勢から強く異義を申し立てられているにもかかわらず、クレムリンがいまだに優勢を保っている理由の一部はそこにある。

さまざまな適応力を見せてきたとはいえ、クレムリンはナワリヌイに関するかぎり、いっさいのリスクも負いたくないように見える。ナワリヌイが毒殺されかかり、その後、収監されたとなると、当局はついに腹を決めたのだろう。ナワリヌイには消えてもらうと。

第6章 ナワリヌイとロシアの未来

二〇二一年二月二日、モスクワ。

アレクセイ・ナワリヌイは、目の前のガラスフェンスを指でなぞってハートを描いた。刑務官に取り囲まれて被告席に立ち、妻に目を向ける。世界中のメディアが注目するなか、判事が自分の運命を宣告するときを待っていた[1]。

ナワリヌイは何年も前の刑事事件の裁判でまた法廷にいた。二〇一四年後半、彼と弟のオレグはイヴ・ロシェ事件で三年半の禁固刑をいい渡されていた。この宣告に対し、欧州人権裁判所は二〇一七年に「専制的で理不尽きわまりない」と断じた[2]。アレクセイには執行猶予が付いたが、オレグ・ナワリヌイは実刑を受けた。アレクセイは投獄は免れたものの、月に二度、刑務官と面接しなければならなかったが、二〇二〇年八月の毒殺未遂のあと、ドイツで治療を受けていたあいだは出頭しなかった。それが今回、出廷させられた正式な理由だった。ロシア刑務所当局は、アレクセイ・ナワリヌイの執行猶予付き判決を無効にし、実刑にすべきだと主張していた[3]。しかし、ナワリヌイにいわせると、法廷に引っ張り出された理由はそんなことではなかった。ウラジーミル・プーチンの命令に反して、ノビチョク系の神経剤で殺されなかったばかりに、罰を受けさせられようとしているのだ。

私は生き延びたために、彼のご機嫌を致命的に損ねてしまった。その後も、さらに重大な違反を犯してしまった。逃げも隠れもしなかったことだ。すると、胸が縮み上がるようなことが起きた。自分の毒殺未遂事件の調査に参加したところ、本当はプーチンがロシア連邦保安庁（FSB）を使って、毒殺未遂事件を企てたことがわかってしまったのだ。この隠れてばかりいるこそ泥の小男は、それを知ってますます頭に血が上った。揚げ句の果てに、頭がすっかりいかれてしまった[4]。

ロシア法廷では当たり前の慣行だが、判事は素早く淡々と判決を読み上げた。きしる機械のようなロシア司法そのものが声を発したかのようだ。ナワリヌイは必然に身をゆだね、目をあけていた。ほんの一瞬、明るい表情が浮かんだ。

評決は大半の予想どおりだった。二年八か月の実刑[5]。

公判が終わる間際、ナワリヌイは妻のユリヤにいった。「じゃあな、そんな悲しい顔するな。大丈夫だから」

しかし、裁判所の表の通りに集まっていた支持者たちは、それほど落ち着いてはいなかった。ナワリヌイのチームの手配で、彼らはクレムリンと赤の広場の真ん前にあるマネージュ広場を目指して行進をはじめた。ところが、機動隊が待ちかまえていて、黒い制服を着た隊員が大勢で威圧していた。

ナワリヌイがロシアに帰国してから、チームが抗議デモを呼びかけたのは、これで三度目だった。集まった人々の大多数は許可を受けていなかった。表向きの理由は新型コロナウイルス感染症対策。デモは違法であり、強権をもって対処する旨が、当局によって繰り返し呼びかけられた。

だが、デモ隊はやってきた。ナワリヌイのチームが全国規模のデモを最初に呼びかけたのは一月だったが、キラ・ヤルミシュ、リュボフ・ソボル、ゲオルギー・アルブロフを含む反汚職基金（ＦＢＫ）［二〇二〇年七月に新たなＮＧＯ〈市民の権利を守る財団〉を立ち上げたが、ＦＢＫの名称も使いつづけた］の指導層は前もって拘束された[6]。ナワリヌイの地方支部のトップもすべて、デモの最中や前後に拘束された。のちに多くが短期の拘留か罰金をいい渡された[7]。

ソボルをはじめ、大勢のデモ参加者や企画者が刑事事件に問われた[8]。家族まで当局の圧力を受けた。ＦＢＫ代表イワン・ジダーノフの父親は法執行機関の職員に拘束された。理由は父親が町の職員だったころに職権を乱用したからということだった[9]。

一月の抗議活動を機に、当局への批判的な声に対する広範な検挙がはじまった。オンラインメディアのメディアゾナの編集長は二五日間、勾留された。当局のいう容疑は、あるジョークをリツイートしたことにより、一月二三日の無許可の抗議集会を「組織した」とのことだった[10]。そして、四月一四日、学生メディアDOXAの三人の編集者も、「未成年者に違法活動への参加をけしかけた」として起訴された。実際には、三人は抗議集会の前に学生たちを脅さないよう当局に呼びかける映像を公開しただけだった[11]。

弾圧は効いているように見えた。一月二三日と三一日には、何万人もの人々が抗議のために国中から集まった。しかし、二月二日には、せいぜい数千人に減り、モスクワやサンクトペテルブルクに集中した。しかも、一五〇〇人以上が警察に連行された[12]。この人数の急減を受けて、ナワリヌイのチームは抗議活動の休止を宣言することにした。

最後の章では、ロシアに戻ったあとのナワリヌイの状況を紹介する。反汚職活動家でも、政治家でも、抗議デモの指導者でもなく、受刑者としてのナワリヌイを。

二〇二一年〝矯正労働収容所〟へ

ナワリヌイは二〇二一年二月二日に禁固刑を宣告されたが、すぐにはモスクワを離れなかった。別の訴訟があったからだ。第二次世界大戦の退役軍人に対する名誉棄損で訴えられた件だ［二二五ページ参照］。結局、彼は有罪となり、八五万ルーブル［当時のレートで約一二〇万円］の罰金を支払うことになった。

二月二五日、公判がすべて終わると、ナワリヌイはついにモスクワから移送された。行き先はわからなかった。数日のあいだ、家族や弁護士にも、彼の居場所はわからなかった。

三月一五日、ナワリヌイは刑期を務めることになったモスクワから約一〇〇キロメートルの、ウラジーミル地方ポクロフにある〝矯正労働収容所〟からはじめてインスタグラムに投稿した。「驚いたことは三つある。頭上の星空、有無をいわさぬ命令、剃《そ》ったばかりの頭をなでるたびに感じる不思議な感覚[13]」

ナワリヌイは収容所で暴行を受けることも、脅迫されることもなかった。だが、ささいな理由でしょっちゅう罰を受けた。命令されていたより一〇分早く起きたとか、Tシャツ姿で弁護士との接見に臨んだといったことだ[14]。その後、ロシアのオンライン・ニュースメディアで、なぜかナワリヌイが嘘つきだという内容のレポートとともに、収容所内の監視カメラ映像が流された。具合はまったく悪くないし（「紅茶を手にもって」歩くこともできる）、守衛に偉そうな態度をとっている（「手をポケットに突っ込んだまま」守衛に話しかけた[15]）。

この横暴な監視に加えて、ナワリヌイには「脱獄のリスク」があることになっていた。収監者にさらなる圧力をかける口実だ[16]。たとえば、就寝中、一時間おきに起こされた。それでも、ナワリヌイは「ユーモア」を武器にすべての出来事を捉え、塀のなかでも「生きることはできる」ものだと抵抗を試みていた[17]。

しかし、ナワリヌイの健康は悪化しはじめた。背中の痛みに加えて、右足が麻痺《まひ》して歩くのもままならないと訴えた[18]。なにしろ、まだ二〇二〇年八月の毒殺未遂から完全に回復していないのだ。弁護士を通じて、収容所側に、法的権利にあるとおり、専門医による診察と治療、そして、彼のいう睡眠妨害による拷問の停止を要請した[19]。

収容所側がこうした要請を却下すると、ナワリヌイは二〇二一年三月三一日、ハンガー・ストライキをはじめると宣言した。彼にとって、これは唯一残っている手段でもあり、ひとつの象徴でもあった。二年弱前にはリュボフ・ソボルもハンガー・ストライキをしていた。当時のナワリヌイの言葉を借りれば、「非常に強力な自己犠牲の行為」だった。また、「婦人参政権運動家からガンジーやアンドレイ・サハロフまで」、どれだけ多くの偉大な人々がこの手法によって目的を達成してきたことか[20]。

しかし、ハンガー・ストライキに突入して数日がすぎると、ありがたくない訪問者がやってきた。国営テレビ局RTの取材クルーだった。彼らは刑務所内の暮らしをバラ色に塗り直して放送した。囚人は卓球もできると彼らは伝えた（この取材のために卓球台を運んできたわけではない、と取材班は請け合った）。司会者のマリヤ・ブーチナ――ロシア人権全権代表の専門家会議のメンバーでもある――もアメリカ合衆国で、ロシアのスパイ容疑で収監された経験があるが、その収容所の状況に比べれば、彼女が見るかぎりロシアのほうがましだという。もっといわせてもらえば、故郷のホテルよりもまし。彼女はナワリヌイに面と向かって毒を吐いた[21]。

四月一三日に妻が面会に行ったとき、ナワリヌイは一七キロも痩《や》せていた。ユリヤ・ナワリナヤはこう書いている。「彼はまだ明るく、元気でした」。しかし、エネルギーはほとんど残っておらず、話すのもつらそうだった[22]。

圧力は変わらなかった。ナワリヌイが購読していた新聞は検閲されていた。むかしながらにハサミを使って暴力的とされる記事が切り抜かれていた[23]。また、キャンディーがいつの間にかポケットに入っていたり、囚人仲間が鶏肉をもらったといい、共同キッチンでこれ見よがしに料理をして、ナワリヌイのハンガー・ストライキに水を差した[24]。

政権の座にいる者たちのイデオロギーについて、この機会に政治的な教訓を得られないとすれば、ナワリヌイらしくないだろう。物質的な豊かさではなく信条と指針を選ぶ者もいることを、連中はわかっていないのだ、とナワリヌイは代理人を通じてインスタグラムで語っている。連中はだれでもカネで服従させられると思い込んでいると。ナワリヌイは闘う決意を固め、ウインクする絵文字で投稿を締めくくった。「大切な闘いをあきらめてたまるか」

その闘いの一環として、ナワリヌイのチームは四月二一日の抗議集会への参加を呼びかけた。ナワリヌイが主治医に診てもらえるよう当局に圧力をかけるための集会だ。蓋《ふた》をあけてみると、この四月のデモの出足は一月より悪かったが、それでも参加人数は数万に上った。結局、ナワリヌイは治療してもらった。ただし、主治医の訪問は許可されなかった。ナワリヌイは抗議集会の成果だと主張し、ハンガー・ストライキの終了を宣言した[25]。

ナワリヌイの肉体が塀のなかでもがいていたころ、その抵抗運動も全国各地でかつてないほど厳しい攻撃にさらされていた。二〇二一年四月一六日、モスクワの検察はＦＢＫとナワリヌイの地方事務所に対して法的措置をとった。ロシアの憲法秩序の崩壊と、カラー革命の実行を計画したとして、「過激派組織」のグループに認定するよう要求したという[26]。法律上、「過激派組織」の指導者は最長一〇年の禁固刑に処せられる。メンバーであるＦＢＫの職員などは最長六年。寄付を募るなどは厳禁で、メディアはその組織に言及する場合、必ず「過激派組織」である旨を付け加えなければならない[27]。

これにより、ナワリヌイの政治構造、一〇年以上にもわたってつくり上げてきた組織が音を立てて崩れ落ち、劇的な速さで解体されていった。これでナワリヌイと彼の運動は終わるのか？

その問いに答える前に、ナワリヌイが当局とこれほど対立し、窮地にたたき落とされるまでに、どんなことを成し遂げたのかをふりかえろう。

三つの顔

これまで、アレクセイ・ナワリヌイのストーリーを三つの局面に分けて語ってきた。反汚職活動家、政治家、抗議デモの指導者だ。しかし、同一人物の三つの面は、母国を変えるために二〇年以上も繰り広げてきた政治闘争を縒《よ》り合わせる三本の糸にすぎない。

この三つの役割のいずれでも、ナワリヌイは一兵卒からはじめた。これらの道がどこへ続いているのかもよくわからないまま。反汚職活動をはじめた当初も、活動家ではなくただの少数株主だった。株式投資でカネを儲けたいだけだった、と彼はいっている。しかし、与えられて当然だと思っていた情報にアクセスできないとわかり、さらに、配当を受け取ってみて、不満が募った。それが闘う理由になった。まずブログをはじめ、購読者を増やし、購読者を組織化して野心とともに育てはじめた。〈株主保護センター〉や政府調達に関する汚職調査サイトのロスピル、FBKを立ち上げ、活動家ブロガーのナワリヌイはしだいに政治家のようになっていった。

実際には、活動家になる前から政治にかかわっていた。そして、政治家の世界に足を踏み出したときには希望に満ちていたが、結局、ナショナリズムとかかわったことで、ヤブロコ党の指導者層と衝突し、挫折した。しかし、政治のキャリアは代表的な反汚職ブロガーとしての地位を確立したあとにはじまり、異なるイデオロギーをもつ人々を共通の大義のもとに束ねるメッセージを見つけ、政治エリートを攻撃した。また、オンライン活動家として有名になったことが、二〇一三年のモスクワ市長選で追い風となった。こうした政治的な成功を受けて、彼は何年ものあいだ政党登録を模索し、最終的に二〇一八年の大統領選の選挙戦を開始した。

しかし、ナワリヌイは名が知れわたるにつれて、そして、クレムリンにとって厄介な存在になるにつれて、次々と障壁にぶち当たった。こうした困難に見舞われながら、彼は抗議活動を率いる役割を担っていく。二〇一一～一二年の〈公正な選挙を求める運動〉では、カリスマ性と熱意を見せた。しかし、組織運営の世才はあまりなさそうだった。そのため、参謀のレオニード・ボルコフとじっくり相談し、全国ネットワークの構築に着手し、ナワリヌイのメッセージをモスクワ以外にも届け、地方の潜在力を利用しようとした。

二〇二一年一月にロシアに帰国してからのナワリヌイについても、同じ三要素が絡み合っていたことがわかる。汚職との闘い、政治、そして抗議活動。ただし、ナワリヌイはいまや塀のなかにいる。そして、彼の運動はますます重要度を増している。

ロシア政治の現実を暴く

ナワリヌイは政治においてほしいものを勝ち取ったのか?

政界で収めた勝利をふりかえってみても、目を見張るほどの成果を挙げたとはいえないだろう。選挙での最大の成果は、二〇一三年のモスクワ市長選で二位になったことだろうが、それさえ、他人の自叙伝の脚注に載る程度のことだ。次に大きな成果は二〇二〇年のスマート投票作戦で、ナワリヌイ自身は候補者名簿に載せてもらえなかったが、地方事務所の活動家数人を当選させ、地方議会へ送り込んだ。それも特記するほどのことではないかもしれない。

だが、ナワリヌイにとっては、はなから不利な材料しかなかった。筋の通った反対勢力は意図的に脇に追いやられるか、抑圧的な政治制度の抵抗をまともに受けていた。そんな状況でも、彼はそれだけのことを成し遂げたのだ。

ロシア人にとってはいまだもっとも重要な情報源[28]である国営テレビに出られないのに、知名度が七五パーセントもあるという事実は、長年の奮闘とあらゆる機会をとらえてメッセージを伝えてきた結果である。そして、クレムリンが都市部の中産階級と残りの地方部とで二極化を進めてきたにもかかわらず、ナワリヌイの支持が大都市圏でも、小さな街でも、田園地帯でもほぼ変わらないというのは驚くべきことだ。

ナワリヌイが目指してきたのは、偏った制度で成功することではなく、制度のひどい偏りを際立たせることなのだ。ナワリヌイは〝ふつうの〟政治家――候補者リストに名前が載り、政党を登録でき、地方を回って支持者に会っても逮捕されたり、毒殺されたりしない人物――になろうと奮闘することによって、その目標を達成した。政治の世界に入ろうとして、邪魔され、閉ざされたことを世に示すことで、ナワリヌイは人々にロシア政治体制の現実を直視させたのだ。

「刺激する人」

体制の強権的な特徴、そして、その腐敗ぶりをなるべく大勢の目に触れさせていれば、街に出て現状に抵抗する人の数が増える。それがナワリヌイの希望だったのはまちがいない。

しかし、ナワリヌイとその参謀は、抗議するだけでは体制をひっくり返せないこともよくわかっていた。生活水準、公益事業、政治の停滞が蔓延《まんえん》しているが、変化やカオスに対する恐怖、それに指導者――ナワリヌイも含む――に対する不信感も同様に広がっている。

抗議活動に全精力を傾けるのではなく、ナワリヌイとボルコフは別の手段でも権力者に挑戦する手だてを考えた。ふたりの目標はエリート層の分断だった。それによって政治分野でもできるかぎり競争をあおったのである。スマート投票作戦もひとつの手段だった。選挙ごとにプーチンの支持母体を少しずつ削るわけだ。いきなりプーチンその人を阻止するのではなく――ナワリヌイはそんなことは不可能だと思っていた――いつも目の上のたんこぶでいる戦法だ。そんな理由から、ナワリヌイは「刺激する人」とぴったりな表現で形容されてきた[29]。

革命家ではない

二〇二〇年の三月もそろそろ終わるころ。若い活動家エゴール・ジューコフは、ラジオ局エーホ・モスクヴィのスタジオでナワリヌイと対面した[30]。彼は活動家になるきっかけをつくってくれ、自身も大勢の人々が活動をはじめるきっかけになれたことに対して、ナワリヌイに感謝した。しかし、その日のジューコフは攻撃モードだった。

無理もないことだが、抗議集会はもっと大きな行動計画に組み込まれないかぎり、目的を達成できないことが多い、とジューコフは切り出した。人々が二時間ばかり抗議の声を上げて家に帰っても、当局はなんとも思わない。必要なのはもっと継続性のある運動だ。平和的だが影響力のある運動だ。たとえば、道路を封鎖するとか、官庁を占拠するといったことだと。

ナワリヌイの答えは明確だった。憲法を読むと、人々には「平和的かつ非武装で集会する」権利があると記されている。当局からの正式な許可が得られなくても、その権利を守り抜くつもりだというのだ。「私は抗議集会を呼びかけるだけだ。モスクワ市当局がなんといおうと知ったことではない」。ナワリヌイの過激さとは、せいぜいそこまでだった。

およそ革命というものにアレルギーがあるからではない。たとえば、二〇一一年、「アラブの春」の一部として、中東や北アフリカで体制を転覆した「腐敗したエリートと広範な一般大衆との対立」はロシアでも起こりうる、とナワリヌイは考えていた。二〇一六年にもその希望を語っている[31]。彼はこの点で、ロシアの古参リベラル派とは一線を画している。古参リベラル派の多くはいかなる混乱にも基本的に反対だった。

しかし、ナワリヌイは、ジューコフのような若い世代ともちがう。彼らはときにもっと過激な手法を推す。親クレムリンのメディアは、ウクライナのマイダン革命をロシアに持ち込もうとしているといってナワリヌイを非難することが多い。二〇二一年、プーチン自身も、親ナワリヌイの抗議活動をロシア革命になぞらえ、企画者は「テロリスト」であると断じている[32]。

こうした非難を念頭に置いて、ナワリヌイはジューコフの問いに答えたのだ。「私は現実的だ。道路封鎖を呼びかけはじめたら、全国の事務所にいる職員たちはただちに逮捕される。そうなるのはわかっている」。抗議集会への参加者を増やすこと、そして、体制側への圧力を強めることが目的なのだ。ただし、憲法の定める範囲内でだ。

ナワリヌイが内心では人々にバリケードをつくらせることを願っていたのかどうか、私たちにはわからない。だが、彼の言動はそれを否定している。つまり、ナワリヌイは自分を革命家ではなく、妥協なき現実主義者だと考えているのだ。しかし、そこにも落とし穴がある。

独裁的な民主主義者？

ナワリヌイとそのチームが、政治組織としてのFBKと全国の事務所網をつくり上げてきたいきさつはすでに述べたとおりだ。彼らは資源を集め、人材を集め、運動を指揮した。しかし、ほかの政党にあるのに、彼らにないものがひとつある。平《ひら》の支持者が上層部の意思決定に影響を及ぼす仕組みだ。その点が強権的だと、ほかのリベラル派の政治家やジャーナリストだけでなく、ナワリヌイの運動を推進している活動家からも非難されてきた。

ナワリヌイの組織はトップダウンで回る。しかし、活動家のアイデアや不満が無視されるわけではない。リーダーたちにとっても、活動家が現場で経験することに耳を傾けるのはとても大切だ。しかし、上層部の意思決定に下から影響を与える正式なルートがない。当然、トップの人々を選んだり、交代させたりする方法もない。

活動家たちもいっているとおり、現在の圧制的な政治環境では、ネットワーク全体に素早く決定事項を徹底させることは大きな利点となる。しかし、非民主的な仕組みを変えずにいれば、チームが目指してきたことと明らかに矛盾する。どこから見ても現代的で民主的な仕組みをロシアにつくるのではなかったのか。

ポピュリストの可能性

この強権主義と民主主義の組み合わせのせいか、ナワリヌイはポピュリストだと思われる可能性もある。実際、ある程度そうだと思われている。

ポピュリストは知的エリート層に敵対し、専門家の意見を疑う。しかし、ナワリヌイのプラットフォームに、この傾向はまったく見られない。ナワリヌイは知識人を自称していないが、西側の多くのポピュリストとはちがい、専門家の意見を重要視しているように思われる。その点がナワリヌイと西側のポピュリスト運動との大きなちがいである。

それでも、反体制派の政治家という点ではお手本のような存在だ。政治エリートの汚職や強欲を容赦なく批判し、単純化を駆使して攻撃することもある。その点では、西側の人々にとっては自国のポピュリストを思わせる。さて、ナワリヌイはポピュリストなのだろうか？

本人の言説にもとづいて答えを出すなら、ポピュリストではない。ナワリヌイは自分が二段階の闘いに身を投じていると、繰り返し強調してきた。反体制の視点に立つ言説が第一段階であり、現代ロシアにおいて権力が形成される仕組みを攻撃する。この段階での政治は単純だとナワリヌイは主張する。ジャーナリストのエフゲニヤ・アリバーツの言葉を借りれば、「白黒」だと。ナワリヌイは二〇二〇年にドイツのシュピーゲル誌にこう語っている。

原理主義的な反体制派との協力にも、なんら問題があるとは思わない。選挙で共産党を支援してもかまわない。私たちが応援する候補者のひとりがレーニンのバッジをつけていても、騒ぐつもりはない。ドイツの制度はちがう。すでに民主主義が根づいていて、右派も左派もその枠組みのなかで闘っている。私の国では、まず政権交代と司法の独立を信じる勢力をまとめなければならない[33]。

その過程の先に次の段階がある、とナワリヌイは考えている。第二段階では、エリート層と一般大衆との粗削りな対立が解消され、〝ごくふつうの〟政治が可能になる。議会制民主主義制度の政治家だと自認するなら、ナワリヌイは、大衆の「総意」にじかにアクセスすべきだという、ポピュリストの独善的な主張をはねつけるはずだ。彼とそのチームが想像するロシア版議会制民主主義制度において、ナワリヌイの党は複数政党のひとつでしかなくなる。

差別主義者という疑い

ナワリヌイは過去に差別主義的な発言をしている。たとえば、主に中央アジアやコーカサス出身者に対して、人種に関する露骨な固定観念にもとづく言動をぶつけている[34]。それに対しては、西側のウォッチャーの批判を集め、一部で祭り上げられているような民主派のヒーローではないとの警告を受けている[35]。しかし、ナワリヌイは西側の政治家ではない。このテーマを考えるうえでは、ロシアの視点を入れることが重要だ。

たしかに、ナワリヌイの言説はロシア国内でも論争を引き起こしてきた。多くの人権擁護団体も、その理由によりナワリヌイを不安視してきた[36]。ロシア・ナショナリズムの専門家であるアレクサンドル・ヴェルホフスキーは、ナワリヌイは「民族的偏見」を抱いていると語っている[37]。また、ナワリヌイの運動に参加していても、移民に関する立場ではナワリヌイと距離を置く活動家がいることは、すでに紹介した。

しかし、今日の欧米とはちがい、ロシアでは人種差別的な言動をしても、革新政治から除外されることはない。

政治環境が〝ふつう〟になった暁には、ナワリヌイの追放を求める声も出てくるかもしれない。そんな人たちもこの問題は二次的だと考えている。少なくとも、当面のあいだは。したがって、自由でひらかれた議論ができる環境が整ったときに、かつての発言を撤回しなければ、〃政治家ナワリヌイ〃は激しく非難されることになるだろう。多くが指摘しているように、現状でのもっと大きな問題は、ますます権威主義的傾向を強める体制に対抗する勢力を結集することだ[38]。彼の政治観は第二段階で問題にすべきである。

革命家、独裁者、ポピュリスト、そして差別主義者。ナワリヌイはさまざまなレッテルを貼られてきた。どのレッテルも彼の一面をとらえてはいるが、その人物像を充分にあるいは包括的にいい当ててはいない。ナワリヌイは複雑な政治家だ。ロシアの汚職にまみれた独裁体制を、民主主義体制に置き換えるという目標は終始一貫しているが、ほかはすべて流動的だ。彼自身も、彼の手法も。

移民の制限を求める態度は変えなかったが、ナショナリズム色は抑制している。ここ数年、彼は中道左派的な政策を全面に押し出している。ただし、それもある時点では消えていくかもしれない。ナワリヌイは、できるだけ広い切り口で社会とつながるようにプラットフォームを変えるからだ。場当たり的だといわれるかもしれない。だが、それだけ柔軟だからこそ、政権与党にとって危険な存在なのだ。

プーチンはナワリヌイを恐れているか？

ナワリヌイとクレムリンとの関係についての疑問の多くは、基本的に答えられない。「プーチンはナワリヌイを恐れているのか？」という疑問もそれに含まれる。その答えを探るには、プーチンの胸の内を見てみないといけない。少なくとも、側近中の側近に訊かないとわからない。

こうした障害に阻まれ、われわれは別の手法をとった。ロシア当局の発言と行動は矛盾することも多いので、現体制が特定の問題にどう対応したかを調べることにした。

プーチンがナワリヌイをどう思っているのかは、わからないかもしれない。だが、プーチンが公の場でナワリヌイの名前を決して出さないという事実、ナワリヌイが二〇二〇年八月に毒殺未遂で体調を崩す前、彼に法執行員の尾行を付けていると認めた事実、そして、ナワリヌイが西側諸国のエージェントであるとしつこくいい張っている事実などから、類推することはできる。

当局がFBKの調査をどれほど煩《わずら》わしく思っているのかは、わからないかもしれない。しかし、ユーチューブの動画を削除させたり、FBKの事務所にしょっちゅう強制捜査に入ったり、ついにはFBKをとりつぶしたりといった事実から、類推することはできる。

クレムリンがどれほどスマート投票作戦を重く受け止めているのかは、わからないかもしれない。しかし、〈スマート票〉なる目くらまし《スポイラー》サイトを立ち上げたことが報じられたり、二〇二一年三月に大勢の市議会議員が連行されたり、全国各地のナワリヌイの選挙事務所がいっせいに捜索されたりといった事実から、類推することはできる。

　こうした事実が示しているのは、プーチンの個人的な見解まではわからないが、クレムリンはまちがいなくナワリヌイを非常に重く受け止めているということだ。ナワリヌイとそのチームの活動を、現政治体制に対する明白な危機だととらえている。

　しかし、クレムリンはナワリヌイだけが問題ではないこともわかっている。ナワリヌイは好機をとらえるのがうまい。エリート層の汚職や格差といったテーマを巧みに浮かび上がらせ、人々を動員する。ナワリヌイを消せば、クレムリンはロシア社会の不満のはけ口をすぼめられるかもしれないが、国民が大きな不満をいだく根本的な理由——上がらない給料、上がる一方の物価、汚職まみれの役人——は残る。

西側はナワリヌイを救うか？

救わないだろう。

たとえ西側が救いたくても、できないだろう。ナワリヌイの運命はロシア国内で決まる。

西側諸国の政府が無力なのではない。経済制裁であれ、なんであれ、ロシア国内の意思決定にどれほどの影響を与えられるか、彼らは現実的に考えたほうがいい。ナワリヌイのような人物についていては、とりわけそうだ。なにしろ、彼は西側の操り人形だとしきりにいわれてきたのだから。これ以上の経済制裁を敢行するほどの政治意思は、西側にはもうないのではないかと疑う者さえいる。そして、ナワリヌイもそのひとりだ。

だれも私たちの問題を解決できない。ドイツ、イギリス、アメリカも助けてはくれないし、ロシア人を専制政治から救い出そうなどと本気で考えることもない。私たちはそんな考えは捨てたほうがいい。外国が助けてくれるなどと思わないほうがいい。戯言だ。外国は自国のことしか考えない[39]。

ただし、ナワリヌイとそのチームは、特定のロシア人について国際制裁を科すよう呼びかけたことはあった。「ユーチューブにアクセスして、『アレクセイ・ナワリヌイ』で検索して、うち[FBK]で調査した者たちの情報を見てほしい」。ナワリヌイは二〇二〇年一〇月にそういっている[40]。そして、二〇二一年一月にナワリヌイが収監されたとき、FBKの事務局長だったウラジーミル・アシュルコフは西側諸国の政府に対して、数人の著名な実業家と政治家に制裁を科すよう呼びかけた。「手先」だけでなく「カネをもった連中」にも[41]。

ナワリヌイがこうした措置を呼びかけるのは、これがはじめてではなかった。汚職調査をしていた弁護士セルゲイ・マグニツキーの獄死後、アメリカ合衆国が制裁法案を提出したときには、ナワリヌイも賛成だった。「そんな法案が通れば、［ロシアの支配層エリートにとって］大打撃になる。どうやってマイアミのコンドミニアムに行くんだろうな?」といっている[42]。

全体として、国際制裁に対するナワリヌイの態度は一貫している。腐敗した高官に対する制裁には賛成。ロシア全体に対する経済制裁は、ロシア国民をさらに困窮させるかもしれないから反対。

経済制裁については、二〇二〇年八月のナワリヌイ毒殺未遂事件以降、かなり議論された。ドイツはノルドストリーム2・プロジェクト——バルト海を通してロシアとドイツを結ぶ天然ガスパイプライン・プロジェクト——をキャンセルすべきだと主張する者もいた。ナワリヌイの反応はこうだ。「それはドイツの勝手だ。自分で決めろ! ロシア全体に対する制裁はやるだけ無駄だ[43]」。それどころか、「現体制を強化する」ことになるかもしれない[44]。

ロシア高官が恐れているように、ナワリヌイによる個人制裁の呼びかけには、外国の大国に「ロシアの内政問題に干渉」させるほどの訴求力があるだろうか? ナワリヌイにいわせると、まったくない。「ロシアの国益と、汚職で得たカネを西側の銀行にため込んでいる高官たちの恐れを混同してはいけない[45]」。マグニツキーの死後に定められた高官に対する制裁は、「まったく親ロシア的」だった、とナワリヌイは書いている[46]。また、実際には、西側諸国が汚職を促している実情も指摘している。「マネー・ロンダリングは［西側の］法律にしたがえば犯罪だ。うちの詐欺師たちはロシア国内で盗みを働き、ヨーロッパで洗浄《ロンダー》する。座視することはできない[47]」。しかし、希望も付け加えている。国際介入などなくても、「そんな行いがロシア国内で処罰される日が来ればいい」と[48]。

ナワリヌイはロシアの未来か？

世論調査の結果は否定的だ。二〇二一年はじめの調査では、ナワリヌイの活動に賛同しているロシア人は一九パーセントにすぎなかった[49]。ナワリヌイが大多数のロシア人に支持されているとか、対抗馬として選挙に出れば、プーチンにも楽に勝てるなどと考えるのは、浅はかというものだ。

しかし、その数字がどういうものかは考慮する必要がある。ナワリヌイがメディアに黙殺され、あるいは外国エージェントだと中傷されている状況での数字だ。二〇二〇年八月の調査では、ロシア人の四九パーセントが、ナワリヌイの毒殺未遂事件は西側の情報機関による捏造、あるいは同機関の仕業だと回答している[50]。

ロシア国内で政治的弾圧がなくなった場合、ナワリヌイの支持率がどの程度になるのかはわからない。まさにそういう状況にするために、彼はさまざまな運動を展開してきた。自由なメディア、法の支配、自由で公正な選挙を備えた体制下で、〝ふつうの〟政治家になろうとしてきた[51]。しかし、その兆しはまったく見えない。とにかく、近い将来そうなるとは思えない。

ナワリヌイを支持するような社会構造になれば、未来の希望も見えてくるかもしれない。一八〜二四歳の年齢層における彼の支持率は、ほかの年齢層と比べてはるかに高く、三八パーセントだ。若者がすべてナワリヌイを支持しているというわけではない。だが、この若い支持層が年を重ねていくにつれて、さらにナワリヌイに共感していくなら、ナワリヌイ、あるいは、彼と同様の政策方針と政治理念をもった政治家の主張を吸収しやすい土壌になると期待はできる[52]。

ナワリヌイとそのチームは、肯定的なロシアの将来像を国民に提示しようとしてきた。ナワリヌイによると、彼のよくいう「すばらしき未来のロシア」は豊かで、民主的で、未来志向だ。未来のロシアは自由なだけではない。

私たちはロシアにおける自由の欠如だけでなく、幸福の欠如とも闘わなければならない。ロシアにはすべてがあるが、不幸な国だ。ロシア文学を読めばわかる。不幸と災難ばかりだ。私たちは不幸の悪循環に陥って、抜け出せずにいる。しかし、もちろん抜け出したい。そこで、スローガンを変えようと思う。ロシアは自由になるだけではだめだ。幸福にもならなければならない。ロシアは幸福になるのだ[53]。

ナワリヌイの支持者たちは、支持理由を訊かれると、この前向きな未来像を強調する。ナワリヌイを〝別の可能性《オルタナティブ》〟としてだけでなく、勇気と元気を与える存在としても見ているのだ。しかし、この約束を果たせるかどうかについては、議論の余地は大いにある。ロシアや世界中の人々の希望をうち捨ててきた改革者や革命家が何人いたことかと考えれば、なおさらだ。

ナワリヌイは自分が象徴だということを意識している。だからこそ、刑務所に入る覚悟でロシアに戻ってきたのだ。数えきれない人たちの未来がかかっているときに、自分だけ祖国の外にいることなどできなかったのだ。「国を出ていけば、あきらめたも同然だと国民は考える[54]」。範を示さなければならない。隗《かい》よりはじめよ。

ナワリヌイの影響力は、ひとりの人間の行動を超えている。それは彼の運動の結果でもあるからだ。反汚職活動、政治運動、抗議デモの企画などをとおして、何千、何万人も動かしてきた。なにも変わらないとか、変わっても一九九〇年代のように混乱するだけだといった恐怖を乗り越える手助けをしてきた。ナワリヌイ個人を支持しない人たちのなかにも、抗議集会に参加して怒りや不満を表した者がいる。

いま、ナワリヌイの運命は、彼がしつこく暴露し、批判してきたエリートの手にゆだねられている。しかし、ナワリヌイの未来とは無関係に――政治に戻るにせよ、塀のなかにとどまるにせよ、あるいは最悪の結果になるにせよ――ナワリヌイが活動に駆り立てた人々は、さらに厳しい弾圧に遭っても、変化を求める抗議集会に参加し続けるだろう。

ＦＢＫやナワリヌイの地方事務所の閉鎖は、ロシアの主たる反体制プラットフォームの閉鎖にほかならない［二〇二一年六月、ＦＢＫは裁判所によって過激派組織に認定され、活動が禁止された］。これほど影響力のある政治組織が閉鎖されたのは、ソビエト連邦崩壊後はじめてだろう。そしてこれは、何年も前から続いてきた弾圧が、また一段強まったことを意味する。

ナワリヌイとＦＢＫは、これまでつねに、ロシアの忍び寄る独裁体制と闘う地歩を見つけてきた。土俵《アリーナ》を換え、可能なかぎり適応してきた。しかし、クレムリンはついに目に付くすべての選択肢を奪った。この動きを見れば、ロシアの現政治体制が完全なる独裁制に向けて決定的な一歩を踏み出したといっても過言ではない。

ナワリヌイはロシアの未来か？　クレムリンは明らかにそれを望んではいないが、ナワリヌイ、彼のチーム、彼の運動はこれまでずっと、もうひとつの可能性も視野に入れて闘ってきた。すなわち、ロシア国民がみずから決断するという可能性だ。

謝辞

「英語で書かれたアレクセイ・ナワリヌイの本で、お勧めはありますか？」。二〇二一年一月にナワリヌイが療養先のドイツからロシアに帰国したことに伴い、彼自身と彼のつくった流れに関する情報を求める声が、はっきりと高まっていた。しかし、先の問いに対する答えははっきりしていた。「いいえ――そんな本はまだだれも書いていないので」。本書はその隙間を埋める試みである。

出版プロセス全般に関する指導、情報提供者や背景知識、改稿ごとの意見、貴重な資料や精神的な支援などの面で、本書の完成に力を貸していただいたすべての方に――ご本人が協力したことを認識していない方もおられるかもしれないが――お礼を申し上げる。ロール・アスンプサオン、ゴリネー・アタイ、アナトール・バルド、フセヴォロド・ベデルソン、ラインハルト・ボイラ、バーバラ・ブラウン、ビギ・ドルバウム、ブリジット・エヴァノ、クララ・フェレイラ・マルケス、ショーン・ハンリー、アシカ・カウリン、イリーナ・コズロワ、フョードル・クラシェニンニコフ、ユーリ・クズミヌイフ、フランソワ・ラルーエ、エドワード・モーガン＝ジョーンズ、キャサリン・ノーブル、クリストファー・ノーブル、ニコライ・ペトロフ、ハイコ・プレインズ、グレイム・ロバートソン、デイヴィッド・ロス＝アイ、クリスティン・ロス＝アイ、リチャード・サクワ、レジーナ・スマイス、クロエ・トラルチ、サラ・ユリス。

引用させていただいたロシア——そして全世界——の非常に多くのジャーナリストの名前を挙げて、ひとりひとりお礼を述べる紙幅はない。しかし、独立系ジャーナリズムがロシアでますます大きな圧力に直面している状況にあって、彼らの労作がなければ、本書は存在しえなかった。それは確信している。

さらに、以下の方々がいなくても、本書は生まれなかった。われわれのエージェント、〈A・M・ヒース〉のユアン・ソーニクロフト。出版契約を締結した〈ホフマン・ウント・カンペ〉のエリック・リーメンシュナイダー。そして、最後に大事な方、〈ハースト・パブリッシャーズ〉のマイケル・ドワイヤー。二〇二一年一月末にアイデアが生まれたときから本として完成するまで、このプロジェクトを支えてくださったこうした方々と彼らのチームには、充分にお礼を申し上げることなどとうていできない。アリソン・アレクサニアン、ヴィッキー・ディロン、アレックス・エラム、マイリ・フリーセン＝エスカンデル、ゴーシア・イェチエスカ、ジェシカ・リー、デイジー・リーチ、キャスリーン・メイ、アレクサンドラ・マクニコル、ティム・ペイジ、プレマ・ラージ。

また、さまざまな機関の支援にも感謝する。ヤン・マッティ・ドルバウムの現地調査は、フォルクスワーゲン財団の財政支援を受けて、ブレーメン大学の東欧学研究センターが主催した〈ソ連時代とソ連後の抗議行動比較〉という調査プロジェクトの一環である。このプロジェクトには、ドイツ学術交流会からの資金提供と、ブレーメン大学の許可も受けている。

モルヴァン・ラルーエは、本書で触れている研究の支援と資金を提供してくださったケント大学と経済社会研究会議（ＥＳＲＣ）に対して、お礼を申し上げる。

ベン・ノーブルは、本書執筆中のロンドン大学スラブ東欧研究所（ＳＳＥＥＳ）の支援と忍耐に対して、お礼を申し上げる。また、モスクワの国立研究大学高等経済学院の基礎研究プログラムの支援にも感謝する。

いうまでもないが、さまざまなところで共著者をご支援いただいたこれらの方々には、本書の内容に関していかなる問題が生じても、その責任はない。しかしながら、共著者三人それぞれは、ほかのふたりがミスを修正しきれなかった場合、その責任を負う。

解説　プーチン体制の映し鏡　もっとも恐れる男の実像

安間《あんま》 英夫（NHK解説委員）

ナワリヌイを通じて見るプーチン体制

ロシアの大統領・プーチンは、ナワリヌイのことを「ブロガー」、「ベルリンの病院の患者」などと呼び、その名前を決して口にしない。まるで存在を認めないかのようだ。

ナワリヌイは、南アフリカのネルソン・マンデラやソビエト時代の反体制作家アレクサンドル・ソルジェニーツィンらの名前をあげて比較される。人権や民主主義、言論の自由をめぐって、プーチン体制の映し鏡と考えられ、プーチンがもっとも恐れる存在とされている。

ロシアの政治に関しては、プーチンやプーチン体制についての本が数多く出版されている。これに対してナワリヌイについて書かれた本はそんなに多くない。メディアでは、プーチン大統領と対峙する政敵として頻繁にニュースとして取り上げられてきたが、まとめて記されたことは少なかった。本書は、ドイツとイギリスに拠点を置く新進気鋭の研究者たちが、あまり知られていないナワリヌイの実像に多角的な視点から迫り、そこに映るプーチン体制の姿を考察しようという試みである。

ナワリヌイとそのチームの真骨頂は、強大な権力をふるうプーチン政権の裏側を、映像や資料を駆使して具体的に明らかにすることだろう。二〇二一年一月に公開された調査動画のタイトルは「プーチンのための宮殿」。ロシア南部の黒海沿岸に建設された豪邸をドローンで撮影するとともに、豪華な内装の劇場やカジノをCGで再現し、建設費は総額一四〇〇億円と指摘。プーチン大統領と親しい資産家などが建設費を負担したとして、「世界最大の賄賂」だと主張している。

政権側は否定する一方、プーチンに近い実業家がホテルとして建設しているものだと名乗り出た。このことは、プーチンに近い人間が富や利権を分け合っているという、ナワリヌイが指摘した実態をかえって裏付ける結果となり、人々は「絶対的な権力は絶対的に腐敗する」実例と受け止めたことだろう。

こんなに汚職の疑いや不条理がはっきりしているのに、なぜプーチンの人気が衰えないのか。ナワリヌイがなぜ有力な政治家として支持を集めないのか。抗議行動が頻繁に起きてもなぜ政権がひっくり返らないのか。ロシアやプーチン体制に特殊性があるのか。本書は、こうした疑問の答えを導くヒントを与えるものとなろう。

ナワリヌイとは何者か

ここで本書の主人公、ナワリヌイについて振り返っておこう。

反体制派の野党指導者であるアレクセイ・ナワリヌイは、一九七六年、モスクワ近郊で生まれた（本書出版時点で四五歳）。二〇〇〇年、リベラル派の野党のメンバーとなり、二〇〇七年から、国営企業の少数株主として企業の不正などを追及する活動や、インターネットでプーチン政権の汚職を告発する活動をはじめ、二〇一〇年ごろまでには、若者たちに人気のブロガーとして名前を知られるようになった。

一躍有名になったのは、プーチンが大統領に復帰することを決めた二〇一一年から大統領選挙のあった二〇一二年にかけての抗議行動だ。プーチン政権の腐敗ぶりや下院選挙の不正を追及し、プーチン政権与党の統一ロシアを「詐欺師と泥棒の党」と厳しく非難。これが多くの人たちの支持を集めた。ナワリヌイは、その後も野党指導者、反体制派として活動を続け、プーチンの政敵ナンバー1と言われるまでの存在となってきた。

内外に衝撃を与えたのは、二〇二〇年八月の毒殺未遂事件だった。ロシア国内を航空機で移動中に突然体調を崩して意識不明の重体となり、ドイツの病院に搬送されて治療を受け、奇跡的に意識を回復した。原因の究明にあたったドイツ政府は、ナワリヌイが、旧ソビエトで開発された神経剤「ノビチョク」と同じ種類の物質に攻撃されたと発表し、内外でプーチン政権に対する批判が強まった。

それでもナワリヌイは二〇二一年一月、療養先のドイツからロシアに帰国。本書の冒頭は、帰国する航空機の描写から始まっている。到着したモスクワの空港で、過去の刑事事件で執行猶予付きの有罪判決を受けながら出頭の義務に違反したという理由で逮捕された。その後、裁判所がナワリヌイの執行猶予を取り消し、収監されたままとなっている。

ナワリヌイが持つさまざまな顔

本書に書かれているように、ナワリヌイはさまざまな顔を持つ。弁護士、ブロガー、反体制野党指導者、抗議行動のリーダーなどだ。さらに革命家、独裁者、ポピュリスト、差別主義者という言い方もされる。

本書では、反汚職運動家、政治家、抗議活動家の三つの側面から分析しようという試みをとっている。ただそれぞれの活動の時期が重なっているうえ、明確に区別がつきにくい。たとえば、選挙運動のなかで政権や与党の汚職を追及するし、抗議行動も行う。いつからいつまで反汚職運動家、次は政治家、その次は抗議活動家という時期で区切って説明できるわけではなく、時系列も前後している。

ナワリヌイがプーチン政権の映し鏡と考えると、プーチン政権の歩みを時系列で整理しておく必要があるかもしれない。

①二〇〇〇～二〇〇八年　プーチン大統領時代（第一回目　二期八年）
二〇〇八年　プーチン　大統領をいったん退任後、首相に就任
②二〇〇八～二〇一二年　メドベージェフ大統領時代　プーチンは首相（一期四年）
二〇一一年　プーチン　大統領復帰表明　下院選挙　大規模な抗議行動
③二〇一二年～　プーチン大統領時代（第二回目　二期一二年）
二〇一四年三月　クリミア併合　プーチン支持率急回復

プーチンが最初に大統領に就任した二〇〇〇年五月からすでに二一年になるが、プーチンはずっと大統領を続けてきたわけではない。憲法で連続三回の立候補が禁止されていたため、二〇〇八年、いったん大統領を退き、二〇一二年に復帰した。プーチンは、首相にいったんなったとはいえ、最高指導者、最高実力者として二〇年以上にわたってロシアを統治している。

一方、ナワリヌイの主な活動は次のようになっている。

①二〇〇〇〜二〇〇八年　プーチン大統領時代（第一回目）

二〇〇〇年　野党ヤブロコ入党

二〇〇七年　ヤブロコ党除名

国営企業の少数株主活動　反汚職活動を開始

②二〇〇八〜二〇一二年　メドベージェフ大統領時代　プーチンは首相

二〇〇九年　キーロフ林業顧問

二〇一〇年　アメリカ・イェール大学留学

二〇一一年　下院選挙で抗議デモ組織　政権与党を「詐欺師と泥棒の党」と非難

③二〇一二年〜　プーチン大統領時代（第二回目）

二〇一二年　プーチン大統領復帰前後　抗議行動で身柄拘束

キーロフ林業に対する横領罪で起訴

二〇一三年　キーロフ林業に対する横領罪で有罪判決

モスクワ市長選挙立候補　第二位　予想外の善戦

二〇一四年　自宅軟禁　フランスの化粧品会社イヴ・ロシェに対する詐欺罪で有罪判決

二〇一七年　メドベージェフ首相に関する動画「彼を〝ディモン〟と呼ぶな」公開

二〇一八年　大統領選挙　ナワリヌイは立候補を認められず　プーチン大統領再選

二〇二〇年　毒殺未遂事件　ドイツの病院で療養
二〇二一年　帰国後、逮捕
　　　　　　動画「プーチンのための宮殿」公開　収監

　このように見てみると、ナワリヌイのさまざまな活動は、プーチンが初めて大統領に就任してから二〇年あまりとそっくり重なっている。ナワリヌイを見ることで、プーチン体制が反体制派を抑えるためにより厳しく、権威主義的な傾向を強め、強権的、独裁的とまで言われる体質に推移していったようすが浮かび上がってくる。

本書の読みどころ

　本書の読みどころはどこにあるだろうか。

　まず、権威主義的な体制のなかで弾圧を受けた反体制派の英雄とだけ扱っていないことだと思う。記述は事実を積み重ね、刺激的な表現や単純化を避けるかたちでなされている。

　とりわけ野党内部、ほかのリベラル派との不和と確執と挫折、ナショナリストとして民族的に排外主義的な指向があることについても、詳しく記述されている。

　また、ナワリヌイの一方的な主張だけを取り上げているわけではない。プーチン政権の汚職が深刻であることを実例をあげて記述する一方、政権側の反論やナワリヌイの活動に金銭面や第三者の利益をはかるという動機があるのではないかと非難している（ナワリヌイは否定している）ことも併せて記述している。

ナワリヌイは何度も身柄を拘束され、毒殺未遂にあって生命の危険にさらされ、収監されてまでプーチン政権と闘ってきた。なぜここまで弾圧されても政権に対峙していくのか、本書では、次のように記述されている。

「はじめはただの投資家で、大志をもっていたわけではなかった」（四九ページ）

「要するに、ナワリヌイはロシア企業の内情をのぞいたことがきっかけで（中略）活動家になった。『そのうちに、それは信念になった』」（五〇ページ）

ただこれをもってしても、なぜ自らの身の自由と安全を制限されたり危機にさらされたりしてまでプーチン政権と闘うのか、なかなか腑《ふ》に落ちない。通常の正義感や勇気を超えるものがあると思われるからだ。解説者が二〇一一年から二〇一四年までモスクワで取材していた当時のナワリヌイの発言、内外のメディアで本人が語る発言を見ても、自らを突き動かす本当の動機というのが見えてこないというのが実情だ。

もちろん政権側が主張する、よこしまな動機があるというのは説得力に欠けている。ナワリヌイ側は、政権側の腐敗や汚職の具体的な事実や証拠を示しているのに対して、政権側の反論や指摘は具体的なものではないためだ。

ナワリヌイの信念というものは、簡単に理解できるものではないのかもしれないが、本書に書かれている多岐にわたる活動や歩みを押さえておくことはその理解の助けとなるだろう。

なお本書では、二〇一七年に発表された、当時の首相メドベージェフについて扱った「彼を〝ディモン〟と呼ぶな」という動画について触れているが、ここでもう少し詳しく説明しよう。大統領も務めたメドベージェフは、プーチン政権のナンバー2にありながら、インターネットも駆使する比較的若いリベラルな政治家として若者からの支持もあり、ネット上ではディモンという愛称で呼ばれることもあった。これに異議を唱えたのが、メドベージェフの報道官であり、「彼をディモンと呼ばないで。首相なのに」（ロシア語の原文では、「彼はあなたにとってディモン――親しく呼びかけるような存在――ではない。首相なのに」）と述べたのだ。

この発言をタイトルにした動画では、メドベージェフの豪邸とされる建物を上空から撮影。メドベージェフの信用を大きく傷つけることになった。二〇一八年に行われた大統領選挙に向けて、当局がいっそう取り締まりを強める契機になったといえる。

さらに、「外国エージェント」という表現にも注意が必要だろう。これは、ソビエト時代、「スパイ」を意味する表現だった。外国から資金を受け取り、ロシア当局から「外国エージェント」と指定された組織は、その旨を表示しなければならなくなった。

つまり「私たちは外国の『スパイ』です」と明示することを意味している。

ロシアの今後

プーチンの大統領としての支持率は今でも六〇パーセント前後を保っている。これに対して大統領選挙があった場合、ナワリヌイに投票するとしているのは数パーセントに過ぎない。なぜ、ナワリヌイに対する支持が拡大していかないのだろうか。

まず本書で指摘されているように、プーチン政権は二〇〇〇年代に経済的な発展をもたらしたほか、支持を奪われないように人気取りの政策をとり、巧みに現実的な対応をとってきたことがあるだろう。プーチン政権が決して力のみで統治してきたわけではないのだ。

ナワリヌイの支持率が低いままにとどまっているのは、ロシアの人たちがおよそ三〇年前、ソビエト連邦という国家体制があっけなく崩壊し、人生が変わるほどの辛酸をなめる混乱を経験したことが大きな要因と考えられている。「正義を重視した無秩序の混乱」より、「ある程度腐敗し自由が制限されたとしても秩序ある安定」の方がまだましと捉える人たちが、いまだに混乱の時代を経験した世代を中心に大半を占めているからだ。

では、ナワリヌイはプーチンの地位を脅かす政治家にはなっていないのに政権側が神経をとがらせるのはなぜなのだろうか。

プーチンはナワリヌイについて二〇二〇年一二月、「アメリカの特殊機関に支持されている」と指摘した。さらにその後、抗議デモなど反政権的な動きについて、帝政が倒れたロシア革命やソビエトの崩壊といった自国の歴史を例にあげながら、体制や国家の崩壊につながるおそれがあり、無許可のデモは決して容認できないという立場を示した。この発言から見て取れるのは、プーチンにとってナワリヌイは「欧米の手先」であり、背後にいる欧米が抗議デモを支援して体制転覆を狙っているという警戒感だ。主張の真偽より、最高権力者のプーチン本人がこのように警戒心を抱いていることが重要だ。

ナワリヌイの主張に賛同するのは、若い世代、都市部、テレビよりネットを見る人たちに多い。時代の推移とともにこうした層が増えていけば、世論の動向も変わるかもしれない。ただそれには、まだ長い期間がかかりそうだ。

本書では、ナワリヌイが収監されたあと、二〇二一年四月、政権側がナワリヌイと反汚職基金（FBK）を過激派組織に認定するよう裁判所に求めたことが書かれている。その後、六月に認定され、活動はきわめて難しい状態となった。G7やEUなどは厳しく批判しているが、プーチン政権は、ナワリヌイの活動の舞台となるSNSなどネット業者も含め、徹底的に規制を強めたり、取り締まったりしていく構えだ。

ナワリヌイは、二〇二一年八月に掲載されたニューヨーク・タイムズ紙の書面インタビューで、政治犯と同じように、プロパガンダ映画を見せられたり、睡眠を妨げられたり、苦痛を受けているとしている。

ロシアでは二〇二一年九月、二〇二四年の大統領選挙の前哨戦と位置づけられる下院選挙が行われたばかりだ。プーチン政権与党の統一ロシアは前回二〇一六年のときより得票率、議席数を減らしたものの、それでも定数四五〇人の七〇パーセントを超える三二四議席を獲得した。

プーチン政権は二〇二〇年、憲法を改正し、プーチン大統領は二〇二四年以降も立候補して当選すれば、最長で二〇三六年、八三歳まで大統領職にとどまることができるようになった。ロシア政治の最大の焦点は、プーチン大統領が再び立候補するのか、それとも後継者を指名するのかだ。ただいずれの場合でも権力側はプーチンが築き上げた体制、システムを存続させることを目指している。

政権側にも言い分があるだろう。体制を揺るがす行動をして、かつてのように本当に国家体制が崩壊したらどうなるのだろうと。

しかし本書にも登場する石油会社ユコス元社長のホドルコフスキーや、投資家の弁護士のマグニツキーなど、政権に反対する人たちが投獄されたり、殺害されたり、危害を加えられたりという現状が続いているのは覆い隠せないロシアの現実だ。

権威主義、強権主義を強める体制にどう向き合っていくのかは、ロシアに限らない問題であり、決して目を閉ざしてはならないと思う。

ナワリヌイは二〇二一年一〇月、欧州議会から、人権問題や思想の自由を守るために献身的な活動をしてきたとして、旧ソビエトの反体制物理学者の名を冠した「サハロフ賞」に選ばれた。また、二〇二一年のノーベル平和賞に選ばれたロシアの新聞ノーヴァヤ・ガゼータの編集長ムラトフも、ナワリヌイがノーベル平和賞にふさわしいという考えを述べた。ナワリヌイの動向は今後も注目されていくことになるだろう。

（文中敬称略）

二〇二一年一〇月

ejournal.com/453093.html.
［43］Bidder and Esch, 'Russian Opposition Leader Alexei Navalny on His Poisoning'.
［44］Smirnov, '"Byl samolet, i v nem ya pomer"'.
［45］Alexei Navalny, 'Spektakl' v teatre absurda', Navalny (blog), 7 December 2012, https://navalny.livejournal.com/755371.html.
［46］Alexei Navalny, 'Gollandchegi', Navalny (blog), 19 October 2011, https://navalny.livejournal.com/632543.html.
［47］同上。
［48］Navalny, 'Spektakl' v teatre absurda'.
［49］'Vozvrashcheniye Alekseya Naval'nogo', Levada Center, 5 February 2021, https://www.levada.ru/2021/02/05/vozvrashhenie-alekseya-navalnogo/.
［50］'Navalny's Poisoning', Levada Center, 1 February 2021, https://www.levada.ru/en/2021/02/01/navalny-s-poisoning/.
［51］'"Ya ne chuvstvuyu sebya odinokim": Dva poslednikh slova Naval'nogo za odin den'', BBC News Russian, 20 February 2021, https://www.bbc.com/russian/news-56137696.
［52］各種調査によると、ロシアの若者は上の世代よりリベラルだとの結果が出ているが、あらゆる点でリベラルというわけではない。Margarita Zavadskaya, 'Russia's GenZ: Progressive or Reactionary?', Riddle, 12 April 2021, https://www.ridl.io/en/russia-s-genz-progressive-or-reactionary/.
［53］'"Rossiya budet schastlivoy": Rech' Naval'nogo na apellyatsii', Meduza (YouTube channel), 20 February 2021, https://www.youtube.com/watch?v=4yXPNieGgtA.
［54］Smirnov, '"Byl samolet, i v nem ya pomer"'.

＊URLは2021年9月の原書刊行時のものです。

[32] '"My stalkivalis' s situatsiyami, kogda situatsiya vykhodila za ramki zakona i privodila k raskachke gosudarstva": Putin ob aktsiyakh v pod-derzhku Naval'nogo', Mediazona, 25 January 2021, https://zona.media/news/2021/01/25/ptnnava.

[33] Benjamin Bidder and Christian Esch, 'Russian Opposition Leader Alexei Navalny on His Poisoning: "I Assert That Putin Was Behind the Crime"', *Der Spiegel*, 1 October 2020, https://www.spiegel.de/international/world/alexei-navalny-on-his-poisoning-i-assert-that-putin-was-behind-the-crime-a-ae5923d5–20f3-4117-80bd-39a99b5b86f4.

[34] Filip Noubel and Yevgeniya Plakhina, 'Alexey Navalny's Views on Migrants Run Counter to His Pro-Democracy Discourse', Global Voices, 9 February 2021, https://globalvoices.org/2021/02/09/alexey-navalnys-views-on-migrants-run-counter-to-his-pro-democracy-discourse/; Robert Coalson, 'Is Aleksei Navalny a Liberal or a Nationalist?', *The Atlantic*, 29 July 2013, https://www.theatlantic.com/international/archive/2013/07/is-aleksei-navalny-a-liberal-or-a-nationalist/278186/.

[35] Terrell Jermaine Starr, 'We Need to Have a Talk About Alexei Navalny', *The Washington Post*, 1 March 2021, https://www.washingtonpost.com/opinions/2021/03/01/we-need-have-talk-about-alexei-navalny.

[36] Françoise Daucé, *Être opposant dans la Russie de Vladimir Poutine* (Paris: Le bord de l'eau, 2016).

[37] Alisa Volkova, '"Khvatit kormit' Kavkaz": Kak menyalsya natsionalizm Naval'nogo', Kavkaz.Realii, 1 February 2021, https://www.kavkazr.com/a/31075519.html.

[38] たとえば、以下を参照のこと。Bermet Talant, Twitter post, 25 February 2021, https://twitter.com/ser_ou_parecer/status/1364645136572022789.

[39] Sergey Smirnov, '"Byl samolet, i v nem ya pomer": Interv'yu Alekseya Naval'nogo', Mediazona, 7 October 2020, https://zona.media/article/2020/10/06/navalny.

[40] Andrey Kozenko and Ol'ga Prosvirova, '"Moya likvidatsiya nichego ne izmenit": Interv'yu Alekseya Naval'nogo o ego vosstanovlenii i vozvrashchenii v Rossiyu', BBC News Russian, 6 October 2020, https://www.bbc.com/russian/features-54435835.

[41] ウラジーミル・アシュルコフ、2021年1月18日のフェイスブック投稿。https://www.facebook.com/vladimir.ashurkov/posts/3924279780956491.

[42] Alexei Navalny, 'Ogo', Navalny (blog), 26 April 2010, https://navalny.liv

2019, https://navalny.com/t/595/.

［21］マリヤ・ブーチナは「アメリカ合衆国内でロシア連邦の工作員として活動した共謀罪」で起訴され、罪を認めた。司法省広報部2018年7月16日「ロシア国民、合衆国内でロシア連邦のスパイ活動の共謀罪で起訴」。https://www.justice.gov/opa/pr/russian-national-charged-conspiracy-act-agent-russian-federation-within-united-states. 2019年の釈放後、彼女はロシアに国外退去させられた。 Jonny Tickle, 'Maria Butina, Once Jailed in US, Visits Navalny's Prison & Calls It "Exemplary", but Allies of Russian Opposition Figure Cry Foul', RT, 2 April 2021, https://www.rt.com/russia/519977-butina-prison-visit-navalny/.

［22］ユリヤ・ナワリナヤ、2021年4月13日のインスタグラム投稿。https://www.instagram.com/p/CNm-iqxlHjL/.

［23］Alexei Navalny, 'Kak vyglyadit propaganda nasiliya v "Novoy gazete" po mneniyu IK-2', Navalny.com (blog), 14 April 2021, https://navalny.com/p/6479/.

［24］アレクセイ・ナワリヌイ、2021年4月7日のインスタグラム投稿。https://www.instagram.com/p/CNXy3DGFZx1/.

［25］アレクセイ・ナワリヌイ、2021年4月23日のインスタグラム投稿。https://www.instagram.com/p/COAeBxIFNpL/.

［26］'Prokuratura potrebovala priznat' FBK i "Shtaby Naval'nogo" ekstremistskimi organizatsiyami', *Novaya Gazeta,* 17 April 2021, https://novayagazeta.ru/articles/2021/04/16/prokuratura-potrebovala-priznat-fbk-i-shtaby-navalnogo-ekstremistskimi-organizatsiiami.

［27］Anastasiya Yasenitskaya, Dima Shvets, and Nikita Sologub, 'Tebya delayut ekstremistom: Chem grozit isk prokuratury FBK', Mediazona, 16 April 2021, https://zona.media/article/2021/04/16/fbk-extremism.

［28］'Istochniki informatsii', Levada Center, 28 September 2020, https://www.levada.ru/2020/09/28/ggh/.

［29］エカテリンブルクのヴィクトル（39歳）とのインタビュー。

［30］'Uslovno Vash: Aleksey Naval'nyy i Yegor Zhukov', Ekho Moskvy (YouTube channel), 25 March 2020, https://www.youtube.com/watch?v=lnRIIqsuCp8.

［31］Yevgeniya Al'bats, '"Ya dumayu, vlast' v Rossii smenitsya ne v rezul'tate vyborov"', *The New Times,* 19 July 2011, https://newtimes.ru/articles/detail/38107/; Alexei Navalny, 'Ya, navernoye, dolzhen izvinit'sya', Navalny.com (blog), 5 May 2016, https://navalny.com/p/4860/.

[8] Sergey Romashenko, 'Protiv Lyubovi Sobol' vozbudili ugolovnoye delo', Deutsche Welle, 4 February 2021, https://www.dw.com/ru/protiv-soratnicy-navalnogo-sobol-vozbudili-ugolovnoe-delo/a-56452795; 'Protiv Sobol' vozbudili delo o narushenii neprikosnovennosti zhilishcha', *Kommersant*, 25 December 2020, https://www.kommersant.ru/doc/4628469.
[9] 'Father of Navalny Associate Remanded in Custody'.
[10] 彼はモスクワでの抗議活動の画像を1月23日の日付入りでリツィートした。'Glavnogo redaktora "Mediazony" Sergeya Smirnova arestovali na 25 sutok za retvit', Mediazona, 3 February 2021, https://zona.media/news/2021/02/03/smirnov.
[11] 'Delo o mitingakh i podrostkakh: Mera presecheniya zhurnalistam DOXA', Mediazona, 14 April 2021, https://zona.media/online/2021/04/14/doxa.
[12] 'Spisok zaderzhannykh v svyazi s sudom nad Alekseyem Naval'nym', OVD-Info, 2 February 2021, https://ovdinfo.org/news/2021/02/02/spisok-zaderzhannyh-v-svyazi-s-sudom-nad-alekseem-navalnym-2-fe-vralya-2021-goda; 'Real'nyy srok Naval'nomu: Protesty posle resheniya suda', Mediazona, 2 February 2021, https://zona.media/online/2021/02/02/aftercourt.
[13] アレクセイ・ナワリヌイ、2021年3月15日のインスタグラム投稿。https://www.instagram.com/p/CMcVo3qFSvY/.
[14] アレクセイ・ナワリヌイ、2021年3月29日のインスタグラム投稿。https://www.instagram.com/p/CM_6xtrF3s_/.
[15] Sergey Dolgov, 'Arestant vserossiyskogo masshtaba: Kak Naval'nyy vybivayet privilegii v pokrovskoy kolonii', Life News, 2 April 2021, https://life.ru/p/1388796.
[16] Aleksandr Borodikhin, Yelizaveta Pestova, and Dima Shvets, 'Nochnoy "Dozor": Pochemu Naval'nogo v kolonii budyat kazhdyy chas i chto takoye profilakticheskiy uchet', Mediazona, 25 March 2021, https://zona.media/article/2021/03/25/navalny-sklonen.
[17] アレクセイ・ナワリヌイ、2021年3月15日のインスタグラム投稿。
[18] Borodikhin, Pestova, and Shvets, 'Nochnoy "Dozor"'.
[19] Alexei Navalny, 'Dva zayavleniya Alekseya Naval'nogo', Navalny.com (blog), 25 March 2021, https://navalny.com/p/6476/; Irek Murtazin, 'Medvedev razreshil', *Novaya Gazeta*, 20 April 2021, https://novayagazeta.ru/articles/2021/04/20/medvedev-razreshil.
[20] Alexei Navalny, 'Golodovka Sobol'', Navalny.com (blog), 16 August

った同党候補者に、いわゆる「当て馬」のアレクサンドル・ソロヴィヨフもいたことはいわなかった。〈公正ロシア〉はおそらく当局と結託し、有権者を混乱させる目的で候補者名簿に彼を載せたと見られている。
[72] Yelena Mukhametshina and Maksim Ivanov, 'Gosduma otkryla sessiyu s obsuzhdeniya Alekseya Naval'nogo i vyborov v SShA', *Vedomosti*, 19 January 2021, https://www.vedomosti.ru/politics/articles/2021/01/19/854692-gosduma-otkrila.
[73] 'Elektoral'nyye reytingi partiy', Levada Center, 11 March 2021, https://www.levada.ru/2021/03/11/elektoralnye-rejtingi-partij-5/.
[74] '"Tsirk", "Umnyy golos" i "Polnyy vpered": Novaya strategiya partii vlasti v Moskve', Meduza, 26 March 2021, https://meduza.io/feature/2021/03/26/tsirk-umnyy-golos-i-polnyy-vpered-novaya-strategiya-partii-vlasti-v-moskve.

第6章　ナワリヌイとロシアの未来

[1] ロイター、2021年2月3日のツイッター投稿。 https://twitter.com/Reuters/status/1357036129594167296.
[2] 'Case of Navalnyye v. Russia: Judgment', European Court of Human Rights (ECtHR), 17 October 2017, http://hudoc.echr.coe.int/eng?i=001-177665.
[3] '"Zavedomo lozhnyy donos": Sut' dela "Iv Roshe", po kotoromu Aleksey Naval'nyy mozhet popast' za reshetku', Znak, 2 February 2021, https://www.znak.com/2021-02-02/sut_dela_iv_roshe_po_kotoromu_aleksey_navalnyy_mozhet_popast_za_reshetku.
[4] '"Vladimir the Poisoner": A Translation of Alexey Navalny's Speech in Court on February 2', Meduza, 2 February 2021, https://meduza.io/en/feature/2021/02/02/vladimir-the-poisoner.
[5] 上訴した結果、ナワリヌイの刑期は2年半に減刑された。 Max Seddon, 'Moscow Appeals Court Upholds Jailing of Putin Critic Navalny', *Financial Times*, 20 February 2021, https://www.ft.com/content/0765d2fb-abb7-4622-90b4-686e7475fa68.
[6] 'Father of Navalny Associate Remanded in Custody; Son Calls Charge "A New Level Of Villainy"', RFE/RL Russian Service, 7 April 2021, https://www.rferl.org/a/russia-zhdanov-father-custody-navalny-abuse-of-office/31191420.html.
[7] データはOVDインフォ、オンラインメディアのメディアゾナ、新聞各紙、地方支部のツイッター投稿などから収集した。

org/data/odinochnye-pikety-dannye#1.

[62] Sergey Belanovsky and Anastasia Nikolskaya, ‘Why Is Khabarovsk Backing Furgal?’, Riddle, 21 July 2020, https://www.ridl.io/en/why-is-khabarovsk-backing-furgal/.

[63] Mikhail Shubin, ‘Kak podavlyali protesty v Khabarovske? Glavnoe’, OVD-Info, 28 December 2020, https://ovdinfo.org/articles/2020/12/28/kak-podavlyali-protesty-v-habarovske-glavnoe.

[64] Alexander Marrow, ‘Russian Police Detain around 200 People, Including Leading Opposition Figures, at Moscow Meeting’, Reuters, 13 March 2021, https://www.reuters.com/article/us-russia-politics-opposition-idUSKBN2B50AP.

[65] ‘“Otkrytaya Rossiya” nadoyela: Organizatsiyu, osnovannuyu Mikhailom Khodorkovskim, priznali nezhelatel’noy’, *RBK*, 26 April 2017, https://www.rbc.ru/newspaper/2017/04/27/5900b60a9a7947c5e8ac8807.

[66] Dar’ya Korzhova, ‘Miting na prospekte Sakharova sobral rekordnyye 50 000 chelovek’, *Vedomosti*, 10 August 2019, https://www.vedomosti.ru/politics/articles/2019/08/10/808531-000.

[67] Taisiya Bekbulatova, Ivan Golunov, and Aleksandr Gorbachev, ‘Byvshiy soratnik Alekseya Naval’nogo registriruyet Partiyu progressa: Naval’nyy uveren, chto u nego kradut partiyu—tak i est’’, Meduza, 23 February 2018, https://meduza.io/feature/2018/02/22/byvshiy-soratnik-alekseya-navalnogo-registriruet-partiyu-progressa-navalnyy-uveren-chto-u-nego-kradut-partiyu-tak-i-est.

[68] ‘Naval’nyy zapustil proyekt “Umnoye golosovaniye”: On dolzhen ob”yedinit’ oppozitsiyu, chtoby pobedit’ “Edinuyu Rossiyu” v region-akh’, *Novaya Gazeta*, 29 November 2018, https://novayagazeta.ru/news/2018/11/28/147156-navalnyy-zapustil-proekt-umnoe-golosovanie-on-dolzhen-ob-edinit-oppozitsiyu-chtoby-pobedit-edinuyu-rossiyu-v-regionah.

[69] Alexei Navalny, ‘Umnoye golosovaniye: Otvety na voprosy i kritiku’, Navalny.com (blog), 21 August 2019, https://navalny.com/p/6194/.

[70] Mikhail Turchenko and Grigorii Golosov, ‘Smart Enough to Make a Difference? An Empirical Test of the Efficacy of Strategic Voting in Russia’s Authoritarian Elections’, *Post-Soviet Affairs* 37, no. 1 (2021): 65–79.

[71] ‘Mironov: “Umnoye golosovaniye” ne povliyalo na pobedu spravorossov na vyborakh v Mosgordumu’, TASS, 9 September 2019, https://tass.ru/politika/6864618. しかしミロノフは、スマート投票作戦によって国会議員にな

nal of Cultural and Political Sociology 2, nos. 3–4 (2015): 211–40.
[50] Robertson, 'Protesting Putinism'.
[51] Graeme Robertson, 'Managing Society: Protest, Civil Society, and Regime in Putin's Russia', *Slavic Review* 68, no. 3 (2009): 528–47.
[52] また、2011年12月の抗議活動によって、行政に対する人々の信頼が短期的に高まったという研究もある。とりわけ当局に批判的な層の信頼が高まった。反体制志向の市民は弾圧を覚悟していたのに、弾圧されなかったので、好印象をもったという理由が考えられる。以下を参照のこと。Timothy Frye and Ekaterina Borisova, 'Elections, Protest, and Trust in Government: A Natural Experiment from Russia', *The Journal of Politics* 81, no. 3 (2019): 820–32.
[53] 'Russia's Protestors on Trial: What You Need to Know about the Bolotnaya Case', Human Rights Watch, 18 December 2013, https://www.hrw.org/video-photos/interactive/2013/12/18/russias-protestors-trial-what-you-need-know-about-bolotnaya-case.
[54] Fabian Burkhardt and Jan Matti Dollbaum, 'Der Bolotnaja-Prozess', in Lexikon der Politischen Strafprozesse, ed. Kurt Groenewold, Alexander Ignor, and Arndt Koch, 2018, http://www.lexikon-der-politischen-strafprozesse.de/glossar/der-bolotnaja-prozess-2012/.
[55] Yegor Skovoroda, 'Tseremoniya zakrytiya', Russkaya Planeta, 24 February 2014, https://rusplt.ru/policy/bolotka-prigovor-8215.html
[56] Burkhardt and Dollbaum, 'Der Bolotnaja-Prozess'.
[57] 撤回された理由は、評決の根拠となった行政過料のひとつが審理開始時点で有効でなかったことだった。ただし、この点はダディンの弁護士がすでに公判で指摘していた。
[58] Grigoriy Durnovo, '"Dadinskaya stat'ya": Chetyre goda spustya', OVD-Info, 1 February 2019, https://ovdinfo.org/articles/2019/02/01/dadinskaya-statya-chetyre-goda-spustya.
[59] Yelizaveta Fokht, 'Osuzhdennuyu po "dadinskoy stat'ye" Yuliyu Galyaminu lishili statusa deputata', BBC News Russian, 25 March 2021, https://www.bbc.com/russian/news-56528142.
[60] 行政訴訟に関するOVDインフォのデータに関しては以下を参照のこと。'Kak sudyat po stat'ye 20.2 KoAP: Statistika', OVD-Info, no date, https://data.ovdinfo. org/20_2/.
[61] 個々の抗議に関するOVDインフォのデータに関しては下記を参照のこと。'Odinochnyye pikety: Dannyye', OVD-Info, no date, https://ovdinfo.

[38] Andrei Nikitin, *Perm: Rodina Rossiiskogo Liberalizma* (Moscow: Moskovskaya shkola politicheskikh issledovaniy, 2004).

[39] かつてフォード・モーターの慈善部門だったフォード財団は1974年に設立され、現在でも世界有数の潤沢な資金を抱える民間慈善団体である。

[40] Igor' Averkiyev, 'Kak rabotat' s vlast'yu: "Permskiye Pravila Povedeniya"', Stranitsy Averkiyeva, 10 November 2004, http://www.prpc.ru/averkiev/041110.shtml.

[41] Nikitin, *Perm*.

[42] 'Ochen' skoro vy (da, imenno vy) smozhete stat' "inostrannym agentom"—dazhe etogo ne zametiv. Chto?', Meduza, 4 December 2020, https://meduza.io/cards/ochen-skoro-vy-da-imenno-vy-smozhete-stat-inostrannym-agentom-dazhe-etogo-ne-zametiv-chto.

[43] 'Valentina Cherevatenko', Kavkazskiy Uzel, 27 October 2017, https://www.kavkazuzel.eu/articles/311673/.

[44] 以下のサイトを参照。https://fbk.info/, at the bottom of the page.

[45] 'Nelogicheskoye odareniye: "Agora" i "Memorial" poluchili prezidentskiye granty', Grani.ru 19 June 2014, https://graniru.org/Society/ngo/m.230342.html.

[46] たとえば、以下を参照のこと。Kirsti Stuvøy, '"The Foreign Within": State–Civil Society Relations in Russia', *Europe–Asia Studies* 72, no. 7 (2020): 1103–24, here 1108.

[47] Aleksandra Zakhvatkina, '"Nuzhno vyyti iz etogo, ukrepivshis'": Lev Ponomarev—o likvidatsii dvizheniya "Za prava cheloveka"', Agentstvo Sotsial'noy Informatsii, 5 November 2019, https://www.asi.org.ru/news/2019/11/05/lev-ponomarev-2/.

[48] Marc Morjé Howard, *The Weakness of Civil Society in Post-Communist Europe* (Cambridge: Cambridge University Press, 2003). グルナズ・シャラフトディノワによるユーリ・レバダの「ホモ・ソビエティクス」に関する討論も参照のこと。'Was There a "Simple Soviet" Person? Debating the Politics and Sociology of "Homo Sovieticus"', *Slavic Review* 78, no. 1 (2019): 173–95.

[49] たとえば、以下を参照のこと。Graeme Robertson, 'Protesting Putinism: The Election Protests of 2011–2012 in Broader Perspective', *Problems of Post-Communism* 60, no. 2 (2013): 11–23; あるいは、カリーヌ・クレマンの作品を参照のこと。Karine Clément, 'Unlikely Mobilisations: How Ordinary Russian People Become Involved in Collective Action', *European Jour-*

[27] Yevgeniy Chernov, 'Pereletnyye litsa utekali iz Samary', *Kommersant*, 20 January 2021, https://www.kommersant.ru/doc/4653655; Ivan Tyazhlov, '"Magistral'" utekla v Sankt-Peterburge', *Kommersant*, 1 March 2021, https://www.kommersant.ru/doc/4710833.
[28] Mark Galeotti, 'Kremlin Turns on Russia's "Subversive Transparency"', *The Moscow Times*, 9 March 2021, https://www.themoscowtimes.com/2021/03/09/kremlin-turns-on-russias-subversive-transparency-a73178.
[29] 'O vnesenii izmeneniy v stat'i 183 i 320 Ugolovnogo kodeksa Rossiyskoy Federatsii', State Duma, 16 February 2021, https://sozd.duma.gov.ru/bill/1112804-7.
[30] Alexei Navalny, 'Kleptokraticheskoye puteshestviye: Tur po domam rossiyskikh milliarderov', Navalny.com (blog), 12 February 2016, https://navalny.com/p/4723/.
[31] ジャーナリスト、アンドレイ・ロシャーク制作のドキュメンタリー映画「ホリヴァール：ルネットの歴史」を参照のこと。投資家エゴール・シュッペの記憶するプーチンの約束が含まれている短い動画については、以下を参照のこと。'Fragment seriala "Kholivar" Andreya Loshaka ob istorii Runeta', Meduza (YouTube channel), 31 May 2019, https://www.youtube.com/watch?v=YfN_DLpjacU.
[32] パーヴェル・ドゥーロフの2011年12月8日のツイッター投稿。https://twitter.com/durov/status/144775176742113281.
[33] Ingrid Lunden, 'Pavel Durov Resigns as Head of Russian Social Network VK.com, Ukraine Conflict was the Tipping Point', Tech Crunch, 1 April 2014, https://techcrunch.com/2014/04/01/founder-pavel-durov-says-hes-stepped-down-as-head-of-russias-top-social-network-vk-com/.
[34] 'Telegram Retains Users after Russia's Ban amid Internet Chaos', *The Moscow Times*, 18 April 2018, https://www.themoscowtimes.com/2018/04/18/telegram-retains-users-after-russias-ban-amid-internet-chaos-a61204.
[35] 'Russia Lifts Ban on Telegram Messaging App after Failing to Block It', Reuters, 18 June 2020, https://www.reuters.com/article/us-russia-telegram-ban-idUSKBN23P2FT.
[36] 彼女の本名はアナスタシヤ・ヴァシュケヴィッチである。'Rossiyskiye operatory nachali blokirovat' sayt Naval'nogo', BBC News Russian, 15 February 2018, https://www.bbc.com/russian/news-43072741.
[37] 'Roskomnadzor razblokiroval sayt Naval'nogo', BBC News Russian, 26 February 2018, https://www.bbc.com/russian/news-43083438.

Navalny, '"Chayka"', Navalny.com, 2015, https://chaika.navalny.com.
[17] Shaun Walker, 'The Luxury Hotel, the Family of the Top Moscow Prosecutor and Russia's Most Notorious Gang', *The Guardian,* 13 December 2015, https://www.theguardian.com/world/2015/dec/13/alexei-navalny-yuri-chaika.
[18] Alexei Navalny, 'Znakom'tes', synov'ya genprokurora—LSDU3 i YFYaU9', Navalny.com (blog), 9 June 2016, https://navalny.com/p/4905/.
[19] 同上。
[20] この法案が議会で可決されるまでの流れについては下記を参照のこと。'O vnesenii izmeneniy v Federal'nyy zakon "O gosudarstvennoy okhrane" io tdel'nyye zakonodatel'nyye akty Rossiyskoy Federatsii', State Duma, 11 February 2017, https://sozd.duma.gov.ru/bill/99654-7.
[21] 'Gosduma odobrila rasshireniye polnomochiy FSO', *RBK,* 15 June 2017, https://www.rbc.ru/politics/15/06/2017/594105e89a79473d101832fb.
[22] Ben Noble, 'Authoritarian Amendments: Legislative Institutions as Intraexecutive Constraints in Post-Soviet Russia,' *Comparative Political Studies* 53, no. 9 (2020): 1417–54; Ben Noble, 'Vagonchiki (Russia)', Global Informality Project, 2020, https://www.in-formality.com/wiki/index.php?title=Vagonchiki_(Russia).
[23] Anastasiya Kornya and Ol'ga Churakova, 'Gosduma razreshila zasekrechivat' informatsiyu ob imushchestve i aktivakh krupnykh chinovnikov', *Vedomosti,* 15 June 2017, https://www.vedomosti.ru/politics/articles/2017/06/16/694626-zasekrechivat-imuschestve-chinovnikov.
[24] 'O vnesenii izmeneniy v otdel'nyye zakonodatel'nyye akty Rossiyskoy Federatsii v chasti obespecheniya konfidentsial'nosti svedeniy o zashchishchayemykh litsakh i ob osushchestvlenii operativno-rozysknoy deyatel'nosti', State Duma, 8 December 2020, https://sozd.duma.gov.ru/bill/1070431-7.
[25] Mariya Makutina, 'Siloviki poluchat shirokuyu neizvestnost'', *Kommersant,* 16 December 2020, https://www.kommersant.ru/doc/4615747.
[26] '"Ne tak-to prosto otravit' cheloveka 'Novichkom'": Rassledovatel' Khristo Grozev iz Bellingcat rasskazyvayet, kak on nashel vozmozhnykh otraviteley Naval'nogo', Meduza, 16 December 2020, https://meduza.io/feature/2020/12/16/ne-tak-to-prosto-otravit-cheloveka-novichkom; Ben Smith, 'How Investigative Journalism Flourished in Hostile Russia', *The New York Times,* 21 February 2021, https://www.nytimes.com/2021/02/21/business/media/probiv-investigative-reporting-russia.html.

ye mitingi vyshli 90 tysyach chelovek', Meduza, 9 March 2021, https://meduza.io/feature/2021/03/09/kak-vyyasnila-meduza-po-vnutrennim-podschetam-fsb-na-yanvarskie-mitingi-vyshli-90-tysyach-chelovek.

[6] 'Putin rasskazal o lichnom uchastii v snyatii ogranicheniy na vyyezd Naval'nogo v FRG', *Izvestiya*, 22 October 2020, https://iz.ru/1077364/2020-10-22/putin-rasskazal-o-lichnom-uchastii-v-sniatii-ogranichenii-na-vyezd-navalnogo-v-frg.

[7] Vladimir Putin, 'Address by President of the Russian Federation', Kremlin, 18 March 2014, http://en.kremlin.ru/events/president/news/20603. プーチンのこれまでの発言に解説を加えてきたさまざまな専門家のコメントがついているプーチンの演説は、以下を参照のこと。'Speech of Vladimir Putin', Dekoder, 18 March 2019, https://crimea.dekoder.org/speech.

[8] 'Putin Reveals Secrets of Russia's Crimea Takeover Plot', BBC News, 9 March 2015, https://www.bbc.com/news/world-europe-31796226.

[9] Samuel Greene and Graeme Robertson, *Putin v. the People: The Perilous Politics of a Divided Russia* (New Haven: Yale University Press, 2019).

[10] Regina Smyth, Anton Sobolev, and Irina Soboleva, 'A Well-Organized Play: Symbolic Politics and the Effect of the Pro-Putin Rallies', *Problems of Post-Communism* 60, no. 2 (2013): 24–39.

[11] 'Volodin podtverdil svoy tezis o tom, chto "net Putina—net Rossii"', TASS, 18 October 2017, https://tass.ru/politika/4658232.

[12] たとえば、以下を参照のこと。Mabel Berezin, 'Emotions and Political Identity: Mobilizing Affection for the Polity', in *Passionate Politics: Emotions and Social Movements*, ed. Jeff Goodwin, James M. Jasper and Francesca Polletta (Chicago: University of Chicago Press, 2001), 83–98.

[13] Greene and Robertson, *Putin v. the People.*

[14] この件の概要については以下を参照のこと。'Na Naval'nogo zaveli delo ob oskor-blenii veterana iz-za rolika RT pro Konstitutsiyu: Sam pensioner postov oppozitsionera ne videl', Meduza, 18 June 2020, https://meduza.io/feature/2020/06/18/na-navalnogo-zaveli-delo-iz-za-posta-o-rolike-rt-pro-konstitutsiyu-oppozitsioner-yakoby-oskorbil-veterana-no-dazhe-ne-upominal-ego.

[15] Yevgeniy Zhukov, 'Naval'nomu pred''yavili obvineniye po delu o klevete na veterana voynu', Deutsche Welle, 22 July 2020, https://www.dw.com/ru/a-54268667.

[16] Alexei Navalny, '"Chayka"', Alexei Navalny (YouTube channel), 1 December 2015, https://www.youtube.com/watch?v=eXYQbgvzxdM; Alexei

考えを変えたとのことだが、ナワリヌイ自身は2007年のNARODの動画については謝罪したことはない。Masha Gessen, 'The Evolution of Alexey Navalny's Nationalism', *The New Yorker,* 15 February 2021, https://www.newyorker.com/news/our-columnists/the-evolution-of-alexey-navalnys-nationalism; Arkady Ostrovsky, '"I've mortally offended Putin by surviving": Why Alexei Navalny keeps fighting', *The Economist,* 2 May 2021, https://www.economist.com/1843/2021/05/02/ive-mortally-offended-putin-by-surviving-why-alexei-navalny-keeps-fighting.

[34]「社会的望ましさのバイアス」は調査研究においてはよく知られている問題である。その概要については以下を参照のこと。Ivar Krumpal, 'Determinants of Social Desirability Bias in Sensitive Surveys: A Literature Review', *Quality & Quantity* 47, no. 4 (2013): 2025–47.

[35] インタビューを受けた人物は russkiy という単語を使用している。これはロシア国民ではなく、ロシア民族（エスニシティ）を意味する単語である。ロシア国民を表すときには rossiyskiy という単語が使われる。

[36] このインタビューは、ロシア大統領府直属国立経済行政アカデミーの調査員イリーナ・コズロワによって実施された。

第5章　クレムリン VS ナワリヌイ

[1] Dmitriy Smirnov, 'Peskov ob"yasnil, pochemu Putin ne boitsya Naval'nogo', *Komsomol'skaya Pravda,* 19 January 2021, https://www.kp.ru/daily/27228/4354766/; '"Nalichiye pretenziy k Naval'nomu ne imeyet otnosheniya k prezidentu Rossii"', Kommersant FM, 19 January 2021, https://www.kommersant.ru/doc/4653391.

[2] 'Tsentral'nyye stantsii metro Moskvy zakroyut v den' protestov 31 yanvarya', *Kommersant,* 29 January 2021, https://www.kommersant.ru/doc/4670680; 'SMI soobshchili ob obkhode kafe i barov v Moskve s pros'boy otklyuchit' Wi-Fi', *RBK,* 31 January 2021, https://www.rbc.ru/society/31/01/2021/6015c9ea9a7947382cdd73d7.

[3] Andrey Semenov, 'Pro-Navalny Protests are Breaking Records across Russia', Riddle, 16 April 2021, https://www.ridl.io/en/pro-navalny-protests-are-breaking-records-across-russia/.

[4] Aleksandr Litoy, Dmitriy Anisimov, and Grigoriy Durnovo, '"Dvortsovoye delo": kto eti lyudi i za chto ikh sudyat. Gid OVD-Info', OVD-Info, 15 February 2021, https://ovdinfo.org/navalny-protests.

[5] 'Kak vyyasnila "Meduza", po vnutrennim podschetam FSB, na yanvarski-

[22] 'Leonida Volkova obvinili v prizyvakh podrostkov k uchastiyu v mitingakh: SK vozbudil delo', BBC News Russian, 28 January 2021, https://www.bbc.com/russian/news-55838513.

[23] Dollbaum and Semenov, 'Navalny's Digital Dissidents'.

[24] 比較のためにふたつの調査を使用した。ひとつは独立系調査機関レバダ・センターが2017年後半に実施したもので、もうひとつは〈世界価値観調査（WVS)〉のロシア・チームが実施したものである。Eduard Ponarin, Anna Almakaeva and Natalia Soboleva, 'World Values Survey: Round Seven; Russia Datafile Version', Moscow: Higher School of Economics, 2017.

[25] ナワリヌイに関する調査の対象者の平均年齢は23歳である。ナワリヌイのコアな支持者では高等教育の修了者あるいは在学者が約3分の2を占めるのに対し、一般国民では約半数にすぎない。

[26] ナワリヌイに関する調査では、回答者の約44％が生活水準の6等級のうち上位3等級に当てはまる。対して、2017年のレバダ・センターの調査で、インターネットをよく使う大都市中心部の住民の57％が上位3等級に当てはまっていた。

[27] 当然、これはあるひとつの調査を反映したものにすぎない。もっとも、こちらが把握している調査はこれひとつだけである。しかし、ナワリヌイがもっと有名になり、人気も出れば、収入や教育、あるいは性別といった基本的な差異は広がるのではなく、狭まっていく可能性が高い。

[28] Georgiy Tadtayev, 'Roskomnadzor potreboval ot TikTok udalit' prizyvy k protestam', *RBK,* 20 January 2021, https://www.rbc.ru/politics/20/01/2021/600862309a7947b226f20083.

[29] 'Kazhdyy den' Naval'nyy', OVD-Info, 23 March 2018, https://ovdinfo.org/articles/2018/03/23/kazhdyy-den-navalnyy. OVDインフォはこの分析において、2017〜18年のナワリヌイの選挙戦期間中に支持者や活動家に対する何千件もの弾圧事例を提示している。

[30] Dollbaum, 'Protest Trajectories in Electoral Authoritarianism'.

[31] 詳細は以下を参照のこと。Dollbaum and Semenov, 'Navalny's Digital Dissidents'.

[32] Ilya Budraitskis and Ilya Matveev, 'Putin's Majority?', *New Left Review,* Sidecar (blog), 9 February 2021; https://newleftreview.org/sidecar/posts/putins-majority.

[33] 2008年にロシアとジョージアが短期間戦った南オセチア紛争のとき、ジョージア人に対して侮蔑的な言葉を使ったことについて、ナワリヌイは公に謝罪した。仲間が受けた最近のインタビューによると、ナワリヌイは

[12] ‘Naval’nyy v Yekaterinburge: O prezidentskikh vyborakh, Royzmane i sataninskom gosudarstve’, Politsovet, 25 February 2017, http://politsovet.ru/54595-navalnyy-v-ekaterinburge-o-prezidentskih-vyborah-royzmane-i-sataninskom-gosudarstve.html.

[13] ナワリヌイのエカテリンブルクの仲間と2017年に行ったインタビュー。

[14] Jan Matti Dollbaum, ‘Protest Trajectories in Electoral Authoritarianism: From Russia’s “For Fair Elections” Movement to Alexei Navalny’s Presidential Campaign’, *Post-Soviet Affairs* 36, no. 3 (2020): 192–210.

[15] ‘Aleksey Naval’nyy i ego potentsial’nyye storonniki’, Levada Center, 1 March 2021, https://www.levada.ru/2021/03/01/aleksej-navalnyj-i-ego-potentsialnye-storonniki/.

[16] Dollbaum, ‘Protest Trajectories in Electoral Authoritarianism’.

[17] 独立系オンラインメディアのメドゥーザは、人権団体OVDインフォと協力して抗議活動の参加者と逮捕者の分布図を提供している。2017年3月26日分は以下を参照のこと。‘Protestnaya karta Rossii’, Meduza, 7 June 2017, https://meduza.io/feature/2017/06/07/protestnaya-karta-rossii; 2017年6月12日分については以下を参照のこと。‘12 iyunya na ulitsy vyshlo bol’she lyudey, chem 26 marta’, Meduza, 13 June 2017, https://meduza.io/feature/2017/06/13/skolko-lyudey-protestovali-12-iyunya-i-skolko-zaderzhali.

[18] このアンケートはエレーナ・シロトキナとアンドレイ・セミョーノフの協力を得て、2018年1〜2月に実施された。モスクワ、サンクトペテルブルク、ウラジオストク、イワノボ、トムスク、バルナウル、カザン、ロストフの8つの大都市で、ナワリヌイの公式選挙グループの支援者約5000人に対してひとりひとりアンケートが送付された。この5000人のサンプルは、グループの年齢と性別の分布が反映される構成になっている。詳細は以下を参照のこと。Jan Matti Dollbaum and Andrei Semenov, ‘Navalny’s Digital Dissidents: A New Data Set on a Russian Opposition Movement’, *Problems of Post-Communism* (Forthcoming): 1–10. 2021年オンラインで公開。 https://doi.org/10.1080/10758216.2021.1893123.

[19] Dollbaum, ‘Protest Trajectories in Electoral Authoritarianism’.

[20] ‘Shtab Naval’nogo v Krasnodare: Kto eti lyudi i chem oni budut zanimat’sya’, *RBK*, 13 March 2017, https://kuban.rbc.ru/krasnodar/13/03/2017/58c6434e9a7947a269ceec81.

[21] Natalia Forrat, ‘Shock-Resistant Authoritarianism: Schoolteachers and Infrastructural State Capacity in Putin’s Russia’, *Comparative Politics* 50, no. 3 (2018): 417–49.

第4章　抗議者として

［1］ Yelizaveta Fomina, 'Regiony Rossii v podderzhku Naval'nogo: massovyye zaderzhaniya i trebovaniya peremen', Deutsche Welle, 24 January 2021, https://www.dw.com/ru/protesty-v-rossii-massovye-zaderzhaniya-i-trebovaniya-peremen/a-56326186.

［2］ Alexei Navalny, 'Dvorets dlya Putina: Istoriya samoy bol'shoy vzyatki', Alexei Navalny (YouTube channel), 19 January 2021, https://www.youtube.com/watch?v=ipAnwilMncI. ナワリヌイの呼びかけは 1:47:49 からはじまる。

［3］ 本章はロシア各地のさまざまな都市に住む多くのロシア人のインタビューにもとづいている。話を聞いたのはナワリヌイの選挙事務所の職員、ボランティアの活動家、ナワリヌイの支持者ではないと自認している人などさまざまだが、みななんらかの形で政治にかかわっていた。インタビューは 2017〜21年にかけて実施した。

［4］ 'Aleksey Naval'nyy: aresty s 2011 po 2021 gody (infografika)', Deutsche Welle, 19 January 2021, https://www.dw.com/ru/aleksej-navalnyj-aresty-za-protesty-infografika/a-45626448.

［5］ Yuriy Dud', 'Naval'nyy: O revolyutsii, Kavkaze i Spartake', vDud' (YouTube channel), 18 April 2017, https://www.youtube.com/watch?v= Bf9zvyPachs.

［6］ Andreas Schedler, 'Elections Without Democracy: The Menu of Manipulation', *Journal of Democracy* 13, no. 2 (2002): 36–50.

［7］ 他地域の活動家の多くもそうだが、このペルミの古参活動家も、地方政府によるペルミ市の自治への侵害に対する抗議活動に参加していた。全国の市長選挙制度に代わり、しだいに「市政管理者」の任命制が増えてきたことを受け、彼らは 2009年に市長選挙制度維持を訴える運動を開始した。

［8］ この対立に関する詳細は以下を参照のこと。Jan Matti Dollbaum, 'When Does Diffusing Protest Lead to Local Organization Building? Evidence from a Comparative Subnational Study of Russia's "For Fair Elections" Movement', *Perspectives on Politics* (Forthcoming): 1–16. 2020年オンラインで公開。 https://doi.org/10.1017/S1537592720002443.

［9］ Leonid Volkov, 'Pervoye soobshcheniye', O vsyakoy vsyachine (blog), 28 September 2007, https://leonwolf.livejournal.com/2007/09/28/.

［10］ Leonid Volkov, 'Kak ya byl plokhim nablyudatelem', O vsyakoy vsyachine (blog), 2 December 2007, https://leonwolf.livejournal.com/2007/12/02/.

［11］ Leonid Volkov, 'Statistika', O vsyakoy vsyachine (blog), 27 February 2009, https://leonwolf.livejournal.com/2009/02/27/.

[136] Kathrin Hille, 'Alexei Navalny: A Genuine Alternative to Vladimir Putin?', *Financial Times*, 7 August 2017, https://www.ft.com/content/16df421e-72c1-11e7-aca6-c6bd07df1a3c.
[137] Anton Zhelnov, 'Aleksey Naval'nyy: "Elita tol'ko zhdet momenta, chtoby predat' Putina"', Dozhd', 1 November 2016, https://tvrain.ru/teleshow/harddaysnight/navalny-420199/.
[138] Venediktov and Ryabtseva, 'Sbityy fokus'.
[139] 'Debaty: Aleksey Naval'nyy vs. Igor' Girkin (Strelkov)', Ekho Moskvy, 20 July 2017, http://echo.msk.ru/blog/echomsk/2022082-echo/.
[140] 同上。
[141] Navalny, 'Programma Alekseya Naval'nogo'.
[142] Volkov, 'God kampanii: To, chego ne bylo, a teper' ono est''.
[143] Leonid Volkov, 'Final'nyy finansovyy otchet kampanii Naval'nogo', Leonidvolkov.ru (blog), 25 April 2018, https://www.leonidvolkov.ru/p/289/.
[144] 'Naval'nyy v Murmanske: "Vasha gubernator schitayet, chto ona krutaya tyotya!"', Severpost, 18 September 2017, https://severpost.ru/read/58085/; Dmitriy Komarov, 'Ya vas nauchu plokhomu', Znak, 16 September 2017, https://www.znak.com/2017-09-16/aleksey_navalnyy_sobral_neskolko_tysyach_chelovek_na_miting_v_ekaterinburge.
[145] 'Case of Navalnyy and Ofitserov v. Russia: Judgment'.
[146] Margarita Alekhina, Natal'ya Galimova, and Il'ya Rozhdestvenskiy, 'Naval'nyy poluchil pyat' let uslovno po "delu Kirovlesa"', *RBK*, 8 February 2017, https://www.rbc.ru/society/08/02/2017/589890179a7947795fb26569.
[147] Anastasiya Agamalova, Anastasiya Kornya and Elena Mukhametshina, 'TsIK otkazal Naval'nomu v uchastii v vyborakh prezidenta', *Vedomosti*, 25 December 2017, https://www.vedomosti.ru/politics/articles/2017/12/25/746411-navalnomu-viborah-prezidenta.
[148] 'Pamfilova: Naval'nyy smozhet ballotirovat'sya posle 2028 goda', TASS, 17 October 2017, https://tass.ru/politika/4652240.
[149] Alexei Navalny, 'Ob"yavlyayem zabastovku izbirateley', Alexei Navalny (YouTube channel), 25 December 2017, https://www.youtube.com/watch?v=Tz50vEX0nwE.
[150] Alexei Navalny, 'Ob itogakh zabastovki i "vyborov"', Navalny.com (blog), 20 March 2018, https://navalny.com/p/5820/.
[151] Alexei Navalny, 'Kak ya proigral: I kakiye nado sdelat' vyvody', Navalny.com (blog), 25 March 2018, https://navalny.com/p/5824/.

Navalny.com (blog), 20 September 2016, https://navalny.com/p/5064/.

［122］ 同上。

［123］ Diana Bruk, 'The Best of Vladimir Zhirinovsky, the Clown Prince of Russian Politics', Vice, 10 August 2013, https://www.vice.com/en/article/xd5q47/the-best-of-vladimir-zhirinovsky-russias-craziest-politician.

［124］ Taisiya Bekbulatova, 'Prekrasnyy art-proyekt, tresh, steb', Meduza, 21 November 2017, https://meduza.io/feature/2017/11/21/prekrasnyy-art-proekt-tresh-steb.

［125］ 'Sobchak prokommentirovala plany Kremlya nayti Putinu sopernika dlya vyborov sredi zhenshchin', *Vedomosti*, 1 September 2017, https://www.vedomosti.ru/politics/news/2017/09/01/731964-copernikom.

［126］ Alexei Navalny, '2018: Ya budu uchastvovat' v vyborakh i khochu stat' vashim golosom', Navalny.com (blog), 13 December 2016, https://navalny.com/p/5162/.

［127］ Alexei Navalny, 'Bor'ba s korruptsiyey i est' moya ekonomicheskaya programma', *Vedomosti*, 1 March 2012, https://www.vedomosti.ru/opinion/articles/2012/03/01/ne_vrat_i_ne_vorovat.

［128］ Alexei Navalny, 'Sobchak i vybory, vosstaniye migrantov, Lyaskin izbil sam sebya, zapugivaniye shkol'nika vo Vladivostoke', Navalny LIVE (YouTube channel), 21 September 2017, https://www.youtube.com/watch?v=ubDFhgc4qIo.

［129］ Navalny, '2018: Ya budu uchastvovat' v vyborakh i khochu stat' vashim golosom'.

［130］ Navalny, 'Programma Alekseya Naval'nogo'.

［131］ Leonid Volkov, 'God kampanii: To, chego ne bylo, a teper' ono est'', Leonidvolkov.ru (blog), 12 December 2017, https://www.leonidvolkov.ru/p/255/.

［132］ Alexei Navalny, '"Khvatit kormit' oligarkhov": Universal'nyy lozung', Navalny.com (blog), 19 December 2016, https://navalny.com/p/5169/.

［133］ Navalny, 'Programma Alekseya Naval'nogo'.

［134］ たとえば、ジャンナ・ネムツォワによるボルコフのインタビューなどを参照のこと。'Vybory v Gosdumu-2021 budut nochnym koshmarom dlya "Edinoy Rossii": Leonid Volkov v "Nemtsova.Interv'yu"', Deutsche Welle (YouTube channel), 20 November 2019, https://www.youtube.com/watch?v=Ca-gfNgmnmM.

［135］ Navalny, 'Programma Alekseya Naval'nogo'.

[106] 'Programnye tezisy', Narodnyy Al'yans, 2012, https://web.archive.org/web/20120915132140/http://peoplesalliance.ru/us/programmnye_tezisy/.
[107] 'Elektronnaya partiya'.
[108] Alexei Navalny, 'Itogi "vyborov"', Navalny.com (blog), 15 September 2014, https://navalny.com/p/3813/.
[109] Alexei Navalny, 'O vyborakh: Nasha taktika', Navalny.com (blog), 11 September 2014, https://navalny.com/p/3803/.
[110] Boris Nemtsov, 'Koalitsiya "Za evropeyskiy vybor" kak al'ternativa samoizolyatsii i agressii', Ekho Moskvy, 16 November 2014, https://echo.msk.ru/blog/nemtsov_boris/1438170-echo/.
[111] Natal'ya Korchenkova, 'RPR–PARNAS ob"yedinyayet soyuznikov v koalitsiyu', *Kommersant*, 17 November 2014, https://www.kommersant.ru/doc/2612394.
[112] 'Zayavleniye s"yezda "partii Progressa"', Partiya Progressa, 1 February 2015, https://web.archive.org/web/20150202155249/https://partyprogress.org/news/24/.
[113] Mariya-Luiza Tirmaste et al., 'Mikhail Kas'yanov i Aleksey Naval'nyy poshli na novoye ob"yedineniye', *Kommersant*, 18 April 2015, http://www.kommersant.ru/doc/2712281.
[114] Alexei Navalny, 'Plany u nas konkretnyye: 6 izbiratel'nykh kampaniy v 3-kh regionakh', Navalny.com (blog), 22 April 2015, https://navalny.com/p/4211/.
[115] Geir Flikke, 'Canaries in a Coal Mine: The Uphill Struggle of Russia's Non-System Liberals', *Demokratizatsiya* 24, no. 3 (2016): 291–325.
[116] Yuri Vendik, 'Vybory v Kostrome: Ozhivleniye iz-za PARNASa', BBC News Russian, 11 September 2015, https://www.bbc.com/russian/russia/2015/09/150911_kostroma_pre_elections_report.
[117] Grigoriy Belonuchkin and Dmitriy Belomestnov, *Est' takiye partii! 2016–2017: Putevoditel' izbiratelya* (Moscow: Panorama, 2017), 120–21.
[118] Rubin, with Churakova and Badanin, 'Enemy Number One'.
[119] Alexei Navalny, 'Ya, navernoye, dolzhen izvinit'sya', Navalny.com (blog), 5 May 2016, https://navalny.com/p/4860/.
[120] Yelizaveta Antonova, 'Naval'nyy protiv Kas'yanova', *RBK*, 27 April 2016, https://www.rbc.ru/newspaper/2016/04/28/5720d8a09a794788d48aafdf.
[121] Alexei Navalny, 'O rezul'tatakh "vyborov": Eto ne vashe porazheniye',

https://lenta.ru/articles/2013/08/15/mitrokhin/.
［92］ Il'ya Azar, '"Pochemu my ne mozhem vyigrat'?" Glava shtaba Naval'nogo o sudakh v Kirove i dogovorennostyakh s Sobyaninym', Lenta, 23 July 2013, https://lenta.ru/articles/2013/07/23/volkov/.
［93］ 同上。
［94］ 'Alexei Naval'nyy: "My vozrodili politiku. I eto kruto"', *The New Times*, 25 August 2013, https://newtimes.ru/articles/detail/70195/.
［95］ パチュリナは「セクシャル・ハラスメント」と英語を使い、引用符も彼女によるものである。Il'ya Varlamov and Yekaterina Patyulina, 'Pochemu possorilis' Aleksey Naval'nyy i Maksim Kats', Varlamov (blog), 1 June 2016, https://varlamov.ru/1755254.html.
［96］ 同上。
［97］ Kevin Rothrock, 'What It's Like to Come Forward About Sexual Harassment in the Russian Opposition', Global Voices, 3 June 2016, https://globalvoices.org/2016/06/03/what-its-like-to-come-forward-about-sexual-harassment-in-the-russian-opposition/; Dud', 'Naval'nyy: O revolyutsii, Kavkaze i Spartake'.
［98］ Nadezhda Pomerantseva, '"Ya postradal ot rezhima, ne buduchi professional'nym politikom"', Gazeta.ru, 23 August 2013, https://www.gazeta.ru/politics/2013/08/23_a_5603225.shtml.
［99］ Alexei Navalny, 'Programma kandidata v mery Moskvy', 2013, https://web.archive.org/web/20130717141410/https://navalny.ru/platform/Navalny_Program.pdf.
［100］ Zhanna Ul'yanova, 'Personal'naya programma Naval'nogo', Gazeta.ru, 1 July 2013, https://www.gazeta.ru/politics/2013/07/01_a_5402685.shtml?updated.
［101］ Aleksey Venediktov, 'Interv'yu: Migratsiya', Ekho Moskvy, 23 August 2013, https://echo.msk.ru/programs/beseda/1139878-echo/.
［102］ Kalinina, 'Blog nakazhet'.
［103］ 同上。
［104］ Leonid Volkov and Fyodor Krasheninnikov, 'Volkov, Krasheninnikov: Let's Go Party', *Vedomosti*, 18 April 2012, https://www.vedomosti.ru/opinion/articles/2012/04/18/lets_go_party.
［105］ 'Elektronnaya partiya: "Lenta.ru" izuchila ustroystvo "partii Naval'nogo"', Lenta, 6 August 2012, https://lenta.ru/articles/2012/08/06/electronicperformers/.

newtimes.ru/articles/detail/50740.
[75] 同上。
[76] 'Orgkomitet bol'she ne nuzhen', Lenta, 9 April 2012, https://lenta.ru/articles/2012/04/09/navalny3/.
[77] Françoise Daucé, *Être opposant dans la Russie de Vladimir Poutine* (Paris: Le bord de l'eau, 2016).
[78] Florian Toepfl, 'From Connective to Collective Action: Internet Elections as a Digital Tool to Centralize and Formalize Protest in Russia', *Information, Communication & Society* 21, no. 4 (2018): 531–47.
[79] Mischa Gabowitsch, *Protest in Putin's Russia* (Cambridge: Polity Press, 2017).
[80] Ben Judah, *Fragile Empire: How Russia Fell In and Out of Love with Vladimir Putin* (London: Yale University Press, 2014), 206–7.
[81] Marlène Laruelle, 'Alexei Navalny and Challenges in Reconciling "Nationalism" and "Liberalism"', *Post-Soviet Affairs* 30, no. 4 (2014): 276–97, here 279.
[82] Robert Orttung and Julian G. Waller, 'Navalny and the Moscow Mayoral Election', *Russian Analytical Digest* 136 (2013), 1–12, here 10.
[83] レオニード・ボルコフの2013年6月4日のツイッター投稿。https://twitter.com/leonidvolkov/status/341908416018669568.
[84] Andrey Kozenko, 'Put' k sebe: Sergey Sobyanin ushel, chtoby vernut'sya', Lenta, 4 June 2013, https://lenta.ru/articles/2013/06/04/major/.
[85] Mikhail Rubin, with Olga Churakova and Roman Badanin, 'Enemy Number One: How the Regime has Struggled to Thwart Alexei Navalny', Proekt, 24 August 2020, https://www.proekt.media/en/narrative-en/kremlin-vs-navalny/.
[86] Orttung and Waller, 'Navalny and the Moscow Mayoral Election', 10.
[87] 'Case of Navalnyy and Ofitserov v. Russia: Judgment', ECtHR, 23 February 2016, http://hudoc.echr.coe.int/fre#{"itemid":["001–161060"]}.
[88] Rubin, with Churakova and Badanin, 'Enemy Number One'.
[89] Alena Ledeneva, 'Telephone Justice in Russia', *Post-Soviet Affairs* 24, no. 4 (2008): 324–50.
[90] 'Podderzhka: My za Naval'nogo!', Navalny2013.ru, 2013, https://web.archive.org/web/20130815000000*/http://navalny2013.ru/support/.
[91] Il'ya Azar, '"My ne mozhem razorvat'sya vo vse storony": Interv'yu s kandidatom v mery Moskvy Sergeyem Mitrokhinym', Lenta, 15 August 2013,

html.
[59] Navalny, 'Chto delat' oppozitsii'.
[60] Alexei Navalny, 'Za lyubuyu partiyu, protiv Edinoy Rossii', Navalny (blog), 6 July 2011, https://navalny.livejournal.com/603104.html.
[61] Alexei Navalny, 'Ladno, davayte ob"yavim konkurs EdRo-plakata', Navalny (blog), 24 February 2011, https://navalny.livejournal.com/556796.html.
[62] 1990年代における同党の研究は以下を参照のこと。Luke March, *The Communist Party in Post-Soviet Russia* (Manchester: Manchester University Press, 2002).
[63] Isabel Gorst, 'Ultranationalist Leader Vladimir Zhirinovsky Orders Aides to Rape Pregnant Journalist', *The Irish Times*, 25 April 2014, https://www.irishtimes.com/news/world/europe/russia-s-ultranationalist-leader-vladimir-zhirinovsky-orders-aides-to-rape-pregnant-journalist-1.1773043.
[64] Navalny, 'Za lyubuyu partiyu, protiv Edinoy Rossii'.
[65] Yevgeniya Al'bats et al., 'Dekabr' 2011-go', *The New Times*, 3 December 2012, https://newtimes.ru/articles/detail/60591.
[66] Ol'ga Kuz'menkova, '"Ot dushi togda oralos"', Gazeta.ru, 5 December 2012, https://www.gazeta.ru/politics/2012/12/04_a_4878797.shtml.
[67] Alexei Navalny, no title, Navalny (blog), 21 December 2011, https://navalny.livejournal.com/657702.html.
[68] 'Miting na prospekte Sakharova zavershilsya bez proisshestviy', Lenta, 24 December 2011, https://lenta.ru/news/2011/12/24/meeting/.
[69] 'Pryamaya rech: Vystupleniya na mitinge protesta v Moskve', Reuters, 24 December 2011, https://www.reuters.com/article/orutp-russia-rally-quotes-idRURXE7BN03C20111224.
[70] Alexei Navalny, 'Pro vchera', Navalny (blog), 25 December 2011, https://navalny.livejournal.com/2011/12/25/.
[71] Alexei Navalny, 'Vcherashniy efir pro "chto delat' dal'she"', Navalny (blog), 27 December 2011, https://navalny.livejournal.com/2011/12/27/.
[72] Tikhon Dzyad'ko, '12 druzey Naval'nogo: Kto gotov vkladyvat'sya v oppozitsionnogo politika?', Dozhd', 29 February 2012, https://tvrain.ru/teleshow/harddaysnight/12_druzey_navalnogo_kto_gotov_vkladyvatsya_v_oppozitsionnogo_politika-185702/.
[73] Alexei Navalny, 'Karusel'no-otkrepitel'nyy prezident', Navalny (blog), 5 March 2012, https://navalny.livejournal.com/690060.html.
[74] 'Boi fontannogo znacheniya', *The New Times*, 5 March 2012, https://

com/world/2017/apr/29/alexei-navalny-on-putins-russia-all-autocratic-regimes-come-to-an-end.
[44] Il'ya Azar, 'Ushchemlennyy russkiy', Lenta, 4 November 2011, https://lenta.ru/articles/2011/11/04/navalny/.
[45] ロシア外務省のポータルサイトが提供している領事館情報（2021年1月現在）。https://www. kdmid.ru/.
[46] Kseniya Sobchak and Kseniya Sokolova, 'Problema babla i zla', *GQ* (Russian edition), 24 February 2011, https://web.archive.org/web/20110528054908/www.gq.ru/talk/sobchak-sokolova/1537.
[47] Azar, 'Ushchemlennyy russkiy'.
[48] Alisa Volkova, '"Khvatit kormit' Kavkaz": Kak menyalsya natsionalizm Naval'nogo', Kavkaz.Realii, 1 February 2021, https://www.kavkazr.com/a/31075519.html.
[49] 'Ot nikh prosyat tol'ko odnogo: Razvesit' vezde plakaty Putina i dat' emu 99%; Za eto oni mogut delat' chto khotyat'', Ura.ru, 9 February 2012, https://ura.news/articles/1036257585.
[50] Julia Ioffe, 'Net Impact: One Man's Cyber-Crusade against Russian Corruption', *The New Yorker*, 28 March 2011, https://www.newyorker.com/magazine/2011/04/04/net-impact.
[51] Andrew Kramer, 'Russian Site Smokes Out Corruption', *The New York Times*, 27 March 2011, https://www.nytimes.com/2011/03/28/business/global/28investor.html.
[52] Leonid Volkov, 'I obo vsem ostal'nom', O vsyakoy vsyachine (blog), 6 July 2011, https://leonwolf.livejournal.com/284373.html.
[53] Tobias Rupprecht, 'Formula Pinochet: Chilean Lessons for Russian Liberal Reformers during the Soviet Collapse, 1970–2000', *Journal of Contemporary History* 51, no. 1 (2015): 165–86.
[54] Voronkov, *Aleksey Naval'nyy*, 31.
[55] Alexei Navalny, 'Chto delat' oppozitsii', Navalny (blog), 16 June 2010, https://navalny.livejournal.com/475935.html.
[56] Oleg Kashin, 'Nastoyashchiy lider tot, kto otkazyvayetsya prodat' ideyu i lyudey za kabinet s komnatoy otdykha', *Kommersant*, 19 October 2010, https://www.kommersant.ru/doc/1524739.
[57] Navalny, 'Chto delat' oppozitsii'.
[58] Alexei Navalny, 'Doklad dvizheniya NAROD: Interesny vashi mneniya', Navalny (blog), 6 December 2007, https://navalny.livejournal.com/185724.

hy-russkii-is-not-a-sign-of-ethnonationalism/.

[29] Alexei Navalny, 'Ofitsial'no', Navalny (blog), 26 June 2007, https://navalny.livejournal.com/139946.html.

[30] Il'ya Azar, '"Yabloko" otkatilos'', Gazeta.ru, 15 December 2007, https://web.archive.org/web/20071225122907/www.gazeta.ru/politics/elections2008/2007/12/21_a_2454702.shtml.

[31] 'Novaya politika: Kto takoy Naval'nyy?'.

[32] この事件の概要については以下を参照のこと。Martin Laryš and Miroslav Mareš, 'Right-Wing Extremist Violence in the Russian Federation,' *Europe-Asia Studies* 63, no. 1 (2011): 129–54.

[33] Olesya Gerasimenko and Yelena Shmarayeva, 'Delo trinadtsati', *Kommersant Vlast,* 25 July 2011, https://www.kommersant.ru/doc/1681380.

[34] 'Konferentsiya "Novyy politicheskiy natsionalizm"', Agentstvo Politicheskikh Novostey, 9 June 2008, https://www.apn.ru/index.php?newsid=20057.

[35] Yekaterina Savina, 'Vmenyayemykh sobrali v odnom zale', *Kommersant,* 9 June 2008, https://www.kommersant.ru/doc/901541.

[36] Masha Gessen, 'The Evolution of Alexey Navalny's Nationalism', *The New Yorker,* 15 February 2021, https://www.newyorker.com/news/our-columnists/the-evolution-of-alexey-navalnys-nationalism.

[37] Natalia Moen-Larsen, '"Normal Nationalism": Alexei Navalny, LiveJournal and "the Other"', *East European Politics* 30, no. 4 (2014): 548–67.

[38] Gregory Asmolov, 'Russia: Blogger Navalny Tries to Prove That Fighting Regime Is Fun', Global Voices, 27 October 2010, https://globalvoices.org/2010/10/27/russia-blogger-alexey-navalny-on-fighting-regime/.

[39] Aleksandr Verkhovskiy, 'Sovremennoye diskursivnoye protivostoyaniye russkikh natsionalistov i federal'nykh vlastey', *Vestnik obshchestvennogo mneniya* 110, no. 4 (December 2011): 5–18.

[40] Laryš and Mareš, 'Right-Wing Extremist Violence in the Russian Federation.'

[41] 'Stan' natsionalistom!', Alexei Navalny (YouTube channel), 17 October 2007,: https://www.youtube.com/watch?v=ICoc2VmGdfw.

[42] 'NAROD za legalizatsiyu oruzhiya', Alexei Navalny (YouTube channel), 19 September 2007, https://www.youtube.com/watch?v=oVNJiO10SWw.

[43] Shaun Walker, 'Alexei Navalny on Putin's Russia: "All Autocratic Regimes Come to an End"', *The Guardian,* 29 April 2017, https://www.theguardian.

[17] ガイダルとナワリヌイはその前年からDA!（‘Democratic Alternative!’）に協力していた。Yelena Loskutova, *Yunaya politika: Istoriya molodezhnykh politicheskikh organizatsiy sovremennoy Rossii* (Moscow: Tsentr ‘Panorama’, 2008), 71–79.
[18] Ruslan Kadrmatov, ‘Prishli za Tesakom’, Lenta, 4 July 2007, https://lenta.ru/articles/2007/07/04/tesak/.
[19] ‘Politicheskiye debaty v moskovskom klube zakonchilis’ strel’boy’, *Vedomosti,* 31 October 2007, https://www.vedomosti.ru/library/news/2007/10/31/politicheskie-debaty-v-moskovskom-klube-zakonchilis-strelboj.
[20] Alexei Navalny, ‘Yale’, Navalny (blog), 28 April 2010, https://navalny.livejournal.com/453781.html.
[21] Gerasimenko, ‘“Pyatnadtsat’ minut bor’by s rezhimom v den’”’.
[22] Véra Nikolski, *National-bolchévisme et néo-eurasisme dans la Russie contemporaine: La carrière militante d’une idéologie* (Paris: Mare et Martin, 2013).
[23] Fabrizio Fenghi, ‘The Eternal Adolescent Savenko: Eduard Limonov, the Hooligan of Russian Literature and Politics, Dies in Moscow at the Age of 77’, NYU Jordan Center, 6 April 2020, https://jordanrussiacenter.org/news/the-eternal-adolescent-savenko/.
[24] Alexei Navalny, ‘Postupayut vstrevozhennyye zvonki ot obshchest-ven-nosti’, Navalny (blog), 31 October 2006, https://navalny.livejournal. com/53991.html; ‘Novaya politika: Kto takoy Naval’nyy?’, *Afisha Daily,* 27 February 2012, https://daily.afisha.ru/archive/gorod/archive/new-politics-navalny/.
[25] Irina Mokrousova and Irina Reznik, ‘Chem zarabatyvayet na zhizn’ Aleksey Naval’nyy’, *Vedomosti,* 13 February 2012, https://www.vedomosti.ru/library/articles/2012/02/13/pesnya_o_blogere.
[26] ‘Manifest Natsional’nogo russkogo osvoboditel’nogo dvizheniya “NAROD”’, Agentstvo Politicheskikh Novostey, 27 June 2007, https://www.apn.ru/publications/article17321.htm.
[27] 同上。
[28] Vladimir Putin, ‘Stenogramma pryamogo tele-i radioefira (“Pryamaya liniya s Prezidentom Rossii”)’, Kremlin, 18 December 2003, http://kremlin.ru/events/president/transcripts/22256; Marlène Laruelle, ‘Misinterpreting Nationalism: Why Russkii is Not a Sign of Ethnonationalism’, PONARS, 27 January 2016, https://www.ponarseurasia.org/misinterpreting-nationalism-w

[174] 'Russian Activist in Jail for Giant Duck Protest', BBC News, 26 February 2018, https://www.bbc.com/news/world-europe-43202127.

第3章　政治家の誕生

[1] Alexei Navalny, 'Pora vybirat': Aleksey Naval'nyy—kandidat v prezidenty Rossii', Alexei Navalny (YouTube channel), 13 December 2016, https://www.youtube.com/watch?v=wkN8sSrUbdY.

[2] 同上。

[3] Aleksandr Gorbachev, '"Ya khochu ustanovit' novyye standarty politiki voobshche": Interv'yu Alekseya Naval'nogo o tom, zachem on idet v prezidenty', Meduza, 15 December 2016, https://meduza.io/feature/2016/12/15/ya-hochu-ustanovit-novye-standarty-politiki-voobsche.

[4] Aleksey Venediktov and Lesya Ryabtseva, 'Sbityy fokus', Ekho Moskvy, 15 October 2014, https://echo.msk.ru/programs/focus/1417522-echo.html.

[5] Alexei Navalny, 'Programma Alekseya Naval'nogo', NAVALNY 2018, 2017, https://web.archive.org/web/20171213143847/https://2018.navalny.com/platform/.

[6] Yuriy Dud', 'Naval'nyy: O revolyutsii, Kavkaze i Spartake', vDud' (YouTube channel), 18 April 2017, https://www.youtube.com/watch?v=Bf9zvyPachs.

[7] Graeme Robertson, 'Protest, Civil Society and Informal Politics', in *Developments in Russian Politics 9*, ed. Richard Sakwa, Henry Hale, and Stephen White (London: Red Globe, 2019), 80–93.

[8] Olesya Gerasimenko, '"Pyatnadtsat' minut bor'by s rezhimom v den'"', *The New Times*, 25 October 2010, https://newtimes.ru/articles/detail/29360.

[9] Konstantin Voronkov, *Aleksey Naval'nyy: Groza zhulikov i vorov* (Moscow: Eksmo, 2012), 22.

[10] Voronkov, *Aleksey Naval'nyy*, 28–31.

[11] その党名は同党創設者のロシア語のイニシャルからできている。創設者は、Yavlinsky, Yuri Boldyrev, and Vladimir Lukinである。

[12] Voronkov, *Aleksey Naval'nyy*, 37–8.

[13] Gerasimenko, '"Pyatnadtsat' minut bor'by s rezhimom v den'"'.

[14] Yuliya Kalinina, 'Blog nakazhet', *Moskovskiy Komsomolets*, 9 June 2011, https://www.mk.ru/politics/2011/06/09/596335-blog-nakazhet.html.

[15] Oleg Kashin, 'Nedovol'nykh zhil'tsov prinyali v partiyu', *Kommersant*, 10 June 2004, https://www.kommersant.ru/doc/482159.

[16] Gerasimenko, '"Pyatnadtsat' minut bor'by s rezhimom v den'"'.

[166] 'Dvizheniye "Za prava cheloveka" namereno ignorirovat' zakon ob "inostrannykh agentakh"', *Vedomosti*, 21 July 2012, https://www.vedomosti.ru/politics/news/2012/07/21/dvizhenie_za_prava_cheloveka_namereno_ignorirovat_zakon_ob.
[167] Aleksey Kovalev, '"Meduza" nashla ispantsa, iz-za kotorogo FBK priznali "inostrannym agentom": On ne mozhet ob"yasnit', zachem pomogal rossiyskim bortsam s korruptsiyey', Meduza, 18 October 2019, https://meduza.io/feature/2019/10/18/meduza-nashla-ispantsa-iz-za-kotorogo-fbk-priznali-inostrannym-agentom-on-ne-mozhet-ob-yasnit-zachem-pomogal-rossiyskim-bortsam-s-korruptsiey.
[168] 'Russia Agents Raid Alexei Navalny Offices with Power Tools', BBC News, 26 December 2019, https://www.bbc.com/news/world-europe-50916198.
[169] FBKのドア、2019年10月18日のツイッター投稿。https://twitter.com/fbk_door/status/1185248471902838785.
[170] Alexei Navalny, 'SOS: Likvidatsiya FBK', Navalny.com (blog), 20 July 2020, https://navalny.com/p/6400/.
[171] Georgiy Tadtayev and Mayya Bobenko, 'Prigozhin vykupil dolg Naval'nogo i FBK u "Moskovskogo shkol'nika"', *RBK*, 26 August 2020, https://www.rbc.ru/society/26/08/2020/5f46025b9a79473a6cebe1d7; 'Powerful "Putin's Chef " Prigozhin Cooks Up Murky Deals', BBC News, 4 November 2019, https://www.bbc.com/news/world-europe-50264747; Mikhail Maglov, Nataliya Shagirova, and Dmitriy Treshchanin, 'Faktchek: Svyazana li imperiya Prigozhina so vsemi sluchayami dizenterii v Moskve', Current Time, 28 March 2019, https://www.currenttime.tv/a/fact-check-prigozhin-dysentery-empire/29846739.html; 'Russian Oligarch and Opposition Nemesis Buys Civil-Suit Debt Owed by Navalny and Company, Says He'll "Ruin" Him, If He Survives Poisoning', Meduza, 26 August 2020, https://meduza.io/en/news/2020/08/26/russian-oligarch-and-opposition-nemesis-buys-civil-suit-debt-owed-by-navalny-and-company-says-he-ll-ruin-him-if-he-survives-poisoning.
[172] Alexei Navalny, 'Tam, za 6-metrovym zaborom dachi Medvedeva', Navalny.com (blog), 15 September 2016, https://navalny.com/p/5059/.
[173] Alexei Navalny, 'Sekretnaya dacha Dmitriya Medvedeva', Alexei Navalny (YouTube channel), 15 September 2016, https://www.youtube.com/watch?v=nMVJxTcU8Kg.

com/2021/02/21/business/media/probiv-investigative-reporting-russia.html.

[155] Andrey Gatinskiy and Anna Rudyak, 'V fonde Naval'nogo izvinilis' za oshibki v rolike o Koval'chuke', *RBK*, 26 May 2017, https://www.rbc.ru/rbcfreenews/5927fea09a7947d1cbffd7bb.

[156] キラ・ヤルミシュ、2017年5月26日のフェイスブック投稿。https://www.facebook.com/kira.yarmysh/posts/1498481863545341.

[157] Piotr Mironenko, Sergey Smirnov, and Irina Pankratova, 'Sotsseti vzorvalis' iz-za rassledovaniya Naval'nogo. Pochemu eto vazhno i chto s nim ne tak?', The Bell, 4 December 2019, https://thebell.io/sotsseti-vzorvalis-iz-za-rassledovaniya-navalnogo-pochemu-eto-vazhno-i-chto-s-nim-ne-tak.

[158] Nataliya Zotova, 'Bez Naval'nogo: Kak FBK rabotayet bez svoyego lidera', BBC News Russian, 11 September 2020, https://www.bbc.com/russian/features-54119390.

[159] 2020年9月のBBC報道によると、30人がFBKで働いていたという。同上。

[160] 'Otchet o rabote Fonda Bor'by s Korruptsiyey za 2013 god', Anti-Corruption Foundation, no date, https://fbk.info/fbk-media/reports/fbk_report_2013_ZfkDQXk.pdf.

[161] 'Finansovyy Otchet', Anti-Corruption Foundation, no date, https://report2019.fbk.info/media/report_2019_finance.pdf.

[162] Kira Dyuryagina, 'Lyubov' Sobol' nachala kampaniyu po vyboram v Gosdumu', *Kommersant*, 15 October 2020, https://www.kommersant.ru/doc/4531506.

[163] Olesya Gerasimenko, '"Ya gotova utashchit' s soboy v mogilu reyting Sobyanina"'; Denis Korotkov, 'Povar lyubit poostreye', *Novaya Gazeta*, 22 October 2018, https://novayagazeta.ru/articles/2018/10/22/78289-povar-lyubit-poostree; Andrew Higgins, '"I Am Always Asked if I Am Afraid": Activist Lawyer Takes On Putin's Russia', *The New York Times*, 6 September 2019, https://www.nytimes.com/2019/09/06/world/europe/russia-lyubov-sobol-protests.html.

[164] 'Russia's Dysfunctional Funeral Business Gets a Makeover', *The Economist*, 23 December 2017, https://www.economist.com/business/2017/12/23/russias-dysfunctional-funeral-business-gets-a-makeover.

[165] Yevgeniy Kalyukov, 'Naval'nyy soobshchil o vzyskanii ₽88 mln v pol'zu "Moskovskogo shkol'nika"', *RBK*, 28 October 2019, https://www.rbc.ru/society/28/10/2019/5db6e82e9a794767ea737163.

na ulitsy 26 marta i skol'ko zaderzhali? Karta protesta', Meduza, 27 March 2017, https://meduza.io/feature/2017/03/27/skolko-lyudey-vyshli-na-ulitsy-26-marta-i-skolko-zaderzhali-karta-protesta.

[144] 'Dmitriy Zimin', *Forbes* (Russian edition), no date, https://www. forbes.ru/rating/100-bogateishih-biznesmenov-rossii/2006/zimin.

[145] '"Ne khochetsya, konechno, stanovit'sya vragom gosudarstva"', Znak, 10 December 2018, https://www.znak.com/2018–12–10/zachem_semya_millionerov_ziminyh_pomogaet_navalnomu_i_nezavisimym_media_intervyu.

[146] 'Biznesmen Boris Zimin ob"yasnil, pochemu pomog vyvezti Naval'nogo v Germaniyu', *Forbes* (Russian edition), 31 August 2020, https://www. forbes.ru/newsroom/obshchestvo/408105-biznesmen-boris-zimin-obyasnil-pochemu-pomog-vyvezti-navalnogo-v.

[147] Dud', 'Naval'nyy: O revolyutsii, Kavkaze i Spartake'.

[148] Yelizaveta Osetinskaya, 'Chto budet s biznesom v Rossii Naval'nogo: Spor s politikom o roste ekonomiki, migrantakh i media', Russkiye Norm! (YouTube channel), 11 December 2019, https://www.youtube.com/watch?v=nGT6wq-lPnE.

[149] Alexei Navalny, 'Bol'shoy privet Putinu i ego povaru (+ moya deklaratsiya po pros'be sotrudnitsy RT)', Navalny.com (blog), 28 July 2020, https://navalny.com/p/6408/.

[150] Yuriy Dud', 'Naval'nyye: Interv'yu posle otravleniya', vDud' (YouTube channel), 6 October 2020, https://www.youtube.com/watch?v=vps43rXgaZc.

[151] Alexei Navalny, 'Voprosy agitatsii: Vozmozhno, eta kvartira mera v Mayami budet neplokho agitirovat' za menya', Navalny.com (blog), 21 December 2016, https://navalny.com/p/5173/. 強調は原文のまま。

[152] ある報道によれば、この市長はアパートメントの購入を否定しなかったが、前妻のものだと語ったという。'Nizhegorodskaya prokuratura otkazalas' proveryat' Karnilina po zayavleniyu Naval'nogo', Zercalo, 21 February 2017, https://www.zercalo.org/news/15825-nizhegorodskaya-prokuratura-otkazalas-proveryat-ivana-karnilina-po-zayavleniyu-navalnogo#!/.

[153] 市長は翌年5月に辞職した。FBKの調査を受けてのことだと、ナワリヌイは語っている。Roman Kryazhev, 'Ivan Karnilin uvel sebya na pensiyu', *Kommersant*, 24 May 2017, https://www.kommersant.ru/doc/3305426.

[154] Ben Smith, 'How Investigative Journalism Flourished in Hostile Russia', *The New York Times*, 21 February 2021, https://www.nytimes.

Korruptsiyey za 2014 god', Anti-Corruption Foundation, no date, https://fbk.info/fbk-media/reports/fbk_report_2014.pdf.

[128] Alexei Navalny, 'Mne sverkhu vidno vsyo, ty tak i znay', Navalny (blog), 12 August 2013, https://navalny.livejournal.com/835847.html.

[129] Yurchenko, 'Chelovek iz interneta'.

[130] ルネットの草分けのひとりアントン・ノシクが2017年に亡くなったとき、ナワリヌイは自分の「メンター」のひとりと呼ぶ故人に対して温かい言葉を送った。Alexei Navalny, 'Anton', Navalny.com (blog), 9 July 2017, https://navalny.com/p/5445/.

[131] 2014年、ナワリヌイは自身のブログをライブジャーナルから個人サイトNavalny.comに移した。Dmitriy Bykov, 'Aleksey Naval'nyy: Vlast' ustupit stol'ko, skol'ko my potrebuyem', *Sobesednik*, 5 December 2014, https://sobesednik.ru/dmitriy-bykov/20141203-aleksey-navalnyy-sudbu-strany-vsegda-reshaet-odin-procent.

[132] Feshchenko, 'Verkhom na khaype'.

[133] 同上。

[134] 同上。

[135] Alexei Navalny, 'Po kassovym sboram "Chayka" pobila "Zvezdnyye voyny"', Navalny.com (blog), 24 December 2015, https://navalny.com/p/4646/.

[136] Alexei Navalny, 'Kak my delali "Dimona": Otvety na voprosy i insaydy', Alexei Navalny (YouTube channel), 21 March 2017, https://www.youtube.com/watch?v=2AWyNwLI9oM.

[137] Alexei Navalny, 'Don't call him "Dimon"', Alexei Navalny (YouTube channel), 2 March 2017, https://www.youtube.com/watch?v=qrwlk7_GF9g.

[138] Andreas Umland, 'A Second Gorbachev?', *Prospect*, 28 March 2008, https://www.prospectmagazine.co.uk/magazine/asecondgorbachev.

[139] Navalny, 'Don't call him "Dimon"'.

[140] 'Medvedev vpervyye otreagiroval na rassledovaniye FBK', BBC News Russian, 4 April 2017, https://www.bbc.com/russian/news-39494183.

[141] Alexei Navalny, 'Nedelyu nazad vypustili rassledovaniye "On vam ne Dimon": Reaktsiya vlasti', Navalny.com (blog), 9 March 2017, https://navalny.com/p/5269/.

[142] 同上。

[143] Alexei Navalny, 'Raz molchat, nado vykhodit' na miting', Navalny. com (blog), 14 March 2017, https://navalny.com/p/5274/; 'Skol'ko lyudey vyshli

val'nogo', *Vedomosti,* 30 May 2012, https://www.vedomosti.ru/politics/articles/2012/05/30/16_druzej_navalnogo.

[116] 具体的な名前は以下のとおり。Dmitry Bykov, Boris Akunin, Leonid Parfyonov, Sergei Guriev, and Ekaterina Zhuravskaya.

[117] Thomas Grove and Alissa de Carbonnel, 'Russian Protest Fund Manager Looks to Elite for Cash', Reuters, 31 May 2012, https://www.reuters.com/article/us-russia-protest-fund-idUSBRE84U1EP20120531.

[118] Alexei Navalny, 'Ashurkov', Navalny.com (blog), 30 July 2014, https://navalny.com/p/3704/.

[119] Courtney Weaver, 'UK Grants Asylum to Russian Dissident', *Financial Times,* 1 April 2015, https://www.ft.com/content/dbb50132-d890-11e4-ba53-00144feab7de.

[120] Alexei Navalny, 'Potupchik ne predlagat'', Navalny (blog), 6 February 2012, https://navalny.livejournal.com/673497.html.

[121] Klishin, 'Tayna naval'nogo kabineta'; 'An Interview with Anna Veduta, Russian Activist, Expert, and Feminist', Global Voices, 26 May 2017, https://globalvoices.org/2017/05/26/an-interview-with-anna-veduta-russian-activist-expert-and-feminist/.

[122] 2021年4月現在、この報告はFBKのウェブサイトで入手可能である。'Otchet po platezham s 01.09.2012 do 31.11.2012 vklyuchitel'no', Anti-Corruption Foundation, no date, https://fbk.info/fbk-media/reports/report_2012_wfTzGyk.xlsx.

[123] Larisa Trubitsina, 'Georgiy Alburov: "Planiruyem samoye tesnoye sotrudnichestvo so vsemi nablyudatel'skimi soobshchestvami"', Dvizheniye Vmeste, 1 December 2012, https://web.archive.org/web/20160405073516/http://www.dvizhenievmeste.com/archives/28452.

[124] Viktor Feshchenko, 'Verkhom na khaype: Chto pod kapotom u media-mashiny Alekseya Naval'nogo', Sekret Firmy, no date, https://secretmag.ru/navalnyi/.

[125] Anya Ayvazyan, '"Ya rad, chto my vse v itoge rabotayem na Alekseya"', Public Post, 3 April 2013, https://web.archive.org/web/20130619013459/http://publicpost.ru/theme/id/3571/ya_rad_chto_my_vse_v_itoge_rabotaem_na_alekseya/.

[126] 'Vladimir Pekhtin, Putin Ally, Quits over Foreign Homes', BBC News, 20 February 2013, https://www.bbc.co.uk/news/world-europe-21525364.

[127] Feshchenko, 'Verkhom na khaype'; 'Otchet o rabote Fonda Bor'by s

https://www.opendemocracy.net/en/odr/navalny-effect/.

[102] 同上。

[103] 同上。

[104] Irina Mokrousova and Irina Reznik, 'Chem zarabatyvayet na zhizn' Aleksey Naval'nyy', *Vedomosti*, 13 February 2012, https://www.vedomosti.ru/library/articles/2012/02/13/pesnya_o_blogere; Alexei Navalny, '"Na eti 2% i zhivu" (c)', Navalny (blog), 13 February 2012, https://navalny.livejournal.com/676773.html. 統一国家法人登録によると、この基金は2011年9月に登録されていたが、ナワリヌイは2012年まで同基金の存在を公表しなかった。

[105] Mokrousova and Reznik, 'Chem zarabatyvayet na zhizn' Aleksey Naval'nyy'.

[106] 'Chto eto za sayt', RosPil, 2012, https://web.archive.org/web/20120105013641/http:/rospil.info/about.

[107] Mokrousova and Reznik, 'Chem zarabatyvayet na zhizn' Aleksey Naval'nyy'.

[108] Ol'ga Beshley, 'Neutomimyy optimist', *The New Times*, 6 June 2012, https://newtimes.ru/articles/detail/53086.

[109] '200 bogateyshikh biznesmenov Rossii: 2012', *Forbes* (Russian edition), no date, https://www.forbes.ru/rating/bogateishie-biznesmeny-rossii-2012/2012.

[110] Klishin, 'Tayna naval'nogo kabineta'.

[111] Beshley, 'Neutomimyy optimist'.

[112] Alexei Navalny, 'Ashurkov', Navalny (blog), 4 June 2012, https://navalny.livejournal.com/710095.html.

[113] Kseniya Sobchak, 'Fridman priznalsya, chto uvolil sponsora Naval'nogo po politicheskim prichinam', Dozhd', 12 April 2012, https://tvrain.ru/teleshow/sobchak_zhivem/fridman_priznalsya_chto_uvolil_sponsora_navalnogo_po_politicheskim_prichinam-228312/.

[114] Roman Badanin and Ivan Osipov, '"Ya ponimal, chto sotrudnichestvo s Naval'nym mozhet byt' ugrozoy dlya moyey raboty"', *Forbes* (Russian edition), 25 April 2012, https://www.forbes.ru/sobytiya/lyudi/81639-ya-ponimal-chto-sotrudnichestvo-s-navalnym-mozhet-predstavlyat-ugrozu-dlya-moei.

[115] Alexei Navalny, '16 smelykh', Navalny (blog), 30 May 2012, https://navalny.livejournal.com/708361.html; Mariya Zheleznova, Aleksey Rozhkov, and Polina Khimshiashvili, 'Kto sponsiruyet fond bor'by s korruptsiyey Na-

のリンクから利用できる。https://zakupki.gov.ru/epz/main/public/home.html.
[86] Ioffe, 'Net Impact'.
[87] Alexei Navalny, 'Vse v nablyudateli', Navalny (blog), 24 January 2012, https://navalny.livejournal.com/666519.html.
[88] ロシア語の「ヤマ」は「道路などの穴」を意味する。このプロジェクトのウェブサイトは以下のリンク先から利用できる。https://rosyama.ru/.
[89] Asmolov, 'Aleksey Naval'nyy: "Ya pytayus' dokazat', chto borot'sya s rezhimom—eto veselo"'.
[90] Yurchenko, 'Chelovek iz interneta'.
[91] このウェブサイトは以下のリンク先から利用できる。https://www.dissernet.org/.
[92] Asmolov, 'Aleksey Naval'nyy: "Ya pytayus' dokazat', chto borot'sya s rezhimom—eto veselo"'.
[93] Alexei Navalny, 'Yuristy dlya RosPila', Navalny (blog), 14 February 2011, https://navalny.livejournal.com/552963.html.
[94] Alexei Navalny, 'Dva Ob"yavleniya', Navalny (blog), 28 February 2011, https://navalny.livejournal.com/558726.html.
[95] Lyubov' Sobol', 'Privet =)', SOBOLLUBOV (blog), 2 March 2011, https://sobollubov.livejournal.com/2299.html.
[96] Olesya Gerasimenko, '"Ya gotova utashchit' s soboy v mogilu reyting Sobyanina": Kak yurist fonda Naval'nogo stala novym simvolom protesta', BBC News Russian, 2 August 2019, https://www.bbc.com/russian/features-49165540.
[97] Aleksandra Dyn'ko, '"Ya ne gotova vsyu zhizn' prozhit' v takoy Rossii": Yurist FBK Lyubov' Sobol'', Russkiy Monitor, 27 May 2015, https://rusmonitor.com/ya-ne-gotova-vsyu-zhizn-prozhit-v-takojj-rossii-yurist-fbk-lyubov-sobol.html.
[98] Il'ya Klishin, 'Tayna naval'nogo kabineta', Openspace, 2012, http://www.openspace.ru/article/468.
[99] Yuriy Dud', 'Naval'nyy: O revolyutsii, Kavkaze i Spartake', vDud' (YouTube channel), 18 April 2017, https://www.youtube.com/watch?v=Bf9zvyPachs.
[100] 'Chto eto za sayt?', RosPil, no date, https://web.archive.org/web/20111029060832/http://rospil.info:80/about.
[101] Mikhail Loginov, 'The Navalny Effect', openDemocracy, 7 June 2011,

2011/02/22/navalny.
[71] Robert Orttung, 'Corruption in Russia', *Russian Analytical Digest* 144 (2014): 2–4.
[72] Dada Lindell and Margarita Alekhina, 'V Rossii rekordno vyroslo chislo osuzhdennykh za krupnyye vzyatki', *RBK*, 30 April 2020, https://www. rbc. ru/society/30/04/2020/5e9daa0e9a794771cc07e9bd.
[73] Gilles Favarel-Garrigues, 'Les figures du justicier anti-corruption en Russie post-soviétique', in *Dénoncer la corruption: Chevaliers blancs, pamphlétaires et promoteurs de la transparence à l'époque contemporaine*, ed. Cesare Mattina et al. (Paris: Demopolis, 2018), 323–41, here 329.
[74] Felix Light, 'Russia's Communists Are Split Over Support for Navalny', *The Moscow Times*, 12 February 2021, https://www.themoscowtimes.com/2021/02/12/russias-communists-are-split-over-support-for-navalny-a72917.
[75] Polina Nikolskaya and Darya Korsunskaya, 'Russian Ex-Minister Ulyukayev Jailed for Eight Years over $2 Million Bribe', Reuters, 15 December 2017, https://www.reuters.com/article/us-russia-ulyukayev-verdict-idUSKBN1E90SN.
[76] Vasina, 'Aleksey Naval'nyy protiv goskorporatsiy'.
[77] Schreck, 'Russia's Erin Brockovich'.
[78] Andrew Kramer, 'Russian Site Smokes Out Corruption', *The New York Times*, 27 March 2011, https://www.nytimes.com/2011/03/28/business/global/28investor.html.
[79] Schreck, 'Russia's Erin Brockovich'.
[80] 'Professiya aktsioner'.
[81] Alexei Navalny, 'Kraudsorsing', Navalny (blog), 17 June 2010, https://navalny.livejournal.com/476181.html.
[82] Nikolay Petrov, 'The Navalny Effect: RosPil.Net', Carnegie Moscow Center, 8 December 2010, https://carnegie.ru/2010/12/08/navalny-effect-rospil.net-pub-42105.
[83] Alena Ledeneva, *Can Russia Modernise? Sistema, Power Networks and Informal Governance* (Cambridge: Cambridge University Press, 2013), 277.
[84] Gregory Asmolov, 'Russia: Blogger Navalny Tries to Prove That Fighting Regime Is Fun', Global Voices, 27 October 2010, https://globalvoices.org/2010/10/27/russia-blogger-alexey-navalny-on-fighting-regime/.
[85]「統一調達情報システム」というオンライン情報ポータルが2006年に開設され、政府調達に関する情報が閲覧できる。このウェブサイトは以下

[55] 'Aleksey Naval'nyy, avtor proyekta Tsentr zashchity aktsionerov', Lenta, 22 December 2009, https://lenta.ru/conf/navalny/.
[56] Vasilyeva, 'Activist Takes On Secretive Russian Firms'.
[57] 'Gde marzha?'
[58] Schreck, 'Russia's Erin Brockovich'.
[59] '"Transneft'": Bloger Naval'nyy sluzhit interesam protivnikov VSTO'.
[60] Mikhail Zubov, '"Bor'ba kremlevskikh bashen": Zachem Naval'nyy reshil idti v prezidenty', *Moskovskiy Komsomolets,* 13 December 2016, https://www.mk.ru/politics/2016/12/13/borba-kremlevskikh-bashen-zachem-navalnyy-reshil-idti-v-prezidenty.html; 'Gde marzha?'
[61] Julia Ioffe, 'Net Impact: One Man's Cyber-Crusade against Russian Corruption', *The New Yorker,* 28 March 2011, https://www.newyorker.com/magazine/2011/04/04/net-impact; 'Partiya talantlivykh oratorov', Lenta, 22 February 2011, https://lenta.ru/articles/2011/02/22/navalny/.
[62] Stanislav Kucher, '"Dostatochno legko ustanovit', chto za mnoy nikto ne stoit"', Kommersant FM, 28 May 2011, https://www.kommersant.ru/doc/1650215.
[63] Karen Dawisha, *Putin's Kleptocracy: Who Owns Russia?* (New York: Simon & Schuster, 2014).
[64] Andrei Yakovlev, 'The Evolution of Business–State Interaction in Russia: From State Capture to Business Capture?', *Europe-Asia Studies* 58, no. 7 (2006): 1033–56.
[65] 'Dialog Khodorkovskogo s Putinym nezadolgo do aresta', Nikolay Petrov (YouTube channel), 30 October 2015, https://www.youtube.com/watch?v=u6NKb79VN8U.
[66] Thane Gustafson, *Wheel of Fortune: The Battle for Oil and Power in Russia* (Cambridge, MA: Harvard University Press, 2012).
[67] 'The Oligarch Who Came in from the Cold', *Forbes,* 18 March 2002, https://www.forbes.com/forbes/2002/0318/110.html.
[68] Daniel Treisman, 'Russia's Billionaires', *American Economic Review* 106, no. 5 (2016): 236–41.
[69] Heiko Pleines, 'The Political Role of Business Magnates in Competitive Authoritarian Regimes', *Jahrbuch für Wirtschaftsgeschichte/Economic History Yearbook* 60, no. 2 (2019): 299–334.
[70] 'Partiya talantlivykh oratorov: "Edinaya Rossiya" otvetila Alekseyu Naval'nomu kak smogla', Lenta, 22 February 2011, https://lenta.ru/articles/

itsky%20Case%20-%20Copy%20sm.pdf; 'Why DER SPIEGEL Stands Behind its Magnitsky Reporting', *Der Spiegel*, 17 December 2019, https://www.spiegel.de/international/world/spiegel-responds-to-browder-criticisms-of-magnitsky-story-a-1301716.html.

[42] 'Case of Magnitskiy and Others v. Russia: Judgment'.

[43] 本章におけるこの事件の要約は、キーロフ林業事件に対する欧州人権裁判所の裁定に基づいている。'Case of Navalnyy and Ofitserov v. Russia: Judgment', ECtHR, 23 February 2016, http://hudoc.echr.coe.int/fre?i=001-161060.

[44] 'Delo Naval'nogo: Bol'she goda sledovateli iskali "zloy umysel" i ne nashli…', Gorod Kirov, 4 February 2011, https://gorodkirov.ru/content/article/delo-navalnogo-bolshe-goda-sledovateli-iskali-zloj-umyisel-i-ne-nashli-20110204-1329/.

[45] 'SK RF otmenil postanovleniye ob otkaze v vozbuzhdenii dela protiv Naval'nogo', *Forbes* (Russian edition), 8 February 2011, https://www.forbes.ru/news/63027-sk-rf-otmenil-postanovlenie-ob-otkaze-v-vozbuzhdenii-dela protiv-navalnogo.

[46] 'Sledstvennyy komitet otkazalsya vozbuzhdat' delo protiv Naval'nogo', Lenta, 15 March 2011, https://lenta.ru/news/2011/03/15/nocase.

[47] 'Na Naval'nogo zaveli ugolovnoye delo', Lenta, 10 May 2011, https://lenta.ru/news/2011/05/10/navalny.

[48] Alexei Navalny, 'Kirovskiy les ukral kto-to drugoy', Navalny (blog), 28 May 2012, https://navalny.livejournal.com/707461.html; Michael Weiss, 'What the Aleksei Navalny Case Says about Life in Putin's Russia', *The Atlantic*, 22 April 2013, https://www.theatlantic.com/international/archive/2013/04/what-the-aleksei-navalny-case-says-about-life-in-putins-russia/275175/.

[49] Navalny, 'Kirovskiy les ukral kto-to drugoy'.

[50] 'Ugolovnoye delo v otnoshenii Naval'nogo vozobnovleno', BBC News Russian, 29 May 2012, https://www.bbc.com/russian/russia/2012/05/120529_navalny_case_reopened.

[51] 'Case of Navalnyy and Ofitserov v. Russia: Judgment'.

[52] Navalny, 'Kirovskiy les ukral kto-to drugoy'.

[53] 'Professiya aktsioner', *Ogonyok*, 13 July 2009, https://www.kommersant.ru/doc/1197604.

[54] 'Gde marzha?'

[27] 'Trevozhashchiye problemy', Levada Center, 10 September 2020, https://www.levada.ru/2020/09/10/trevozhashhie-problemy-3/.
[28] Thomas F. Remington, 'Russian Economic Inequality in Comparative Perspective', *Comparative Politics* 50, no. 3 (2018): 395–416.
[29] 本章は、ナワリヌイの選挙事務所で働いている活動家から直接、聞いた内容をもとに執筆した。インタビューは2017〜21年にかけて実施した。
[30] Ellen Barry, 'Rousing Russia with a Phrase', *The New York Times,* 9 December 2011, https://www.nytimes.com/2011/12/10/world/europe/the-saturday-profile-blogger-aleksei-navalny-rouses-russia.html.
[31] 'Forbes i Aleksey Naval'nyy organizovali "Tsentr zashchity aktsionerov"', Lenta, 15 December 2009, https://lenta.ru/news/2009/12/15/navalny/.
[32] Alexei Navalny, 'Chastnoye litso', Navalny (blog), 30 December 2009, https://navalny.livejournal.com/417512.html.
[33] Yuliya Kalinina, 'Blog nakazhet', *Moskovskiy Komsomolets,* 9 June 2011, https://www.mk.ru/politics/2011/06/09/596335-blog-nakazhet.html.
[34] 'Gde marzha?'
[35] Henry Foy, '"We Need to Talk about Igor": The Rise of Russia's Most Powerful Oligarch', *Financial Times,* 1 March 2018, https://www.ft.com/content/dc7d48f8-1c13-11e8-aaca-4574d7dabfb6.
[36] Kalinina, 'Blog nakazhet'.
[37] 'Case of Magnitskiy and Others v. Russia: Judgment', European Court of Human Rights (ECtHR), 27 August 2019, http://hudoc.echr.coe.int/eng?i=001-195527.
[38] Charles Clover, 'Hermitage Closes Embattled Russian Fund', *Financial Times,* 27 March 2013, https://www.ft.com/content/13e35c46–9637–11e2–9ab2–00144feabdc0.
[39] 'Magnitsky Wins Russian Rights Battle 10 Years after His Death', BBC News, 27 August 2019, https://www.bbc.com/news/world-europe-49481471.
[40] 同上。
[41] Benjamin Bidder, 'Questions Cloud Story Behind U.S. Sanctions', *Der Spiegel,* 26 November 2019, https://www.spiegel.de/international/world/the-case-of-sergei-magnitsky-anti-corruption-champion-or-corrupt-anti-hero-a-1297796.html; 'Response to Der Spiegel Story on Magnitsky Case', Russian Untouchables, December 2019, http://russian-untouchables.com/rus/docs/Response%20to%20Der%20Spiegel%20Article%20on%20Magn

borot'sya s rezhimom—eto veselo"', Global Voices, 28 October 2010, https://ru.globalvoices.org/2010/10/29/2703/.
[13] Lyudmila Vasina, 'Aleksey Naval'nyy protiv goskorporatsiy', RFE/RL, 30 December 2009, https://www.svoboda.org/a/1917766.html.
[14] Artem Galustyan, 'Istoriya odnogo Naval'nogo', *Kommersant*, 21 August 2019, https://www.kommersant.ru/doc/2235276.
[15] Alexei Navalny, 'Blagotvoritel'nost' v RF', Navalny (blog), 6 August 2008, https://navalny.livejournal.com/272534.html. このコメント数は2021年4月23日現在も同じである。
[16] Alexei Navalny, 'Kak pilyat v Gazprome', Navalny (blog), 24 December 2008, https://navalny.livejournal.com/342311.html. このコメント数は2021年4月23日現在も同じである。
[17] Alexei Navalny, 'Kak pilyat v VTB', Navalny (blog), 30 November 2009, https://navalny.livejournal.com/411199.html. このコメント数は2021年4月23日現在も同じである。
[18] Alexei Navalny, 'Kak pilyat v Transnefti', Navalny (blog), 16 November 2010, https://navalny.livejournal.com/526563.html. このコメント数は2021年4月23日現在も同じである。
[19] Vera Yurchenko, 'Chelovek iz interneta', *Novaya Gazeta*, 16 February 2018, https://www.novayagazeta.ru/articles/2018/02/15/75520-chelovek-iz-interneta.
[20] 'Gde marzha?', *Forbes* (Russian edition), 3 September 2008, https://www.forbes.ru/forbes/issue/2008–09/10510-gde-marzha.
[21] '"Transneft'": Bloger Naval'nyy sluzhit interesam protivnikov VSTO', *Vedomosti*, 13 January 2011, https://www.vedomosti.ru/business/news/2011/01/13/bloger_navalnyj_sluzhit_interesam_protivnikov_vsto_glava.
[22] 'Putin: Svedeniya o khishcheniyakh v "Transnefti" nado proverit', BBC News Russian, 29 December 2010, https://www.bbc.com/russian/business/2010/12/101229_putin_transneft_investigation.
[23] 'Putin otbil ataku Naval"nogo na Transneft"', Reuters, 29 September 2011, https://www.reuters.com/article/orutp-russia-transneft-putin-idRURXE78R16S20110929.
[24] Khvostunova, 'Who Is Mr. Navalny?'
[25] Alexei Navalny, 'Yabadabadu!', Navalny (blog), 14 February 2011, https://navalny.livejournal.com/553388.html.
[26] Vasina, 'Aleksey Naval'nyy protiv goskorporatsiy'.

第2章　反汚職活動家として

［1］ Alexei Navalny, 'Dvorets dlya Putina: Istoriya samoy bol'shoy vzyatki', Navalny.com, 2021, https://palace.navalny.com/.

［2］ Alexei Navalny, 'Dvorets dlya Putina: Istoriya samoy bol'shoy vzyatki', Alexei Navalny (YouTube channel), 19 January 2021, https://www.youtube.com/watch?v=ipAnwilMncI.

［3］ 'Fil'm "Dvorets dlya Putina" na yut'yube posmotreli 100 millionov raz', Meduza, 28 January 2021, https://meduza.io/news/2021/01/28/film-dvorets-dlya-putina-na-yutyube-posmotreli-100-millionov-raz.

［4］ 'Fil'm "Dvorets dlya Putina"', Levada Center, 8 February 2021, https://www.levada.ru/2021/02/08/film-dvorets-dlya-putina/.

［5］ ロシア語のメイン・タイトルを直訳すれば、「プーチンのための宮殿」であり、プーチンがその「宮殿」を所有しているのか、利用しているだけなのか、あいまいな現状がより明確に込められている。

［6］ Yevgeniy Kalyukov, 'Putin otvetil na vopros studenta o "dvortse" v Gelendzhike', *RBK*, 25 January 2021, https://www.rbc.ru/politics/25/01/2021/600eb14a9a794706660a6669.

［7］ Timur Batyrov, '"Mesto shikarnoye": Arkadiy Rotenberg nazval sebya benefitsiarom "dvortsa" pod Gelendzhikom', *Forbes* (Russian edition), 30 January 2021, https://www.forbes.ru/newsroom/milliardery/419927-mesto-shikarnoe-arkadiy-rotenberg-nazval-sebya-beneficiarom-dvorca-pod.

［8］ Yelena Mazneva and Irina Malkova, 'Bogdanov ne znayet khozyayev "Surguta"', *Vedomosti*, 30 April 2008, https://www.vedomosti.ru/library/articles/2008/04/30/bogdanov-ne-znaet-hozyaev-surguta.

［9］ Mazneva and Malkova, 'Bogdanov ne znayet khozyayev "Surguta"'; Carl Schreck, 'Russia's Erin Brockovich: Taking On Corporate Greed', *Time*, 9 March 2010, http://content.time.com/time/world/article/0,8599,1970475,00.html; Nataliya Vasilyeva, 'Activist Takes On Secretive Russian Firms', *The Seattle Times*, 1 April 2010, https://www. seattletimes.com/business/activist-takes-on-secretive-russian-firms/.

［10］ Olga Khvostunova, 'Who is Mr. Navalny?', Institute of Modern Russia, 18 January 2012, https://imrussia.org/en/politics/183-who-is-mr-navalny.

［11］ 'Pravila zhizni Alekseya Naval'nogo', *Esquire* (Russian edition), 29 November 2011, https://web.archive.org/web/20111130054351/http://esquire.ru/wil/alexey-navalny.

［12］ Gregory Asmolov, 'Aleksey Naval'nyy: "Ya pytayus' dokazat', chto

[64] Kseniya Sobchak, 'Naval'nyy o tom, pochemu ego otpustili, sud'be Kapkova i legalizatsii gey-brakov–3', Dozhd' (YouTube channel), 22 July 2013, https://www.youtube.com/watch?v=N9Ru0EyJxcQ; '"Nevidimoye men'shinstvo": K probleme gomofobii v Rossii', Levada Center, 5 May 2015, https://www.levada.ru/2015/05/05/nevidimoe-menshinstvo-k-probleme-gomofobii-v-rossii/.

[65] Alexei Navalny, 'Bol'shoy privet Putinu i ego povaru (+moya deklaratsiya po pros'be sotrudnitsy RT)', Navalny.com (blog), 28 July 2020, https://navalny.com/p/6408/.

[66] エフゲニヤ・アリバーツ、2021年2月2日のツイッター投稿。https://twitter.com/albats/status/1356726777289220097.

[67] David E. Hoffman, *The Oligarchs: Wealth and Power in the New Russia* (New York: Public Affairs, 2011).

[68] Ilya Matveev, 'Measuring Income Inequality in Russia: A Note on Data Sources', *Russian Analytical Digest* 263 (2021): 5–7.

[69] 報道された数字は2021年1月に独立系調査機関レバダ・センターが実施した調査によるものである。 Dina Smeltz et al., 'In Russia, Navalny Inspires Respect for Some, Indifference for Most', The Chicago Council on Global Affairs, 22 February 2021, https://www.thechicagocouncil.org/research/public-opinion-survey/russia-navalny-inspires-respect-some-indifference-most.

[70] 抗議集会の参加人数把握に特化した組織ベールイ・シチョートチクによる、2021年1月17日発表の情報を参照のこと。https://ru-ru.facebook.com/WhiteCounter/posts/3924460010898988.

[71] Polina Ivanova, '"Are you detaining me?" Navalny Flies Home, and Straight into Trouble', Reuters, 17 January 2021, https://www.reuters.com/world/europe/are-you-detaining-me-navalny-flies-home-straight-into-trouble-2021-01-17/.

[72] 'Sud v otdelenii politsii Khimok arestoval Alekseya Naval'nogo na 30 sutok', Deutsche Welle, 18 January 2021, https://www.dw.com/ru/sud-v-otdelenii-policii-himok-arestoval-alekseja-navalnogo/a-56261258.

[73] 'Naval'nyy obratilsya k presse v aeroportu Sheremet'yevo', Current Time, 17 January 2021, https://www.facebook.com/watch/?v=457454628610724.

cow: Eksmo, 2012). この本は、ナワリヌイ支持者を公言する著者がナワリヌイ自身との詳細なインタビューをもとに書いたものである。ナワリヌイの幼少期や青年期について本人の言葉を織り交ぜて記された貴重な作品である。

[51] 'Pravila zhizni Alekseya Naval'nogo', *Esquire* (Russian edition), 29 November 2011, https://esquire.ru/rules/26-alexey-navalny/.

[52] Voronkov, *Aleksey Naval'nyy,* 16.

[53] 同上, 22.

[54] 同上, 22–4. Olesya Gerasimenko, '"Pyatnadtsat' minut bor'by s rezhimom v den"', *The New Times,* 25 October 2010, https://newtimes.ru/articles/detail/29360.

[55] Olesya Gerasimenko, '"Pyatnadtsat' minut bor'by s rezhimom v den"'.

[56] Voronkov, *Aleksey Naval'nyy,* 28.

[57] Irina Mokrousova and Irina Reznik, 'Chem zarabatyvayet na zhizn' Aleksey Naval'nyy', *Vedomosti,* 13 February 2012, https://www.vedomosti.ru/library/articles/2012/02/13/pesnya_o_blogere.

[58] Julia Ioffe, 'Net Impact: One Man's Cyber-Crusade against Russian Corruption', *The New Yorker,* 28 March 2011, https://www.newyorker.com/magazine/2011/04/04/net-impact.

[59] 同上。Mokrousova and Reznik, 'Chem zarabatyvayet na zhizn' Aleksey Naval'nyy'; Voronkov, *Aleksey Naval'nyy.* 本書では、ドルやユーロで記されている箇所は、一次資料に記載の通貨をそのまま提示している。

[60] Keith Gessen, 'What Is Navalny?', *n+1,* 26 July 2013, https://nplusonemag.com/online-only/online-only/what-is-navalny/.

[61] Yuriy Dud', 'Naval'nyye—interv'yu posle otravleniya', vDud' (YouTube channel), 6 October 2020, https://www.youtube.com/watch?v=vps43rXgaZc.

[62] Dmitriy Sokolov, 'Ot kurortnogo romana k spasitel'noy lyubvi: Chto svyazalo Yuliyu i Alekseya Naval'nykh', *Sobesednik,* 5 December 2020, https://sobesednik.ru/politika/20201130-lyubov-vyvela-navalnogo-iz-kom.

[63] Dasha Veledeyeva, 'Yuliya Naval'naya: "Esli segodnya vse klassno, to ya uzhe schastliva; Potomu chto zavtra sovershenno tochno mozhet vse izmenit'sya, i ya budu sil'no razocharovana"', *Harper's Bazaar* (Russian edition), 17 February 2021, https://bazaar.ru/heroes/harpers-bazaar/yuliya-navalnaya-svoyu-glavnuyu-zadachu-ya-vizhu-v-tom-chtoby-unas-v-seme-nichego-ne-izmenilos-deti-byli-detmi-a-dom-domom/.

[40] Sabine Siebold et al., 'Special Report: In Germany's Black Forest, Putin Critic Navalny Gathered Strength and Resolve', Reuters, 25 February 2021, https://www.reuters.com/article/russia-politics-navalny-germany-specialr-idUSKBN2AP1BH.

[41] 'FSB Team of Chemical Weapon Experts Implicated in Alexey Navalny Novichok Poisoning', Bellingcat, 14 December 2020, https://www. bellingcat.com/news/uk-and-europe/2020/12/14/fsb-team-of-chemical-weapon-experts-implicated-in-alexey-navalny-novichok-poisoning/.

[42] 'Telefonnyy razgovor Naval'nogo s odnim iz ego ubiyts: Polnaya versiya', Navalny LIVE (YouTube channel), 21 December 2020, https://www.youtube.com/watch?v=HlJbwUhIBxE.

[43] Luke Harding, '"Do You Remember the Underwear's Colour?" Navalny's Call with Duped Spy', *The Guardian*, 21 December 2020, https://www.theguardian.com/world/2020/dec/21/what-does-alexei-navalny-say-the-duped-russian-spy-admitted-about-his-poisoning.

[44] '"Komu on nuzhen-to? Esli by khoteli, doveli by do kontsa": Putin—ob otravlenii Naval'nogo', Meduza, 17 December 2020, https://meduza.io/news/2020/12/17/komu-on-nuzhen-to-esli-by-hoteli-doveli-by-dokontsa-putin-obotravlenii-navalnogo.

[45] Siebold et al., 'Special Report'.

[46] 同上。

[47] アレクセイ・ナワリヌイ、2021年1月13日のインスタグラム投稿。https://www.instagram.com/p/CJ-lt0YoT2s/.

[48] 'Russia: Aleksei Navalny Becomes Prisoner of Conscience after Arrest on Arrival in Moscow', Amnesty International, 17 January 2021, https://www.amnesty.org/en/latest/news/2021/01/russia-aleksei-navalny-becomes-prisoner-of-conscience-after-arrest-on-arrival-in-moscow/.

[49] 'Amnesty International Statement on Aleksei Navalny', Amnesty International, 25 February 2021, https://www.amnesty.org/en/latest/news/2021/02/aleksei-navalny-prisoner-of-conscience/. アムネスティ・インターナショナルは、のちにこの決定について謝罪し、「アレクセイ・ナワリヌイを『良心の囚人』と再認定した」。'Statement on Alexei Navalny's status as Prisoner of Conscience', Amnesty International, 7 May 2021, https://www.amnesty.org/en/latest/news/2021/05/statement-on-alexei-navalnys-status-as-prisoner-of-conscience/.

[50] Konstantin Voronkov, *Aleksey Naval'nyy: Groza zhulikov i vorov* (Mos-

50e6559a794702bcf7a7e6; 'Vyacheslav Volodin: situatsiya vokrug Naval'nogo—splanirovannaya aktsiya protiv Rossii', State Duma, 3 September 2020, http://duma.gov.ru/news/49408/.

[29] Andrey Zakharov and Sonya Groysman, 'Yadovityy marshrut: Reportazh o tom, chto vlasti mogli uznat' ob otravlenii Alekseya Naval'nogo, esli by zakhoteli', Proekt, 10 September 2020, https://www.proekt.media/report/otravlenie-navalnogo-tomsk/.

[30] 'Vozmozhnyye mesta otravleniya Naval'nogo v Tomske svyazany s vlastyami i silovikami', Tayga.info, 26 August 2020, https://tayga.info/158700.

[31] ノビチョクはある種の神経剤群を指すが、本書では簡易的にノビチョクを単一の神経剤のように記すこともある。

[32] Oliver Carroll and Benjamin Kentish, 'Putin Personally Ordered Attack on Spy, Says UK', *The Irish Independent*, 17 March 2018, https://www.independent.ie/world-news/europe/putin-personally-ordered-attack-on-spy-says-uk-36714143.html.

[33] Jon Shelton, 'Angela Merkel Says Novichok Poisoning of Russia's Navalny Was Attempted Murder', Deutsche Welle, 2 September 2020, https://www.dw.com/en/navalny-novichok-germany-russia/a-54794283.

[34] 'Chto otvetil Kreml' na zayavleniye Germanii ob otravlenii Naval'nogo "Novichkom"', BBC News Russian, 3 September 2020, https://www.bbc.com/russian/news-54010560.

[35] Aleksandr Kots and Ivan Pankin, 'Koma Alekseya Naval'nogo byla nastoyashchey: A "otravleniye—uzhe bol'shaya igra!', *Komsomol'skaya Pravda*, 27 February 2021, https://www.kp.ru/daily/27243/4371039/.

[36] Sergey Sokolov, 'Advokat "Novichka"', *Novaya Gazeta*, 3 September 2020, https://novayagazeta.ru/articles/2020/09/03/86947-advokat-novichka.

[37] 'Leonid Rink: Posle "Novichka" Naval'nyy ne doshel by do samoleta', RIA Novosti, 25 September 2020, https://ria.ru/20200925/novichok-1577748393.html.

[38] この化学者は、独立系民間テレビ局のドーシチのインタビューでそう主張している。Sergey Romashenko, 'Razrabotchik "Novichka" izvinilsya pered Alekseyem Naval'nym', 20 September 2020, https://www.dw.com/ru/razrabotchik-novichka-izvinilsja-pered-alekseem-navalnym/a-54992310.

[39] 'Lugovoy uveren, chto Naval'nogo mogli otravit' "Novichkom" tol'ko v Germanii', TASS, 2 September 2020, https://tass.ru/politika/9354929.

[17] Melissa Eddy and Andrew Kramer, 'Aleksei Navalny, Top Putin Critic, Is Flown to Germany after Suspected Poisoning', *The New York Times*, 21 August 2020, https://www.nytimes.com/2020/08/21/world/europe/russia-navalny-poison-hospital.html.

[18] 'Otslezhen ves' marshrut Naval'nogo pered otravleniyem: On kupalsya', *Moskovskiy Komsomolets*, 21 August 2020, https://www.mk.ru/incident/2020/08/21/otslezhen-ves-marshrut-navalnogo-pered-otravleniem-on-kupalsya.html.

[19] Tat'yana Stanovaya, Telegram post, 23 August 2020, https://t.me/stanovaya/559.

[20] Anton Zverev, 'Russia First Treated Navalny for Suspected Poisoning then U-turned'.

[21] 'Russian Doctors Allow Alexei Navalny's Transfer to Germany', Deutsche Welle, 21 August 2020, https://www.dw.com/en/alexei-navalny-poisoning-omsk-berlin/a-54645234.

[22] 同上。

[23] 同上。

[24] アレクセイ・ナワリヌイの2020年8月21日のツイッター投稿。https://twitter.com/navalny/status/1296769338683338754. ナワリヌイのチームは欧州人権裁判所にも「暫定的措置」——提訴中の個人に「回復不能の損害が生じる可能性が高い」場合、例外として迅速に適応される介入——を求めた。'Interim measures', Press Unit of the European Court of Human Rights, April 2021, https://www.echr.coe.int/documents/fs_interim_measures_eng.pdf. 欧州人権裁判所は同日、この要求に応じた。

[25] Miriam Berger, 'What Is Novichok, the Nerve Agent Linked to the Alexei Navalny Poisoning?', *The Washington Post*, 24 September 2020, https://www.washingtonpost.com/world/2020/08/26/what-are-chemicals-doctors-say-may-have-been-used-poison-alexei-navalny/.

[26] David Caldicott, 'What Is the Chemical Agent That Was Reportedly Used to Poison Russian Politician Alexei Navalny?', The Conversation, 25 August 2020, https://theconversation.com/what-is-the-chemical-agent-that-was-reportedly-used-to-poison-russian-politician-alexei-navalny-145013.

[27] ドミトリー・ポリャンスキー、2020年8月24日のツイッター投稿。https://twitter.com/Dpol_un/status/1297933782230749185.

[28] 'Volodin uvidel v otravlenii Naval'nogo splanirovannuyu aktsiyu protiv Rossii', *RBK*, 3 September 2020, https://www.rbc.ru/rbcfreenews/5f

Sudden Organ Failure', BBC News, 2 February 2017, https://www.bbc.com/news/world-europe-38844292.
[8] Joshua Yaffa, 'What Navalny's Poisoning Really Says about the Current State of Putin's Russia', *The New Yorker*, 21 August 2020, https://www.newyorker.com/news/dispatch/what-navalnys-poisoning-really-says-about-the-current-state-of-putins-russia.
[9] 法執行機関の情報提供者がこの診断を国営イタルタス通信に伝え、この中毒には「いまのところ犯罪性は認められない」とも付け加えた。'Istochnik: Versiya namerennogo otravleniya Naval'nogo poka ne rassmatrivayetsya', TASS, 20 August 2020, https://tass.ru/proisshestviya/9245003.
[10] Anton Zverev, 'Russia First Treated Navalny for Suspected Poisoning then U-turned: Doctor', Reuters, 6 September 2020, https://www.reuters.com/article/us-russia-politics-navalny-health-idUSKBN25X0MA. ナワリヌイが最初にアトロピンを投与されたタイミングについては、救急医療士間でも、病院内でも異説ある。以下を参照のこと。'Russia's Navalny Thanks "Unknown Friends" for Saving his Life'.
[11] Amy Mackinnon, 'Why Putin Might Be Hoping Navalny Survives His Poisoning', *Foreign Policy*, 20 August 2020, https://foreignpolicy.com/2020/08/20/why-putin-might-be-hoping-navalny-survives-his-poisoning/.
[12] Patrick Reevell, '"Poisoned" Russian Opposition Leader Navalny Lands in Berlin for Emergency Treatment', ABC News, 23 August 2020, https://abcnews.go.com/International/poisoned-russian-opposition-leader-navalny-lands-berlin-emergency/story?id=72541848.
[13] 'Alexei Navalny: "Poisoned" Russian Opposition Leader in a Coma', BBC News, 20 August 2020, https://www.bbc.co.uk/news/world-europe-53844958.
[14] 'Kto i kak spasal Naval'nogo v pervyye dva chasa: Khronika', BBC News Russian, 2 September 2020, https://www.bbc.com/russian/features-54002575.
[15] 病院当局のこの弁明はナワリヌイの広報担当キラ・ヤルミシュによって伝えられた。'Alexei Navalny: "Poisoned" Russian Opposition Leader in a Coma'.
[16] この物質が「ナワリヌイの体に付着」していたのか、あるいは「所持品に付着」していたのかは定かではない。キラ・ヤルミシュの2020年8月21日のツイッターの投稿。https://twitter.com/Kira_Yarmysh/status/1296681869099008000.

原　注

第１章　アレクセイ・ナワリヌイとは何者か？

［1］‘Kremlin Critic Navalny Boards Plane for Russia’, AP (YouTube channel), 22 January 2021, https://www.youtube.com/watch?v=s923nKAYXxc. 本書では、BGN-PCGN（米地名委員会と英地名常置委員会がそれぞれに開発した翻字法を統合したラテン文字表記法）をもとに、それを簡略化した翻字法にしたがって表記している。たとえば ‘Yuliya Naval’naya’ ではなく ‘Yulia Navalnaya’。人名については、われわれが把握しているものに関しては、本人が希望するスペリングを採用している。参考文献や出典については、BGN-PCGN 表記法にしたがった。ナワリヌイを参考文献の著者として表記する場合や、彼の名前を冠した文献については、読みやすさを考慮して ‘Alexei Navalny’ の表記に統一した。たとえば、‘Naval’nyy (blog)’ ではなく、‘Navalny (blog)’ など。

［2］‘Navalny’s Anti-Corruption Foundation Releases New Investigation He Filmed before His Poisoning’, Meduza, 3 September 2020, https://meduza.io/en/news/2020/09/03/navalny-s-anti-corruption-foundation-releases-new-investigation-he-filmed-before-his-poisoning.

［3］のちにアレクセイ・ナワリヌイは、じつは苦しくはなかったが、「これで終わりだという感じだった」と語っている。Andrey Kozenko, ‘Navalny Poisoning: Kremlin Critic Recalls Near-Death Novichok Torment’, BBC News, 7 October 2020, https://www.bbc.co.uk/news/world-europe-54434082.

［4］‘Alexei Navalny: Two Hours That Saved Russian Opposition Leader’s Life’, BBC News, 4 September 2020, https://www.bbc.co.uk/news/world-europe-54012278.

［5］‘Russia’s Navalny Thanks “Unknown Friends” for Saving His Life’, Reuters, 25 September 2020, https://www.reuters.com/article/us-russia-politics-navalny-idUSKCN26G1X0.

［6］Andrew Higgins, ‘Aleksei Navalny Hospitalized in Russia in Suspected Poisoning’, *The New York Times*, 20 August 2020, https://www.nytimes.com/2020/08/20/world/europe/navalny-poison-russia.html.

［7］Max Seddon, ‘Pussy Riot Activist Likely Poisoned, Say Doctors’, *Financial Times*, 18 September 2018, https://www.ft.com/content/ca3c7614-bb2d-11e8-94b2-17176fbf93f5; ‘Russian Critic Vladimir Kara-Murza Suffers

［著者］

ヤン・マッティ・ドルバウム
Jan Matti Dollbaum

独ブレーメン大学社会政策研究センター（SOCIUM）博士研究員。ロシア国立研究大学高等経済学院、米ノースカロライナ大学チャペルヒル校客員研究員。専門は権威主義体制と社会運動の機能の比較展望で、とくにロシアと東欧における抗議活動に焦点を当てる。

モルヴァン・ラルーエ
Morvan Lallouet

英ケント大学で比較政治学を専攻する博士候補者。論文テーマはナワリヌイとロシア。パリ政治学院で政治学の修士号を取得し、ロシアの国内政治と権威主義体制における野党について研究。

ベン・ノーブル
Ben Noble

ユニバーシティ・カレッジ・ロンドンのロシア政治学助教。英国王立国際問題研究所のロシア・ユーラシア専門準研究員。ロシア国立研究大学高等経済学院の上席研究員。ロシア国内政治、立法政策、専制主義体制について研究。

［訳者］

熊谷千寿（くまがい・ちとし）

翻訳家。東京外国語大学外国語学部英米語学科卒。訳書に『Numbers Don't Lie 世界のリアルは「数字」でつかめ！』バーツラフ・シュミル（共訳、NHK出版）、『進化形態はイクメン「子育てする父親」が家族と人類を救った』アンナ・メイチン（光文社）、『NO HERO アメリカ海軍特殊部隊の掟』マーク・オーウェン、ケヴィン・マウラー（講談社）など多数。

［カバー写真］Mikhail Svetlov/Getty Images
ZUMAPRESS.com/amanaimages

［校正］鈴木由香

［編集協力］小林丈洋

［組版］アーティザンカンパニー

［編集］川上純子、塩田知子

ナワリヌイ
プーチンがもっとも恐れる男の真実

2021年 11月30日　第1刷発行
2024年 3月10日　第2刷発行

著　者 ―――― ヤン・マッティ・ドルバウム
モルヴァン・ラルーエ
ベン・ノーブル

訳　者 ―――― 熊谷千寿

発行者 ―――― 松本浩司

発行所 ―――― NHK出版
〒150-0042 東京都渋谷区宇田川町 10-3
電話　0570-009-321(問い合わせ) 0570-000-321(注文)
ホームページ　https://www.nhk-book.co.jp

印　刷 ―――― 啓文堂／大熊整美堂

製　本 ―――― 二葉製本

ISBN978-4-14-081884-8 C0098